寻梦十载 书香为伴

中学图书馆特色发展之路的探索

王鸿飞 编著

SPM
南方出版传媒
全国优秀出版社
全国百佳图书出版单位
广东教育出版社
·广州·

图书在版编目（CIP）数据

寻梦十载　书香为伴 / 王鸿飞编著. —广州：广东教育出版社，2019. 4
ISBN 978-7-5548-2771-0

Ⅰ. ①寻…　Ⅱ. ①王…　Ⅲ. ①中小学—学校图书馆—图书馆工作—珠海—文集　Ⅳ. ①G258.69-53

中国版本图书馆CIP数据核字（2019）第068472号

责任编辑：罗　莉　许罗君
责任技编：黄　康
装帧设计：友间文化

寻梦十载　书香为伴
XUNMENG SHIZAI SHUXIANG WEIBAN

广 东 教 育 出 版 社 出 版 发 行
（广州市环市东路472号12-15楼）
邮政编码：510075
网址：http://www.gjs.cn
广东新华发行集团股份有限公司经销
广东鹏腾宇文化创新有限公司印刷
（广东省珠海市高新区科技九路88号七号厂房）
787毫米×1092毫米　16开本　17.5印张　380 000字
2019年4月第1版　2019年4月第1次印刷
ISBN 978-7-5548-2771-0
定价：60.00元
质量监督电话：020-87613102　邮箱：gjs-quality@nfcb.com.cn
购书咨询电话：020-87615809

珠海三中图书馆文化节海报

珠海三中图书馆阅读推广活动

“你选书，我买单”书展活动

“学习十九大，书香满校园”书展活动

“晒书单，请到图书馆”活动

图书馆学生助理活动

知识竞猜与猜谜活动

新生入馆培训活动

珠海三中
真人图书分享会

德国志愿者做真人图书分享

俄罗斯志愿者做真人图书分享化

哈萨克斯坦留学生做真人图书分享

葡萄牙志愿者做真人图书分享

日本志愿者做真人图书分享

英国志愿者做真人图书分享

余儒海与你分享青春的故事

乌克兰志愿者做真人图书分享

罗马尼亚志愿者做真人图书分享

“最强大脑”
李威到我校分享高效记忆的秘诀

刘同真人图书分享会

珠海三中“班级微图书馆”

获一等奖班级图书角

获二等奖班级图书角

获二等奖班级图书角

获二等奖班级图书角

珠海三中图书馆办馆效益

珠海三中获广东省“书香校园”

“中学书香校园创新发展的研究与实践”获2017年广东省教育教学成果奖（基础教育）一等奖

《图书馆阅读推广与书香校园》获广东省中小学特色学校创建优秀方案二等奖

“中学书香校园创新发展的研究”获2013年广东省中小学优秀德育科研成果评选二等奖

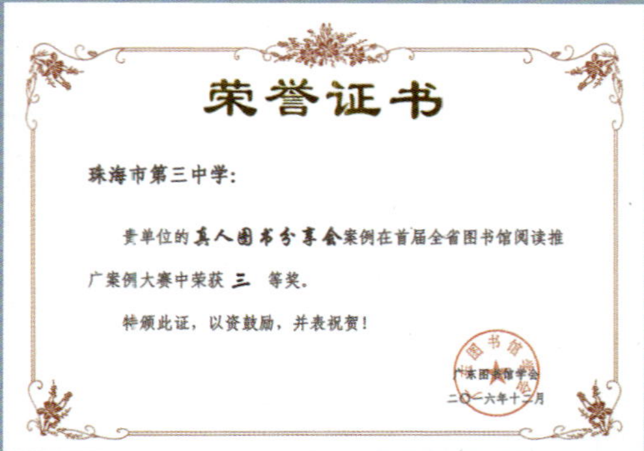

真人图书分享会案例获首届全省图书馆阅读推广案例大赛三等奖

王鸿飞获中国图书馆学会2019年青年人才国际化专项资助项目资助人选

序

为贯彻党的十九大精神，落实立德树人根本任务，加强中小学图书馆（室）工作的指导，教育部重新修订了2003年发布的《中小学图书馆（室）规程（修订）》，新的《中小学图书馆（室）规程》自2018年6月1日起正式施行。这也预示着中小学图书馆进入一个新时代，迎来新的发展机遇与挑战。

2008年笔者大学毕业，选择了珠海，选择了珠海市第三中学（以下简称“珠海三中”），选择把图书馆作为职业的起点。弹指一挥间，至今已经过去十年有多。过去的十年，是笔者以书香为伴，寻梦的十年，见证了笔者的成长。过去的十年，也是珠海三中图书馆非常重要的一段发展史。珠海三中图书馆经历了手工管理、自动化管理到RFID电子标签智慧化管理等三个发展阶段，秉承“智慧服务　悦读成长”的服务理念，一切为读者着想，努力开展阅读推广与书香校园建设，形成了独特的办馆特色。图书馆项目被批准为珠海市中小学校特色项目以及珠海市基础教育“好项目”。与此同时，珠海三中图书馆还为学校获得广东省“书香校园”、全国“百社千校　书香童年”阅读基地学校、广东省“职工书屋”等荣誉。

为了及时梳理笔者过去十年的所思所想，做好珠海三中图书馆特色发展的阶段总结，以迎接珠海三中图书馆未来的发展机遇与挑战，这本书就自然而然出现了。

本书由三部分组成。一是收录了笔者作为课题主持人，带领成员开展的几个重要课题的成果报告或研究报告。过去十年，珠海三中图书馆主持了广东省中小学德育科研课题“中学书香校园创新发展的研究”、广东省基础教育课程体系改革研究项目“中小学图书馆（室）规范化建设标准研究”、广东省图书馆科研课题“全媒体环境下未成年人阅读推广的实践与研究”、广东省教育科学“十二五”规划研究项目“全媒体环境下学校数字资源整合与利用研究”等4项省级课题以及珠海市“十二五”规划课题“青少年阅读指导与阅读疗法的实践与研究”、广东省中小学德育课题子课题“基于班级微图书馆的阅读推广体系研究”、市级微课题“全媒体时代学校图书馆图书资源利用的策略研究”等3项市级课题。其中，课题成果《中学书香校园创新发展的研究》荣获广东省中小学优秀德育科研成果二等奖，《图书馆阅读推广与书香校园》获得广东省教育研究院举办的“广东省中小学特色学校创建”优秀方案评选二等奖，研究成果“中学书香校园创新发展的研究与实践”获得2017年广东省教育教学成果奖（基础教育）一等奖。

二是收录了2008年至2018年珠海三中图书馆相关论文31篇，绝大多数原载于有关刊物。这些论文从图书馆功能与定位、图书馆管理、资源建设、书香校园建设、服务创新、读书活动、阅读推广、微信服务、微博服务、“班级微图书馆”以及图书馆建设实践等方面反映了珠海三中图书馆特色发展之路的探索。其中，这些论文包括《珠海市中学图书馆人员素质现状与教育培训》《面向中学生的“微图书馆”建设探究》等发表于核心期刊的论文，也包括《基于书香校园理念的“微图书馆”建设探究》等获得中国图书馆学会年会征文一等奖，收录于《中国图书馆学会年会论文集》的论文。

三是收录了图书馆杂文十多篇。包括笔者的所思所想、演讲稿、撰写的文章以及笔者的采访稿、珠海三中图书馆的相关报道等。例如：笔者在《图书馆报》上发表的《中小学图书馆阅读推广的机遇与挑战》《希望没留下心理阴影——致困在图书馆里的倒霉书迷》等文章；《阅读，请到图书馆来》《阅读，让人生更精彩》等演讲稿；《把图书采购权还给专业馆员》《期待网上馆配会的出现》等采访稿；《投经费、设漂流、开微博、问需求……师生联手“击活”图书馆》《“真人图书”活动走进珠海市第三中学》等报道稿；还有《一名中学图书馆员的成长规划》等最初的所思所想。

由于时间仓促，能力有限，书中的报告、论文以及文章都是直接采用，引用的各种资料未能一一注明出处，谨此致以歉意。另外，由于本人学识水平有限，加之时间仓促，对于一些问题，我可能论述得还不够专业和深入，甚至有失偏颇。恳请各位读者能够批评指正。

王鸿飞

2018年11月12日

目录

CONTENTS

图书馆课题研究

图书馆论文

目录

图书馆杂文

图书馆

课题研究

寻梦十载　书香为伴

中学图书馆特色发展之路的探索

XunMeng ShiZai ShuXiang WeiBan

中学书香校园创新发展的研究与实践*

一、问题的提出

“营造书香校园”旨在改变目前中小学学生与教师的阅读状况，促进师生共同的发展，让教师与学生都拥有一个阳光的人生。2008年以来，按照广东省委宣传部关于开展书香岭南全民阅读活动的统一部署，省教育厅立足教育特色、着眼学生发展，在全省中小学广泛组织开展书香校园创建工作和书香校园评比活动。“营造书香校园”作为一项行动研究已初见成效，中小学校书香校园建设不仅不可阻挡，而且有愈演愈烈之势。然而，在创建活动中，一度轰轰烈烈，但是，随着一股热情过后，“营造书香校园”平静下来，或者出现“高原期”，没有真正形成书香型校园，书香校园的氛围并不长久。与此同时，学生与教师的阅读状况令人担忧。网络、手机等新兴技术的出现，网络游戏、网络浅阅读等越来越流行，中小学图书馆不断被边缘化，学校缺乏新书好书，不管是图书数量还是图书质量都远远无法满足师生的阅读需求，纸本阅读的师生越来越少，阅读缺乏趣味。

朱永新先生说过：“阅读对人成长的影响是巨大的，一本好书往往能改变人的一生。人的精神发育史，应该是他本人的阅读史；而一个民族的精神境界，在很大程度上取决于全民族的阅读水平。一个没有阅读的学校，永远不可能有真正的教育。”苏联著名教育实践家和教育理论家苏霍姆林斯基也说过：“一所学校可以什么也没有，但只要有图书馆，就可以称之为学校。”国际图书馆协会联合会、联合国教科文组织曾发表《中小学图书馆宣言》，明确提出“中小学图书馆是保证学校对青少年和儿童进行卓有成效教育的必不可少的事业……一所出色的图书馆是保证学校取得教育成就的基本条件。” 国际图书馆协会联合会发布的《中小学图书馆指南》也提到：“中小学图书馆的使命就在于向学生提供信息及思想，这些信息和思想是使他们在当今信息和知识社会中表现良好的基础。中小学图书馆通过培养学生的终身学习技能及想象能力，使他们成为有责任感的公民。”教育部印发的《基础教育课程改革纲要（试行）》中明确规定图书馆是重要的课程资源，是为实施课程改革提供课程资源保障的地方。可见，加强图书馆建设，创建书香校园是有依据及支撑的。

---

* 这是由王鸿飞主持的2011年广东省中小学德育科研课题“中学书香校园创新发展的研究”的成果报告。该成果曾获得2017年广东省教育教学成果奖（基础教育）一等奖。

《关于加强新时期中小学图书馆建设与应用工作的意见》指出："必须深刻认识加强中小学图书馆建设与应用工作的重要意义，切实加大力度，不断完善措施，将中小学图书馆建设与应用工作提高到新水平。"该《意见》还提出了"推进基础条件建设""确保馆藏资源质量""规范馆藏采购机制""不断提高信息化水平""充分发挥育人作用"以及"带动书香社会建设"六项重点任务。因此，本成果及时对书香校园创建活动进行相关反思，分析书香校园创新发展的必要性和重要性，探讨书香校园创新发展的策略，以保证创建书香校园活动的科学发展、可持续发展，让书香校园创建活动与校园文化建设相结合，与课程改革相结合，与教师队伍建设相结合，与学校特色打造相结合，使师生真正受益。

二、解决问题的过程与方法

（一）本成果研究与实践的策略和方法

课题首先对营造书香校园的理念以及理论支撑进行概述，立足珠海三中书香校园建设以及广东省"书香校园"建设的实际，分析中学书香校园建设的现状，总结书香校园建设的经验与不足。其次，通过实践探索，探讨书香班级建设、图书馆建设、阅读环境优化以及读书氛围营造等问题，并结合班级文化建设、校园文化建设，特色语文教学活动、学科课堂阅读指导、教师读书等，打造学校特色文化，建设书香校园。此外，研究书香校园创新发展的各种策略，比如读书活动策略、阅读推广与阅读指导策略、特色语文教学活动策略、阅读校本课程开发策略等。最后，对书香校园建设标准体系以及书香校园评选活动等进行有效的探讨，实现书香校园的科学发展和可持续发展。

本课题综合运用文献分析法、调查法、访谈法、个案研究法、经验总结法、实践检验法等方法对课题进行研究。

（二）研究与实践的环节与过程

课题研究时间为两年，即从2011年5月至2013年7月，实践的时间从2011年5月至2017年6月（其中2013年7月至2017年6月为成果的实践检验时间）。研究的环节主要包括：①分析中学书香校园建设与发展现状。②按照课题研究设立的校级子课题进行实践探索与研究。从特色语文教学活动、班级书香文化建设、学科课堂阅读指导、快乐阅读以及读书活动等各个层面去进行书香校园建设的实践与研究。 ③总结中段研究成果，收集相关的论文与阅读课程教案等。④根据前阶段的研究进度和成效，做更深入的实践与研究，并争取得到提炼与提升。⑤基于书香校园建设的实践与研究，探索学校德育、校园文化发展以及学校内涵发展，努力构建真正意义上的书香校园。

具体来说，研究与实践的环节与过程主要包括：

1．制订调查问卷，对学生课外阅读及教师的读书现状进行调查。

（1）中学生课外阅读与阅读心理的调查分析

图书馆设计了“中小学生课外阅读与阅读心理需求问卷”，向高一、高二的30个班级的学生发放了300份问卷。从阅读态度、阅读目的、阅读时间、阅读来源、阅读内容、阅读效果等方面进行调查，得到了学生课外阅读的数据。

（2）教师读书现状的调查分析

学校制订了“教师读书现状的调查问卷”，对教师的读书现状进行了调查。向全校教职工发放了调查问卷大约190份。调查的数据包括：喜欢读书的程度、教师读书的原因、教师读书的时间、教师的阅读量、教师的阅读来源、教师的阅读内容、教师的阅读反馈。

2．以班级为单位开展“微图书馆”建设，创建书香班级。

图书馆制订了“班级微图书馆”计划，倡导图书进教室，加强书香班级建设，打造“班级微图书馆”，努力营造班级读书氛围，激发学生读书兴趣。学校图书馆给每个班级办理读书卡，读书卡最大借书量是200册。班级可通过班级团借的方式，向学校图书馆借阅图书，充实“班级微图书馆”。“班级微图书馆”经过5年的实践取得一定的成效。

3．举办珠海三中图书馆文化节，开展各种读书活动。

近些年，珠海三中坚持举办图书馆文化节，打造品牌读书活动。结合“4·23世界读书日”等每年坚持举办图书馆文化节系列读书活动。目前已连续举办了八届图书馆文化节，开展系列品牌读书活动。如：读书征文活动、图书漂流活动、“你选书，我买单”书展活动、图书捐赠活动、科学图谱展览、讲座活动、猜谜游园活动、心意贴活动、电影播放活动等。

此外，珠海三中图书馆创新推出“真人图书”分享活动。其中，联合AIESEC中山大学分会邀请外国志愿者到珠海三中分享他们的志愿者活动经历，成为“真人图书”，供图书馆读者“借阅”，开展“真人图书分享会”，已经成为珠海三中“真人图书”活动的一大特色。

4．立足图书馆服务，开展各种各样的阅读推广活动。

（1）图书馆宣传与图书推荐。设立新书推荐书架，制作新书通报、新书快递，进行图书推介；定期推出图书借阅排行榜与读者借阅排行榜等。

（2）开展阅读指导课，倡导快乐阅读。由图书馆与语文科组合作，图书馆为语文阅读课提供资源、场所以及利用图书馆的初步指导，语文教师布置阅读任务，并指导学生的阅读。

（3）新生入馆培训与读者教育。每年新生入校的时候，对高一的新生进行入馆培训。培训的内容主要包括图书馆概况、图书馆的资源与服务、如何利用图书馆、《中图法》、读书活动等。培训的形式有报告讲座、深入班级互动交流、参观图书馆等。图书馆还对学生管理员进行各种各样的培训教育，提高学生的图书馆意识与利用技能。

（4）探索建立图书馆学生管理团队。图书馆还招聘、培训学生助理（义工），打造图书馆实践平台，开展实践与志愿活动，丰富学生的业余生活，提升学生的信息素养和学习能力。发挥学生助理在图书馆宣传以及读书活动方面的辐射作用，影响与带动更多同学走进图书馆，喜欢上阅读，喜欢上学习。

（5）利用网站、微博、微信等进行图书推介。珠海三中图书馆利用网络优势，加强网络宣传与网络导读，在校园网设置书香校园栏目，师生读者可通过“珠海三中图书馆书目查询与自助服务平台”进行书目查询等。近年来，图书馆又把服务和活动挪到了微博、微信等新媒介上，进行微博导读与微信导读，举办各种读书活动。

5. 开展教师读书活动，让书香走进教职工的生活。

学校为教师读书提供了良好的阅读环境与丰富的图书资源，还为教师读书搭建了立体化平台，将教师读书活动与党建工作相结合、与课堂教学工作相结合、与科研工作相结合、与“青蓝工程”工作相结合。图书馆制订寒暑假教师读书推荐目录，为教师推荐新书好书。

6. 开展最美“班级微图书馆”“美在教室”等系列评比活动。

“班级微图书馆”建设方面，制订了“班级微图书馆”计划以及最美“班级微图书馆”评选方案，评选最美“班级微图书馆”。另外，学校学生处开展了“美化教室”评比活动。其中布置内容包括黑板报、班务栏、班级文化氛围建设、班级图书角、班级公告栏、班级环境绿化美化等。

7. 注重校园整体环境的规划，打造校园文化景观。

结合“求真　崇善　尚美”的校训，学校浓墨重彩打造校园读书文化景观，在教学楼的板报墙、校道与走廊上增添了很多名人或者与读书相关的壁画，布置师生的美术摄影等作品，文化氛围与艺术氛围共存。学校还进行绿色校园规划与建设，建设美丽校园。重视学校图书馆建设，对图书馆功能室进行改建，尽力为师生提供更加优雅的阅读环境。

三、成果的主要内容

（一）核心概念与理论基础、主要观点、实施策略、适用对象及呈现形式（实践模型）等

较早提出“书香校园”的是朱永新先生，他认为“营造书香校园”是指在新教育实验的理念指导下，通过创设浓郁的阅读环境与氛围，推荐优秀的阅读书目，开展形式多样的阅读方式，培养阅读兴趣与良好的习惯，使阅读成为伴随终身的生活方式，从而为建设书香社会奠定基础。在书香校园发展的过程中，还涉及书香班级、阅读推广、学习型校园、书香家庭、书香社区、书香社会等相关概念。

本课题的研究对象是书香校园，主要研究书香校园创建与创新发展过程中涉及的一系列问题，研究如何在现有的基础上，继续开展书香校园创建活动，实现书香校园创新发展、可持续发展。通过课题的实践与研究，营造浓郁书香氛围，让阅读成为师生的良好习惯与生活方式，促进学校精神文化的培育和形成，进而推动学校内涵发展。课题注重研究

成果的实际应用，是实践探索性研究，将研究成果放到实践中去检验，探索有效的方法，最终形成一套成熟有效的能在实践中应用的理论和方法。

本课题研究和实践主要集中在中学书香校园创建与创新发展，但是研究成果适用于所有中小学。本课题主要包括以下成果形式：

（1）《中学书香校园创建与创新发展》资料汇编与论文集。

（2）《书海听涛，享受阅读——青少年阅读引导读本（实践篇）》以及《书海听涛，享受阅读——青少年阅读引导读本（欣赏篇）》等校本课程。

（3）《如何构建书香校园体系》（书香校园建设的实践模型）。

（4）出版的《中小学图书馆建设实践与阅读推广》以及公开发表的系列成果论文。

（5）课题实践过程中制订与实施了“班级微图书馆”计划，对班级图书角的建设提供了一种新的思路。

（二）本成果在理论研究或实践探索上取得的重大进展和突破，以及本成果所具有的推广价值

1．通过课题研究及理论学习，课题组教师认同了书香校园的理念。

近年来，珠海三中获得广东省“书香校园”的称号，很多教师加入课题的实践与研究中，慢慢地了解了书香校园的理念。此外，在理论学习与课题研究的过程中，部分教师得到了理论的提升，科研的意识也有所增强。

2．形成了一批具有学校特色的活动项目，营造了浓郁的读书氛围。

（1）“古韵金声”经典诗文吟诵会。“古韵金声”经典诗文吟诵会已成为我校语文科组的一个传统活动，是我校素质教育一张亮丽的名片。

（2）图书馆文化节系列品牌读书活动。为创建书香校园，珠海三中连续举办了多届图书馆文化节，开展了各种主题的读书活动。目前，已经形成了几大品牌活动。如：图书漂流活动、读书征文活动、“你选书，我买单”书展活动、科学图谱展览活动、游园猜谜活动、图书捐赠活动、图书推荐与展览活动等。

（3）开展各种学科特色活动，提高学科内涵。学校鼓励各个学科有组织、有计划地开展各种学科竞赛活动。

3．珠海三中图书馆办馆效益良好，美誉度与影响力不断提升。

珠海三中图书馆倡导书香校园理念，建设书香校园，潜移默化中影响了大家对图书馆的认识，从而不断提升珠海三中图书馆的美誉度与影响力。短短几年，珠海三中图书馆从不起眼的图书室蜕变成颇具规模的图书馆，图书馆也逐渐成为学生生活中不可或缺的一部分，大多同学养成了到图书馆阅读、借还书、写作业、自习的习惯。据统计，珠海三中图书馆过去6年借出图书250 857册，还回图书235 806册。每年流通量接近8万册，外借量达到4万册左右，生均年借阅量达到15册左右（学生近2300人）。一些品种的图书6年来被借阅量达到200多次。各种读者借阅排行榜及图书借阅排行榜的数据也甚是可喜。

4. 形成了《如何构建书香校园体系》以及《中小学图书馆建设实践与阅读推广》等成果。

在书香校园建设实践与研究中，我们得出《如何构建书香校园体系》（书香校园建设的实践模型）。得益于书香校园创建工作的实践与思考、专业学习的积累以及课题研究的不断深入，按照《如何构建书香校园体系》拓展而形成的《中小学图书馆建设实践与阅读推广》正式出版，本成果的理论深度不断提升。本书结合优秀中小学图书馆的建设实践，从中小学图书馆的基础设施建设、中小学图书馆的资源建设、图书资源建设与招标采购、图书馆期刊资源建设与管理、中小学图书馆的自动化建设、中小学图书馆的智慧化建设、“班级微图书馆”建设、中小学图书馆学生管理员队伍建设等方面探索如何开展中小学图书馆的规范化、标准化建设。另外，结合珠海市第三中学图书馆等优秀图书馆的实践，阐述如何开展中小学图书馆的宣传与阅读推广，挖掘中小学图书馆（室）阅读推广的典型案例。

5. 整理编制了珠海三中阅读校本课程以及课题研究成果。

在书香校园课题研究过程中，珠海三中图书馆在阅读指导、阅读推广方面进行了有效的实践。通过收集整理图书馆这些年阅读推广与读书活动的成果，编写了几本阅读校本教材。如：《书海听涛，享受阅读——青少年阅读引导读本（实践篇）》《书海听涛，享受阅读——青少年阅读引导读本（欣赏篇）》等。此外，课题结题材料《中学书香校园创建与创新发展》整理汇编了课题研究报告、研究过程资料以及研究论文（含公开发表的论文）等。

6. 珠海三中的一些实践与探索取得较显著效益，得到认可。

（1）“班级微图书馆”建设取得一定成效。珠海三中制订了“班级微图书馆”计划以及最美“班级微图书馆”评选方案，实现中小学班级图书角建设的服务创新。通过开展课题、发表论文、微信宣传、报纸宣传报道等，该项服务项目影响力不断提升。

（2）“真人图书分享会”方面，策划了9期“真人图书分享会”，整理“真人图书分享会”服务案例，参加全省图书馆阅读推广案例大赛晋级决赛，在广东图书馆学会年会展示并获得三等奖。

（3）珠海三中图书馆近年来积极开展业务改革与技术创新，引进RFID技术，实现了全馆自助借还；创建图书馆微博、微信公众号，开展微信微博服务；策划图书馆文化节系列读书活动，打造书香校园；探索学生管理员队伍建设与管理，组织新生入馆培训与读者教育等，受到了关注与好评。珠海三中图书馆是珠海市属学校最先实现RFID技术管理的图书馆，对珠海市中学图书馆开展全馆自助借还、智慧化管理具有示范作用。

四、效果与反思

通过课题研究与实践检验，本成果得出结论：书香校园可以理解为书香氛围、读书氛围，一种长期倡导阅读的理念。而且认为书香校园的建设与创新发展，要时刻关注并尽力做到：①书香校园的建设与创新发展，读书环境与阅读资源保障是前提；②书香校园的建设与创新发展，需要以班级为单位开展读书活动，建设书香班级；③书香校园的建设与创新发展，要关注师生的阅读状态与阅读成效；④书香校园的建设与创新发展，需要持续开展阅读推广活动、读书活动；⑤书香校园的建设与创新发展需要各种策略与思路；⑥书香校园要与时俱进，要建设数字化的书香校园；⑦书香校园的建设与创新发展有理论指导以及课题带动。

本课题研究与实践已经取得了一定的实际效果，《如何构建书香校园体系》（书香校园建设的实践模型）适用于各中小学校。我校的书香校园建设得到上级部门的认可，获得了广东省“书香校园”的称号、珠海市总工会评选的“职工书屋”示范单位。研究成果也获得了一些奖项。例如：课题获得2011年度广东省中小学德育课题优秀结题；课题成果参加广东省中小学优秀德育科研成果评选获得二等奖；《图书馆阅读推广与书香校园》获得“广东省中小学特色学校创建”优秀方案评选二等奖。“中小学图书馆阅读推广与书香校园”项目被评为2015年珠海市中小学校特色项目培育对象。

研究成果《中小学图书馆建设实践与阅读推广》有一定的学术价值和实践价值，对省市，甚至全国中小学图书馆的建设与管理具有一定指导意义或借鉴意义，有良好的推广前景。成果主持人王鸿飞荣获全国“2017中小学图书馆榜样人物”，成为广东省中小学中唯一一位获此殊荣的教师。我们还利用各种机会宣传推广研究成果。例如：

（1）2015年12月，图书馆王鸿飞老师受北京师范大学教育培训中心邀请给河源市中学图书管理员授课，授课内容为：图书馆阅读推广与书香校园体系的构建。

（2）2015年5月，王鸿飞老师受中山大学资讯管理学院邀请，给中山大学资讯管理学院2012级图书馆学专业的大三学生做专题讲座，授课内容为：中小学图书馆建设实践与书香校园体系的构建。

（3）王鸿飞老师2014年6月27日受邀参加广州市中小学图书馆校园阅读与推广经验交流会，并做了“中小学图书馆阅读推广的实践与思考”的主题发言。

（4）王鸿飞老师多次在珠海市中小学图书馆员全员培训活动推广研究成果。例如：2012年《新形势下青少年阅读推广活动的实践与思考》的主题发言、2014年《图书馆阅读推广与书香校园体系的构建》的主题发言、2016年《中小学图书馆建设实践与阅读推广》的主题发言。

珠海三中图书馆一直坚持书香校园理念，通过创设浓郁的阅读环境与氛围，推荐优秀的阅读书目，开展形式多样的阅读方式，创建书香校园，受到了关注与好评。近两年，广东碧桂园学校、佛山市第三中学、珠海九洲中学、广州番禺区图书管理学科教研中心组等学校的领导与同行到馆参观交流。《图书馆报》《珠海特区报》《珠江晚报》《珠海教育》等报刊多次宣传珠海三中图书馆阅读推广与书香校园建设的经验与做法。例如：2013年12月5日《珠江晚报》以《投经费、设漂流、开微博、问需求……师生联手“击活”

图书馆》为标题专题报道了我校图书馆建设与服务情况；2014年《珠海教育》第5期封底（彩页）刊登了《"真人图书"活动走进珠海市第三中学》；《图书馆报》刊登了多篇报道，如：《中小学图书馆阅读推广的机遇与挑战》《珠海三中：打造"班级微图书馆"》《珠海三中开展最美"班级微图书馆"评选》《把图书采购权还给专业馆员》《期待网上馆配会的出现》《未来，"真人图书馆"将是图书馆关注的焦点》等。

中小学图书馆（室）规范化建设标准研究*

一、问题的提出

目前区域、城乡、学校之间中小学图书馆建设水平极不均衡，直接影响中小学图书馆育人功能和综合效益的发挥。2015年5月20日，教育部、文化部、国家新闻出版广电总局联合颁布了《关于加强新时期中小学图书馆建设与应用工作的意见》，给中小学图书馆的建设带来了新的机遇和挑战。按照意见的要求，要实现“到2020年，绝大部分中小学要按照国家规定标准建有图书馆”的目标，各省市就必须对中小学图书馆实行规范化、标准化建设和改造。

《中华人民共和国未成年人保护法》第三条：国家根据未成年人身心发展特点给予特殊、优先保护，保障未成年人的合法权益不受侵犯。《中国儿童发展纲要（2011—2020）》指出：“坚持儿童优先原则，保障儿童生存、发展、受保护和参与的权利。”因此，在中小学优质教育、阅读推广方面，我们也应该坚持“儿童优先”的原则。2010年，文化部《关于进一步加强少年儿童图书馆建设工作的意见》指出，少年儿童图书馆要积极与中小学校开展合作，共同开展阅读指导、信息素养教育，吸引未成年人走进图书馆、利用图书馆。这进一步明确了做好未成年人阅读的紧迫性与重要性，也给中小学图书馆带来了新的机遇与挑战。《国家中长期教育改革和发展规划纲要（2010—2020）》《广东省中长期教育改革和发展规划纲要（2010—2020）》《教育信息化十年发展规划（2011—2020）》《广东省教育信息化“十二五”发展规划》以及“高考改革方案”等文件的出台，教育改革进入新时期，教育信息化、云教育平台、智慧校园、慕课等也成为实践与研究的热点。在新的教育改革大环境下，对中小学图书馆（室）规范化建设标准进行研究，探讨中小学图书馆（室）建设与发展的新要求、新常态，为中小学图书馆（室）建设提供理论基础与标准参考。

1991年教育部发布的《中小学图书馆（室）规程》，对图书馆（室）建设内容的生均指标作了相关规定。2003年教育部颁布了《中小学图书馆（室）规程（修订）》，这个规程对各地中小学图书馆（室）的建设起到了指导和推进的作用。期间，各省市结合实际，

---

* 这是由王鸿飞主持的2015年广东省基础教育课程体系改革研究项目“中小学图书馆（室）规范化建设标准研究”的成果报告。

制订了具有地方特色的中小学图书馆建设标准，如：《广东省中小学图书馆（室）建设标准》《江苏省中小学图书馆建设标准》《广东省佛山市中小学图书馆（室）建设标准》等。目前，教育部《中小学图书馆（室）规程》最新修订版即将出台，但是《中小学图书馆（室）规程》的理解、贯彻落实首先需要做好宣传工作，其次要做好中小学图书馆（室）建设情况的调研，提供建议，以便相关部门制订符合省市的中小学图书馆（室）建设标准。本项目通过对中小学图书馆（室）建设的相关标准，如《中小学图书馆（室）规程（修订）》等进行重新解读，并对省市部分地区的中小学图书馆（室）建设情况进行调研，为研究制订中小学图书馆（室）规范化建设标准提供决策参考，推动中小学图书馆（室）的建设与发展，以便为教育教学提供更丰富的资源与更优质的服务，具有现实价值与实践意义。

二、解决问题的过程与方法

（一）本成果研究与实践的策略和方法

本项目通过调研省市部分中小学图书馆（室）的建设现状，回顾中小学图书馆的建设历史和发展历程，梳理中小学图书馆建设的相关理论依据与建设标准，为省市中小学图书馆（室）规范化建设标准的制订提供建议与理论支撑。围绕中小学图书馆的建设实践与现状，对《中小学图书馆（室）规程（修订）》以及省市建设标准进行解读，探讨如何按照相关建设标准开展中小学图书馆（室）的规范化、标准化建设。收集整理优秀中小学图书馆（室）在图书馆建设、图书馆服务以及阅读推广等方面的典型案例，为中小学图书馆（室）的规范化、标准化建设提供可参考的经验，从而推动中小学图书馆（室）的创新发展。

本项目主要采用文献法、访谈法、问卷调查法、网络调查法、经验总结法等方法研究。

（二）研究与实践的环节与过程

本项目主要调研了省市部分中小学图书馆（室）建设情况，如珠三角和粤东西北地区中小学图书馆（室），掌握中小学图书馆（室）建设情况与发展现状。其次，通过开展网络、文献调查，了解国内外中小学图书馆（室）建设的理论依据以及相关建设标准。对教育部《中小学图书馆（室）规程（修订）》进行解读、研究，并探讨《中小学图书馆（室）规程（修订）》如何更好在中小学图书馆贯彻、落实。另外，做好中小学图书馆（室）建设的典型案例研究，结合优秀中小学图书馆的建设实践与经验，挖掘中小学图书馆建设与阅读推广的典型案例，发挥优秀图书馆的示范带动作用。同时组织课题组成员到省市部分地区进行授课，宣传推广《中小学图书馆（室）规程（修订）》、课题研究成果，并进行图书馆管理服务、阅读推广的经验介绍。

目前，项目计划执行情况如下：

1. 通过对珠三角以及粤东西北地区部分中小学图书馆（室）建设情况进行调研，了解中小学图书馆（室）建设情况与发展现状。

（1）2015年6月制订了详细调研计划，确定了调研主题、访谈内容等，同时完成了调查问卷《广东省中小学图书馆（室）调查表》。

（2）2015年10月，利用珠海市中小学图书馆员全员培训的机会，发放《广东省中小学图书馆（室）调查表》，开展珠海市中小学图书馆（室）建设情况与现状调查。回收问卷53份。完成调查表的收集、整理等工作。

（3）2015年12月，项目组对河源市中小学图书馆（室）建设情况与现状进行调研，考察了河源中学图书馆，并利用项目组成员给河源市中学图书馆员进行培训的机会发放《广东省中小学图书馆（室）调查表》，开展问卷调查，调查了44所中小学图书馆。

（4）2015年12月至2016年6月，通过QQ、电子邮箱等方式对广州、佛山等珠三角地区以及粤东西北地区个别优秀中小学图书馆进行问卷调查。此外，项目负责人带队考察了广州大学附属中学图书馆、广州市真光中学图书馆、中山大学图书馆等优秀图书馆。

2. 通过网络、文献调查，了解国外、国内其他省市地区中小学图书馆（室）的建设标准，进行比较研究。主要达成了日本学校图书馆法律体系研究、大陆与台湾地区中小学图书馆建设标准比较分析与思考等研究成果。结合以上研究，梳理了我国中小学图书馆建设的发展历程，整理归纳了国内外中小学图书馆建设的理论依据及相关标准。

3. 通过对《中小学图书馆（室）规程（修订）》以及《关于加强新时期中小学图书馆建设与应用工作的意见》等文件精神进行解读，探讨《中小学图书馆（室）规程（修订）》建设标准如何更好在我省中小学图书馆贯彻、落实。结合珠海三中图书馆等个别优秀图书馆的建设实践，从中小学图书馆的基础设施建设、中小学图书馆的资源建设、图书资源建设与招标采购、图书馆期刊资源建设与管理、中小学图书馆的自动化建设、中小学图书馆的智慧化建设、“班级微图书馆”建设、中小学图书馆学生管理员队伍建设等方面探索如何做好中小学图书馆的建设与管理，为中小学图书馆的规范化、标准化建设提供参考借鉴。

4. 从中小学图书馆的宣传推广、中小学图书馆读书活动、中小学图书馆阅读调查等几方面阐述如何开展中小学图书馆的宣传与阅读推广，并整理归纳了中小学图书馆阅读推广的一些典型案例，如“你选书，我买单”书展活动、图书漂流运动、“真人图书”分享、微博导读、微信导读、主题征文等。

5. 为发挥优秀图书馆的示范带头作用，争取抓住各种机会，组织项目组成员到各地区给中小学图书馆员做相关的培训活动，宣传《关于加强新时期中小学图书馆建设与应用工作的意见》等文件精神，推广项目研究成果，并进行图书馆管理服务、阅读推广的经验交流。

三、成果的主要内容

（一）核心概念与理论基础、主要观点、实施策略、适用对象及呈现形式（实践模型）等

本项目主要调研了解省市部分地区中小学图书馆（室）建设情况，包括珠三角以及粤东西北地区中小学图书馆（室）建设情况。了解教育部《中小学图书馆（室）规程（修订）》在全省的宣传推广情况，并围绕教育部《中小学图书馆（室）规程（修订）》等相关建设标准，做好相关调查研究，了解国外、国内其他省市地区中小学图书馆（室）的建设标准，为研究制订广东省中小学规范化图书馆（室）建设标准提供决策参考。基本内容包括：

1. 通过对珠三角以及粤东西北地区中小学图书馆（室）建设情况进行调研，了解全省中小学图书馆（室）建设情况与发展现状。

2. 通过网络、文献调查，了解国外、国内其他省市地区中小学图书馆（室）的建设标准，收集相关的数据或者建设标准，以便进行比较研究。

3. 对教育部《中小学图书馆（室）规程（修订）》进行解读研究，并探讨《中小学图书馆（室）规程（修订）》以及相关建设标准如何更好在我省中小学图书馆贯彻落实。

4. 做好调查研究，征求各方意见，结合我省实际，为研究制订广东省中小学规范化图书馆（室）建设标准提供相关数据或建议作为决策参考。

5. 做好中小学图书馆（室）建设的典型案例研究，发挥优秀图书馆的示范带头作用，组织课题组成员到粤东西北地区进行演讲，宣传推广《中小学图书馆（室）规程（修订）》、课题研究成果，并进行图书馆管理服务、阅读推广的经验介绍。

（二）本成果在理论研究或实践探索上取得的重大进展和突破，以及本成果所具有的推广价值

本项目主要围绕《中小学图书馆（室）规程（修订）》等中小学图书馆（室）建设的相关标准，探讨中小学图书馆建设的理论依据与国内外中小学图书馆的规范化建设标准，对省市部分地区中小学图书馆（室）建设情况进行调研，了解中小学图书馆（室）建设情况与发展现状，收集相关的数据或者建设标准。与此同时，项目成果立足中小学图书馆实际，解读《中小学图书馆（室）规程（修订）》，细化各项标准，从中小学图书馆的基础设施建设、中小学图书馆的资源建设、图书资源建设与招标采购、图书馆期刊资源建设与管理、中小学图书馆的自动化建设、中小学图书馆的智慧化建设等方面探索中小学图书馆的建设。此外，项目结合珠海三中图书馆等优秀图书馆的实践，挖掘中小学图书馆（室）建设与阅读推广的典型案例，发挥优秀图书馆的示范带动作用。

本项目从中小学图书馆（室）角度研究与思考中小学图书馆（室）的建设与发展，这种自下而上的思维方式，能够有效结合教育部《中小学图书馆（室）规程（修订）》精

神，更有助于收集能够反映中小学图书馆（室）建设现状的数据与情况，让项目研究成果能够及时指导实践，应用于实践。此外，项目除了探讨中小学图书馆的规范化建设标准，还涉及图书馆管理服务、阅读推广、新技术应用等各种热点话题，有助于推动中小学图书馆（室）建设、未成年人阅读推广以及新技术应用，实现中小学图书馆（室）的信息化、智慧化发展。

1. 重新梳理了我国中小学图书馆建设现行相关标准。

1991年8月，我国原国家教委颁布了中华人民共和国成立以来第一个关于中小学图书馆建设的法规性文件《中小学图书馆（室）规程》，对图书馆（室）建设内容的生均指标等作了相关规定。

为适应时代发展的需要，2003年教育部对该规程进行了修订，颁布了《中小学图书馆（室）规程（修订）》，新规程明确规定了中小学图书馆（室）的藏书标准，也首次对数字图书馆的建设提出了要求，对各地中小学图书馆（室）建设起到了指导和推进的作用。

根据新规程的要求，很多省市结合实际，先后制订了具有地方特色的中小学图书馆（室）建设标准，如：《广东省中小学图书馆（室）建设标准》《江苏省中小学图书馆建设标准》《安徽省中小学图书馆（室）建设标准》《辽宁省中小学图书馆（室）建设示范县区标准》《苏州市中小学图书馆建设标准》《广东省佛山市中小学图书馆（室）建设标准》等。这些标准主要从馆藏书刊、馆舍要求、设备设施、人员配备、管理、文献利用、读者服务等方面进行了具体的定量和定性的规定，使本地中小学图书馆建设有了具体的标准和依据可循。除了以上地方性的中小学图书馆建设的专门性标准外，不少省市还制订了涵盖图书馆部分的教育技术装备标准或指南、图书馆评估标准等其他有关图书馆建设的标准或文件。例如，佛山市教育局2013年制订的《佛山市教育装备建设指南（试行）（图书馆装备）》，江苏省教育厅2011年制订的《江苏省中小学教育技术装备标准（图书馆标准）》，江西省教育厅2008年印发的《江西省中小学图书馆等级评定实施意见》等。这些标准的制订与实施，推进了各地中小学图书馆（室）建设与管理工作向标准化、规范化、现代化方向发展。目前，我国大陆中小学图书馆建设现行相关标准如下：

我国中小学图书馆建设现行相关标准

标准类型	标准内容	具体标准举例
指导性标准	全国性、地方性中小学图书馆（室）规程	《中小学图书馆（室）规程（修订）》《广东省中小学图书馆（室）建设规程》《长春市中小学图书馆（室）建设规程（试行）》等
专门标准	地方性中小学图书馆（室）建设标准	《广东省中小学图书馆（室）建设标准》《江苏省中小学图书馆建设标准》《辽宁省中小学图书馆（室）建设示范县区标准》《苏州市中小学图书馆建设标准》等

（续表）

标准类型	标准内容	具体标准举例
其他标准	教育技术装备标准或指南、图书馆评估细则	《江苏省中小学教育技术装备标准（图书馆标准）》《四川省中小学教育技术装备标准（图书装备）》《佛山市教育装备建设指南（图书馆装备篇）》《江苏省中学图书馆等级评定实施意见》等

目前来看，我国对中小学图书馆建设理论依据和相关标准的研究力度有待加强，研究的系统性和深入程度有待提升。随着新一轮的教育改革以及新技术时代的到来，中小学图书馆也将迎来新的建设机遇，关于中小学图书馆标准化建设的研究理应引起更多的重视和关注。

2. 收集了我省部分地区中小学图书馆（室）建设情况与发展现状。

项目组主要调查了广州、珠海、河源三个地区的中小学图书馆（室）建设情况与发展现状，并对省内其他地区的个别优秀中小学图书馆进行问卷调查，基本掌握了我省中小学图书馆（室）的建设情况与发展现状。

3. 立足中小学图书馆实际，解读《中小学图书馆（室）规程（修订）》，细化各项标准，探讨如何按照相关建设标准开展中小学图书馆（室）的规范化、标准化建设。

对相关建设标准进行解读，探讨相关建设标准如何更好在中小学图书馆（室）贯彻、落实。结合优秀中小学图书馆的建设实践，从中小学图书馆的基础设施建设、中小学图书馆的资源建设、图书资源建设与招标采购、图书馆期刊资源建设与管理、中小学图书馆的自动化建设、中小学图书馆的智慧化建设、“班级微图书馆”建设、中小学图书馆学生管理员队伍建设等方面探索如何开展中小学图书馆的规范化、标准化建设。以下对该研究成果进行简单介绍。

（1）中小学图书馆的基础设施建设。

按照全国性的《中小学图书馆（室）规程（修订）》以及地方性中小学图书馆（室）建设标准，如《广东省中小学图书馆（室）建设标准》等以及教育技术装备标准或指南、图书馆评估细则，介绍中小学图书馆的馆舍建设、功能（室）区安排、基础设施配备等相关建设标准要求。例如在馆舍建设方面介绍了《城市普通中小学校校舍建设标准》相关指标、《广东省中小学图书馆（室）建设标准》等相关指标、教育技术装备标准或评估指南等相关指标。

（2）中小学图书馆的资源建设。

根据《中小学图书馆（室）规程（修订）》以及《广东省中小学图书馆（室）建设标准》等建设标准，介绍了中小学图书馆资源建设要求及藏书量。另外还探讨了中小学图书馆资源建设类型，如纸质馆藏建设、电子馆藏建设、网络资源建设、未来资源建设的趋势。

（3）图书资源建设与招标采购。

中小学图书馆的资源建设，特别是优质的图书资源建设，有助于图书馆开展各项阅读服务，有利于提升图书馆的利用率与办馆效益。因此，很有必要了解一下中小学图书馆的图书资源建设以及图书招标采购。项目整理了中小学图书采购主要渠道，如：零散采购、协议采购、招标采购、网络采购等。另外，还介绍了中小学图书招标采购的一般方式与流程，主要是邀请招标、询价采购、竞争性谈判、公开招标。最后给出中小学图书馆做好图书采购工作的几个建议以及图书馆图书采购需求模板。

（4）图书馆期刊资源建设与管理。

中小学图书馆的报刊品种、数量不多，但是报刊却是中小学图书馆非常重要的馆藏资源。馆藏图书资源非常丰富的图书馆，报刊是馆藏资源很好的补充；而中小学图书馆图书经费不足，馆藏图书资源陈旧的图书馆，报刊几乎是图书馆吸引读者的救命稻草。但是，也许由于报刊所占的比例非常小，以往的中小学图书馆专著或培训教材，很少涉及图书馆期刊资源建设与管理。项目结合珠海三中图书馆在期刊资源建设与管理的情况，对图书馆期刊资源建设与管理做一些介绍。一是介绍期刊资源建设的订购原则、订购步骤、期刊资源目录；二是介绍期刊资源管理，如：期刊验收、期刊登记、期刊加工、期刊上架、现刊管理、过刊管理等。

（5）中小学图书馆的自动化建设。

从处于珠三角地区的珠海中小学图书馆的自动化、数字化建设现状，也基本可以了解到全省，甚至全国中小学图书馆的自动化建设现状。项目从图书馆自动化管理系统的使用情况、电子图书购买与利用情况、电子期刊或数据库、电子阅览室、图书馆主页、技术人员与相关硬件设备等方面介绍了珠海市中小学图书馆自动化建设现状，并从图书馆经费紧张、图书馆技术力量薄弱等方面分析了中小学图书馆普及自动化的障碍，最后提出中小学图书馆自动化建设的对策以及如何进行图书馆管理系统的比较和筛选。

（6）中小学图书馆的智慧化建设。

图书馆的发展是呈渐进式的，每一次的进步都得益于科技的创新和重大变革。继图书馆自动化、数字化后，许多图书馆开始引进RFID技术，将RFID技术和互联网技术有机结合起来，图书馆智慧化逐渐走进人们的视野。图书馆智慧化是未来图书馆提升服务技术、创新服务理念和转变管理形态的一场革命。中小学图书馆的规范化、标准化建设需要在RFID技术智慧化发展方面多下功夫。RFID技术的发展与应用、自助图书馆、中学自助图书馆建设这些代表着中小学图书馆未来的技术方向，是中小学图书馆建设的新指标。

（7）“班级微图书馆”建设。

在《中小学图书馆（室）规程（修订）》《广东省中小学图书馆（室）建设标准》等建设标准中，都涉及班级图书角建设的内容，属于中小学图书馆建设比较重要的一部分。项目结合珠海三中图书馆的建设实践，从“微图书馆”研究现状、“微图书馆”概念的提出、“微图书馆”实践探索、“微图书馆”的特点分析、“微图书馆”的运行机制、“微图书馆”的建设步骤、“微图书馆”的建设成效、“微图书馆”实践的思考、“微图书馆”建设需要注意的问题、“班级微图书馆”建设的优秀案例等方面详细介绍了珠海三中“班级微图书馆”的建设情况。

（8）中小学图书馆学生管理员队伍建设。

《关于加强新时期中小学图书馆建设与应用工作的意见》要求逐步建成由专（兼）职人员、志愿者等组成的中小学图书馆管理人员队伍。中小学图书馆学生管理员队伍建设能在一定程度上缓解中小学图书馆工作人员不足的矛盾，可以提高学生利用图书馆的意识与技能，还能缩短读者与图书馆之间的距离。项目整理了珠海三中学生管理队伍建设具体做法：图书馆学生助理（义工）的招募，图书馆的新助理培训，图书馆学生助理的实践探索以及相关制度，图书馆学生助理的工作职责与岗位服务流程，图书馆学生助理的考核表彰，图书馆学生助理的工作日记与感想。

4．结合珠海三中图书馆等优秀图书馆的实践，阐述如何开展中小学图书馆的宣传与阅读推广，挖掘中小学图书馆（室）阅读推广的典型案例。

目前中小学图书馆的发展极不平衡，除了个别优秀图书馆，大部分中小学图书馆远远达不到建设标准，且图书馆利用率比较低。这些中小学图书馆由于人员素质、阅读环境、馆藏资源、服务内容等原因，在保障开放时间的前提下，读者的到馆率与借阅率都不甚理想。因此，中小学图书馆需要大力开展宣传推广、阅读推广。本项目根据《中小学图书馆（室）规程（修订）》《广东省中小学图书馆（室）建设标准》等相关建设标准，引用各中小学图书馆的成功经验，介绍如何开展中小学图书馆的宣传推广，如何举办中小学图书馆的读书活动，如何开展中小学图书馆阅读调查。

另外，挖掘中小学图书馆（室）阅读推广的典型案例，主要介绍了“你选书，我买单”书展活动、图书漂流活动、“真人图书”分享、微博导读、微信导读、新生入馆培训、“百科知识暨应急避险安全知识竞赛”阅读活动、读书征文活动、读书会、寻找我的高中图书借阅史、知识竞猜与猜谜活动等中小学图书馆阅读推广的实践案例。以上这些成果不仅具有一定的创新性，而且对中小学图书馆来说具有可操作性。

四、效果与反思

随着新一轮的教育改革以及新技术时代的到来，中小学图书馆（室）迎来新的建设机遇，并重新成为研究的热点和焦点。《关于加强新时期中小学图书馆建设与应用工作的意见》（教基〔2015〕2号）指出：“必须深刻认识加强中小学图书馆建设与应用工作的重要意义，切实加大力度，不断完善措施，将中小学图书馆建设与应用工作提高到新水平。”具体如何实现？理论依据、规范化建设标准都有哪些？本项目在调研的基础上，分析和研究日本学校图书馆法律体系以及台湾地区中小学图书馆建设标准等建设标准，并梳理中小学图书馆建设的理论依据及相关标准，剖析了中小学图书馆建设情况、馆藏和服务现状，介绍了优秀中小学图书馆在图书馆建设实践与阅读推广方面的经验，如：集群管理总—分馆制模式、“班级微图书馆”建设、未成年人阅读服务、微信微博服务、义工团队管理、智慧化建设、阅读推广、读书活动等。可以说，通过整理中小学图书馆（室）建设的典型案例，发挥优秀图书馆的示范带动作用，为中小学图书馆事业注入了新鲜的血液，将引领中小学图书馆（室）的服务创新与发展。

由于新修订的《中小学图书馆（室）规程》还没出来，本项目的调研以及研究基本还是针对以往的数据以及相关标准，可能会在一定程度上对项目成果产生影响。加上项目时间有限，很多数据还没来得及深入挖掘，正式发表的项目成果也没能够涉及中小学图书馆（室）建设的方方面面，美中不足。虽然项目研究已结项，但我们的研究才刚刚开始。项目成果还需要继续进行宣传推广，并付诸实践。另外，随着新修订的《中小学图书馆（室）规程》出台，有关《中小学图书馆（室）规程》的解读、宣传推广、贯彻落实等还需要项目组继续关注，为制订省市中小学图书馆（室）规范化建设标准提供相关数据与决策参考。

此外，由于项目时间有限，项目研究的一些问题还远远没完成。接下来，项目还有很多调查数据需要进一步进行分析，以便能够为制订我省中小学图书馆（室）规范化建设标准提供参考。另外，项目组需要抓紧时间完成《中小学图书馆建设实践与阅读推广》的出版工作，并且继续做好与其他项目相关成果的发表、宣传与推广。当然，犹如图书馆学五定律所强调的那样，图书馆是生长着的有机体，中小学图书馆（室）事业的发展需要更多同行一起努力，共同发展。

青少年阅读指导与阅读疗法的实践与研究*

一、问题的提出

一直以来，广大图书馆工作者，特别是中小学图书馆工作者都在不同程度上以不同的方式进行阅读指导的探索和实践，使得中小学图书馆导读工作研究的氛围日趋浓厚。例如，华南师大附中图书馆常年不懈地坚持多种形式的阅读指导活动，并编著了《图书馆导读方法与策略》一书。近年来，关于阅读疗法的探索与实践越来越受重视。在理论研究方面，2007年，海洋出版社出版了王波老师的《阅读疗法》，本书吸收了此前国内关于阅读疗法研究的精华；另外，湛佑祥等出版了《阅读疗法理论与实践》一书。在实践研究方面，2000年起，宫梅玲老师立足泰山医学院图书馆阅览室开展阅读疗法，成立阅读治疗研究小组，设立阅读治疗研究室，开办博客“书疗小屋”，取得了学术研究和治疗效果的双丰收，成为阅读疗法的先行者。南京师范大学文学院的万宇教授受邀指导南京钓鱼台小学读书活动，借机开始了“阅读疗法”实践。通过一年的实践，使部分孩子变得开朗大方，建立了自信，“阅读疗法”在钓鱼台小学的实践取得了成功。尽管国外或者中国台湾地区关于中学开展阅读疗法的实践很多，而且成绩斐然，但是，在国内来说，阅读疗法大有用武之地的中小学图书馆，对阅读疗法的研究却重视不够，未见比较深入的理论成果和值得推广的成功实践。我们所能看到的相关成果大多停留在理论研究上，关于阅读疗法的宣传推广、实践步骤、实施方案、效果评估以及成功个案的研究非常少。

与此同时，珠海市中学图书馆的阅读指导活动开展情况并不理想，跟其他地区相比起来，没有阅读指导的典型和模范。因此，借鉴其他地区和学校阅读指导的研究与实践经验，在珠海市中学图书馆开展青少年阅读指导的探索与实践，推广阅读指导活动，通过自身的实践以及具体的调查数据，分析总结出青少年阅读指导的普遍性的结论。此外，在开展阅读指导实践过程中，积极应用阅读疗法的理论，针对中学生群体开展阅读疗法的实践，结合中学生的心理健康教育与心理辅导，尝试开展有针对性、有指导性的阅读，帮助青少年学生改正人格缺失或者协助解决个人问题，完善读者的人格，促进其心理健康，保障其全面发展。

---

* 这是由王鸿飞主持的珠海市教育科研“十二五”规划课题“青少年阅读指导与阅读疗法的实践与研究”的成果报告。

通过课题的研究，让更多的学校或图书馆认识到阅读指导与阅读疗法的重要性，厘清阅读指导、阅读疗法与阅读推广活动、读书活动、图书馆建设、中学生心理健康教育之间的相互联系及相互作用。通过中学图书馆自身的实践、具体的调查数据以及成功个案的研究分析，分析总结出青少年阅读指导与阅读疗法的做法与成效。并在阅读指导与阅读疗法实践中，总结出比较深入的理论成果和值得推广的成功实践。通过对青少年阅读指导与阅读疗法的实践与研究，提升珠海市中学图书馆的服务水平和服务效益，探讨《国家中长期教育改革和发展规划纲要（2010—2020年）》中的中学图书馆事业的科学发展、可持续发展，为推广全民阅读活动和创建书香校园做出应有的贡献。

二、解决问题的过程与方法

（一）本成果研究的策略和方法

本课题强调研究成果的实际应用，是实践探索性研究，通过在中学开展青少年阅读指导与阅读疗法的实践，调查分析阅读指导与阅读疗法在中学开展的现状，进行相关的个案研究，总结典型的经验，形成一定的研究成果，并将研究成果放到实践中去检验，探索有效的方法，修正应用效果不好的地方，最终形成一套成熟有效的能在实践中应用的内容体系及操作指南，用于指导青少年阅读指导与阅读疗法的实践工作，给更多中学图书馆参考借鉴的成功案例。

课题综合运用文献分析法、调查法、访谈法、个案研究法、行动研究法、经验总结法等研究方法进行研究。①在研究初期，通过查阅文献资料，了解国内此项研究的最新动态和相关研究情况；在研究整个过程中，注意本课题研究的文献资料的收集，以便对文献资料整理分析，形成研究成果。②在课题研究过程中，通过问卷调查、网络调查、电话调查等多种调查方式，对青少年阅读指导与阅读疗法的现状及发展趋势进行系统调查，采集各项数据。③着重对一些具体的图书馆进行了实地调研、个别访谈，并通过对青少年读者以及相关专家学者进行访谈，获得第一手的研究资料。④个案研究法：研究过程中将对一些学校开展阅读指导或者阅读疗法的做法进行个案分析与经验总结。⑤行动研究法：本课题将利用阅读指导和阅读疗法的方式方法，对图书馆的工作进行探索实践。⑥对阅读指导以及阅读疗法的实践活动进行总结，归纳一些成功的做法。将研究成果应用于实践中，在课题的实践性研究中，探索有效的方法，修正不好的地方。

（二）研究的环节与过程

本课题首先对青少年阅读指导与阅读疗法的理念进行概述，立足珠海市中学图书馆，通过各种调查，分析阅读指导与阅读疗法实践的现状，总结青少年阅读指导与阅读疗法实践的经验与不足，并提出进一步开展阅读指导与阅读疗法的工作策略。其次，在中学图书馆进行青少年阅读指导与阅读疗法的实践探索，探讨阅读指导、阅读疗法与阅读推广活动、读书活动、图书馆建设之间的相互联系与相互作用，总结评估青少年阅读指导与阅读疗法的成效，并对阅读指导与阅读疗法用书进行质量评估，列出可供选择的各种书目清单。研究过程如下：

1．举行课题开题仪式。

2011年11月7日，珠海三中2011年度省、市教育科研“十二五”规划立项课题开题报告会召开。课题主持人王鸿飞详细阐述了选题的背景、意义与所要解决的主要问题，课题的核心概念及其界定，研究目标、内容与研究重点，研究的思路与方法等。

2．召开课题组成员会议，安排研究任务。

2011年12月20日，课题组在珠海三中图书馆召开了课题组成员会议，向课题组成员介绍课题研究内容与研究分工，反馈课题评议专家的意见，并对下一阶段的研究工作做了安排。另外，讨论了“中小学图书馆开展阅读指导和阅读疗法活动现状调查”调查问卷的初稿。此外，成立了课题交流QQ群，用于课题信息发布、课题组成员交流、召开网络会议以及共享课题的参考文献等。

3．组织多次科研活动，加强课题组成员阅读指导与阅读疗法的意识。

课题研究工作启动后，课题组与市教育学会图书管理专业委员会联合组织了多次中小学图书管理员的科研活动，围绕课题研究以及图书馆工作，进行了多次主题研讨活动。

（1）2012年3月7日上午，第一次科研活动在珠海一中图书馆举行。珠海一中图书馆的麦彩云老师和珠海三中图书馆的李兰老师分别做了“重视调研，促进图书馆工作良性发展”“图书馆编目外包的质量控制”的主题发言。课题组同时讨论了“中小学生课外阅读与阅读心理需求问卷”的初稿。

（2）2012年4月12日上午，第二次科研活动在北师大（珠海）附中图书馆举行，珠海城市职业技术学院图书馆的张晋鹤老师和珠海一职图书馆的冯琳老师分别做了“读书节的实践与思考”“中学图书馆学生管理员队伍的建设与思考”的主题发言。课题主持人王鸿飞展示了珠海三中图书馆文化节读书活动。

（3）2012年5月25日上午，第三次科研活动在珠海市技师学院举行。珠海市理工职业技术学校罗卫老师做了“阅读指导课的实践”的主题发言，根据其阅读指导课的教学实践，讲述了阅读指导课的教学目标，概述了阅读指导课的主要内容和教学开展形式，还提出在教学过程中遇到的诸如教材选择困难、教学资源不足等问题。珠海市技师学院图书馆的申屠芬馆长立足校本，详尽地介绍了该校图书馆举办的三次读书节活动，并对这几次读书活动进行总结与反思。

（4）2013年6月28日上午，第四次科研活动在珠海一中图书馆举行。拱北中学图书馆的温少媚老师做了“如何吸引中学生进行课外阅读”的主题发言，斗门一中图书馆的陈若荣馆长做了“专业与规范：中小学图书馆管理与服务”的主题发言，珠海三中图书馆的王鸿飞馆长汇报了“青少年阅读指导与阅读疗法的实践与研究”的课题中期总结情况，并动员课题组成员开展下一阶段研究工作。此外，还围绕图书馆员的继续教育问题进行了交流。

（5）2013年11月6—7日，2013年珠海市中小学图书馆管理员全员培训期间，再次召开“青少年阅读指导与阅读疗法的实践与研究”课题组成员会议，课题主持人王鸿飞在全员培训会议上做了“关于阅读疗法的一些认识”的经验介绍。

4. 制订各种调查问卷，开展问卷调查。

（1）制订了“中小学图书馆开展阅读指导和阅读疗法活动现状调查问卷”，向珠海市中小学图书馆发放了大约70份问卷，对中小学图书馆开展阅读指导和阅读疗法活动的现状进行了调查。此外，还通过微博、QQ等向广雅中学图书馆、佛山三中图书馆、佛山一中图书馆、广州二中图书馆、青岛二中图书馆、福建三明九中图书馆、广东华侨中学图书馆、广州大学附属中学图书馆、华南师大附中汕尾学校图书馆等十多所中学图书馆发放了问卷链接。撰写了调查（报告）论文《中小学图书馆开展阅读指导与阅读疗法的调查研究》。

（2）制订了“中小学生课外阅读与阅读心理需求问卷”，对中小学生在课外阅读方面的情况以及阅读的心理需求进行了调查，为图书馆更好地开展阅读推广与阅读指导，有针对性地给予同学们指导和帮助，提供了决策参考。撰写了调查（报告）论文《高中生课外阅读与阅读心理的调查分析与启示》。

（3）制订了“中学生利用微博情况调查”问卷，调查了中学生读者利用微博情况，掌握中学生微博利用现状以及学生读者对图书馆微博的信息需求等。撰写了《中学生读者利用微博情况调查分析及启示》《基于微博调查的中学图书馆微博服务策略探讨》《浅议中学图书馆微博服务平台的建设与应用探索》等论文。

（4）课题研究期间，还制订了“珠海三中教师读书现状的调查问卷”，开展了珠海三中教师读书现状的调查与分析。撰写了调查论文《普通高中教师读书现状的调查分析及建议》，并在全校读书报告会上做了《珠海三中教师读书现状的调查分析及建议》的调查报告。

5. 制作宣传海报与展板，宣传推广阅读疗法的理念与阅读疗法书目。

（1）2012年3月，根据中学生读者的阅读特点，参考“面向大学生的常见心理困扰对症书目”，选择部分阅读疗法的推荐书目，制作了阅读疗法的宣传展板，通过学校的宣传橱窗，进行宣传推广。如：珠海三中图书馆制作了“播撒阅读种子，营造书香校园；开展阅读疗法，建设和谐校园”的宣传展板。展板内容包括：学校书香校园建设情况介绍，阅读推广、阅读指导以及读书活动情况展示，阅读疗法的理论以及青少年常见心理困扰对症书目等。

（2）2013年4月，珠海一中图书馆整理了阅读疗法的相关资料，制作了“阅读疗法以书当药”为主题的宣传展板。从文人学者的“文学疗愈”体验、阅读疗法的概念、文学阅读最具潜移默化的“疗愈”功效、推荐几种阅读疗法书目、阅读疗法的前景及目标等几个方面对阅读疗法进行了宣传。

（3）2013年12月，珠海三中图书馆再次制作了8张“阅读疗法”的宣传大海报，对阅读疗法的概念，阅读疗法的作用机理、治疗原理，阅读疗法的实施步骤，青少年常见心理问题对症书目等进行宣传。与此同时，向其他课题组成员所在的图书馆共享了制作好的宣传海报与展板。

6. 举办图书馆文化节（周）等，开展各种读书活动。

为了更好开展阅读推广、阅读指导，图书馆充分利用世界读书日、图书馆服务周等契机，开展各种读书活动。近年来，珠海三中坚持举办图书馆文化节，打造品牌读书活动。其中，前三届图书馆文化节的主题分别为："共享知识、传承感动""阅读·悦读""阅读丰富生活"。开展的活动包括："共享知识，传承感动"图书漂流活动、主题读书征文比赛、书评比赛、"读史·书香·人生"专题报告会、曹文轩门道作文讲座、"你选书，我买单"书展活动、科学图谱展览活动、图书捐赠活动、"我的目标"心意贴活动以及图书馆利用技能大赛等读书活动。在课题实践期间，我们继续保持优良传统，开展了第四、第五、第六届图书馆文化节，起到了很好的示范作用。

另外，这些年，珠海各中小学图书馆利用"4·23世界读书日"的契机，开展了丰富多彩的读书活动。例如：①珠海一中图书馆经常举办图书漂流、图书交换、读书征文、展览、书签设计等读书活动。②珠海二中图书馆每年都举办世界读书日活动，开展了书签设计、读书有奖知识竞猜活动、书展、图书交换跳蚤市场等读书活动。③珠海市技师学院图书馆也举办了五届读书节，开展了书展、DIY书签设计、温馨提示语、展览、心意贴等读书活动。

7. 立足图书馆读者服务，开展各种各样的阅读指导与阅读推广活动。

一直以来，珠海市各中小学图书馆积极开展阅读指导、阅读推广工作。在课题研究和实践过程中，我们强化了这种理念，也进一步理清了阅读指导与阅读推广的思路，梳理并实践了以下的阅读指导与阅读推广活动：

（1）给新生发放图书馆（阅读指南）宣传册子或传单。有条件的学校可以制作图书馆宣传的小册子，在新生入学或新生入馆的时候发给学生。如：华南师大附中图书馆。另外，也可以直接把图书馆规则制度的宣传单发给新生或者班级。

（2）设立新书推荐专区或新书推荐书架。在图书馆开辟新书推荐的区域或图书馆显眼的地方设置新书推荐书架，专门用于摆放新购买的图书，以方便读者查阅。

（3）制作新书通报、新书快递。新书到馆上架后，图书馆需要及时制作新书通报、新书快递，进行图书推介。新书通报、新书快递的形式有多种选择。可以是书目格式，可以图文并茂；可以手工制作，也可以电脑设计、打印。另外，还可以在图书馆网站或者学校网站上设立新书推荐之类的栏目，将本馆新到馆、新上架的图书通过网站告知读者。

（4）定期推出图书借阅排行榜与读者借阅排行榜。开展阅读推广的目的就是通过奖励的手段激发出学生读者的阅读兴趣，尽量让每个读者都有一种阅读饥饿感。而定期（每月、每季）推出读者的借阅排行榜无疑能够让部分读者产生羡慕，甚至攀比的心态，激励他们多去图书馆。图书借阅排行榜能够反映或引导读者的阅读品位。

（5）在图书馆设置图书展示架。有条件的图书馆可以在显眼的地方（如在图书馆门口或走道）增设一些图书展示架，实物展示图书馆的好书新书，能够达到吸引读者眼球的效果。

（6）在校园设置图书馆宣传栏。近年来，珠海三中图书馆充分利用校园的宣传橱窗、图书馆信息栏、图书馆宣传展板等，开展图书馆的阅读宣传，制作了“播撒阅读种子，营造书香校园，开展阅读疗法，建设和谐校园”“书写规范汉字、传承中华文化，你我齐齐参与、共建和谐校园”“幸福阅读，书香三中——图书馆阅读推广活动回顾”“阅读疗法的理念宣传”等宣传展板。

（7）制作各种推荐书目。例如：寒假、暑假读书推荐书目，教师读书推荐书目，迎亚运图书推荐目录等。

（8）利用网站、校讯通、广播站、微博、微信等进行图书推介。

一是利用好图书馆网站或学校网站。如：华南师大附中图书馆的网站就设置了服务指南、网络资源导航、数字资源、书海导航、图书馆利用法、研究性学习指引等栏目。发布内容包括：图书馆利用教育、阅读方法辅导、新书信息速递、在线书评导向、图书馆活动预告等。二是利用学校的校讯通、广播站等进行图书宣传。三是利用好图书馆博客、微博、微信等新兴的媒介。通过微博可以分布图书馆的最新动态和各种读书活动信息，进行新书通报和好书推荐等。

（9）开展图书馆的入馆培训或读者教育。

中小学图书馆实行“藏、借、阅、查”一体化的全开架开放以后，学生读者可以在图书馆自由、自主地查找书籍。为了做好导读工作，一些中小学图书馆也开展了新生入馆培训活动。在每年9月份新生入校的时候，对高一、初一的新生进行入馆培训。培训的内容主要包括图书馆概况、图书馆的资源与服务、如何利用图书馆、《中图法》、图书馆的读书活动、读书社团或学生管理员团队的介绍等。培训的形式有集中报告讲座、深入班级互动交流、参观图书馆等。在日常的工作中，图书馆还对读书社团或学生管理员进行各种各样的培训教育，提高学生的图书馆的意识与利用图书馆的技能。

（10）语文阅读课（阅读指导课）。

阅读指导课是中小学图书馆进行阅读推广的重要突破口和主要手段。大多数的阅读指导课是语文阅读指导课的形式，由图书馆与语文科组合作，图书馆为语文阅读课提供资源、场所以及利用图书馆的初步指导，语文教师布置阅读任务，并指导学生的阅读。为了配合阅读指导课，一些图书馆还专门开辟了主题阅读专区，设立了主题阅读书架。例如，华南师大附中图书馆常年不懈地坚持多种形式的阅读指导活动，并编著了《图书馆导读方法与策略》《图书馆利用技能与实务》等系列图书。

此外，开设以图书馆教师为主的阅读指导课。比如：珠海市理工职业技术学校罗卫老师就面向高二、高三电气专业学生开设“阅读指导选修课”，并对教学目标、教学内容、授课形式、存在困难等进行了思考与探索。

8. 实施“班级微图书馆”计划，探索班级阅读平台建设。

珠海三中图书馆制订了“班级微图书馆”计划，倡导图书进教室，加强书香班级建设，打造“班级微图书馆”，努力营造班级读书氛围，激发学生读书兴趣。

“班级微图书馆”的概念源于班级图书角，主要指在班级设立班级图书柜，放置一定数量的图书，以供班级师生共享、共读。经过几年的探讨，初步形成了一套规章制度，并总结整理了一些建设步骤与细节。

（1）班级团借制度：图书馆为每个班级开通一张读者卡，图书借阅最大量为200本。按照《“班级微图书馆”班级团借的规则》《“班级微图书馆”的管理借阅规则》等规章制度进行借阅，借阅后为班级打印借阅目录，以便班级管理。

（2）“班级微图书馆”的图书来源：①班级团借，向学校图书馆团借图书。②师生自筹图书，交换共享好书。③图书漂流活动的图书。④班级订购的报刊。

（3）管理队伍与要求：由班主任指定专人进行管理。主要工作包括班级团借、班级图书柜与背景墙的装饰美化、图书资源建设、图书管理以及使用登记等。

（4）“班级微图书馆”的建设步骤：①对“班级微图书馆”进行美化。②给“班级微图书馆”一个有特点的名字。比如：“图书角”“尚文苑”“SEVEN”“书苑”“心灵驿站”“纳川馆”“书香苑”“梅香阁”“书香溢柜”“悦书阁”等。③充分发挥班级读书卡的作用，挑选各种各样的书籍，丰富“班级微图书馆”。④做好图书分类，安排专人管理，进行阅读推广。图书到位后，班级可以对图书进行重新分类。例如：历史类、教辅类、名著类、英语类、小说类、工具书、参考书、综合类等。⑤做好读书笔记，开展班级读书活动。班级可以充分利用“班级微图书馆”的背景墙，展示大家的读书心得、读书笔记。比如：把好书推荐、好句摘抄、读书心得写在便利贴或纸条上，粘贴到背景墙上；或选择部分好的读书心得，字迹工整地写到彩色纸上，粘贴到背景墙展示。⑥配合学校图书馆文化节，积极参与学校开展的读书活动。

9. 利用博客、微博、微信等新媒介，开展阅读推广与阅读疗法的实践。

在网络时代，中小学图书馆的阅读推广工作还需要发挥网络优势，加强网络宣传与网络导读。一些中小学图书馆开通了图书馆博客和微博，利用博客和微博等新兴的媒介进行图书推介，发布图书馆的各种信息。如：佛山一中图书馆、珠海三中图书馆、福州格致中学图书馆、华南师大附中汕尾学校图书馆、厦门双十中学图书馆、广州第八十中学图书馆、广州二中图书馆、北京第八十中学图书馆、北师大（珠海）附中图书馆等都开通了新浪微博，并且能够做到经常更新。“珠海三中图书馆”的新浪微博，坚持不懈地向读者推荐图书馆的图书以及读书活动的信息，还立足博客、微博等网络平台，宣传阅读疗法的理念以及阅读疗法相关书目，进行阅读推广与阅读疗法的宣传。另外，还利用微博开展随手拍、微征文、微书摘、微书评等读书活动。近两年，一些图书馆又开通了图书馆的公众微信号，通过微信进行阅读推广、图书宣传与读书活动。

10. 利用全市中小学图书管理员全员培训开展理论培训，推广阅读指导、阅读疗法的研究成果与实践经验。

近几年的全市中小学图书管理员全员培训都涉及阅读指导、阅读推广或阅读疗法的理论或实践，不断强化课题组成员以及全市中小学图书馆员的理论水平与业务水平，建设一支高素质的人员队伍。例如：①2011年的全员培训，邀请广州少儿图书馆惠德毅馆长作“少年儿童阅读辅导的实践与策略”的专题培训；②2012年的全员培训，邀请华南师大附中图书馆林运卓馆长作“全媒体时代的中小学图书馆建设与服务创新”的专题培训；③2013年的全员培训，邀请中山大学资讯管理学院唐琼副教授做“图书馆服务营销与推广”以及“图书馆服务活动的策划”的培训；④2014年的全员培训，邀请中山大学资讯管理学院图书馆学肖鹏博士作“图书馆集成系统的过去、现在、未来：理念发展与技术进补”以及“美国k-12学校图书馆服务的理论与实践”的培训。

此外，课题主持人以及课题组成员利用全员培训的机会宣传推广阅读指导、阅读推广、阅读疗法以及图书馆建设等方面的实践与经验，起到了很好的示范引领作用。例如：①2011年北师大（珠海）附中图书馆罗晓涛馆长的“突出校本特色，推进学校图书馆的创新与发展”以及珠海一中图书馆洪利标馆长的“中小学图书馆普及自动化的困境及应对策略”；②2012年珠海三中图书馆王鸿飞馆长的“新形势下青少年阅读推广活动的实践与思考”，详细介绍了珠海三中图书馆阅读推广与阅读疗法的实践，并对中小学图书馆开展阅读推广以及阅读疗法进行了思考与探索；③2013年课题主持人王鸿飞在全员培训会议上做的“关于阅读疗法的一些认识”的经验介绍；④2014年珠海三中图书馆王鸿飞馆长的“图书馆阅读推广与书香校园体系的构建”以及北师大（珠海）附中图书馆罗晓涛馆长的“移动阅读在图书馆的应用”。

三、研究成效和社会影响

（一）围绕该课题研究组织的科研活动以及培训活动，极大地提高了课题组成员以及全市中小学图书馆员的阅读指导（推广）与阅读疗法的意识。课题研究期间，除了课题组成员会议，还组织了5次科研活动，每次科研活动都安排相关主题以及发言人员，采取小型会议形式举行，主题发言后可以进行充分的讨论，效果非常理想。科研活动会议上，课题组成员参与讨论了“中小学生课外阅读与阅读心理需求问卷”以及“中小学图书馆开展阅读指导和阅读疗法活动现状调查”等调查问卷的初稿。另外课题主持人还可以安排布置任务，汇报课题研究进展，反馈课题中期汇报的情况，介绍阅读指导、阅读疗法的理论与认识。此外，通过一年一度的全市中小学图书馆管理员的全员培训，邀请专家学者做深层次的理论培训与指导，并安排课题组成员做图书馆建设或课题研究的经验介绍，达到了通过科研活动与培训活动，在珠海市中小学图书馆大力宣传阅读推广与阅读疗法的重要性以及相关理论的目的。与此同时，介绍了很多中小学图书馆的优秀案例与经验，从根本上影响了全市中小学图书管理员的服务理念，推动了全市中小学图书馆的建设与发展。

（二）课题研究期间制订了多份调查问卷，开展了问卷调查以及网络调查等多项调查，收集整理了较多的调查数据，并撰写了多个调查报告与论文。初步掌握了中小学图书馆开展阅读指导和阅读疗法的现状、中小学生课外阅读与阅读心理需求、中学生读者利用微博情况等数据。

（三）在课题研究与实践中，不断探讨如何开展读书活动，开展什么类型读书活动，如何打造读书活动的品牌等话题，并且积极策划各种读书活动。在课题科研交流活动中，还不时汇报和展示各学校开展读书活动情况，宣传推广优秀的读书活动案例。这几年，课题组成员所在的图书馆基本都能够坚持开展各种读书活动，并形成了一些读书活动品牌。其中一些典型的读书活动如下：

1. 阅读型活动：语文阅读课（阅读指导课）、图书漂流活动、“你选书，我买单”书展活动、数字阅读活动、晨读、午读、休闲阅读、文学名著阅读竞赛、高中古诗文阅读竞赛。

2. 写作型活动：阅读摘抄、读书笔记、读书札记征集、读书心得征文、书评比赛，以及微书摘、微征文、微书评活动现场作文比赛。

3. 比赛型活动：有奖知识竞猜活动、猜谜游园活动、书签设计比赛、图书馆宣传语二次创作、手抄报创作比赛、历史剧创作表演大赛、英语单词接龙、演讲比赛。

4. 展示型活动：“晒书单，请到图书馆”我的阅读史与心愿书单、科学图谱展览、讲座活动、“真人图书”活动、阅读疗法书目宣传、阅读和写作档案展示、“我向大家推荐一本好书”的课前演讲、读书沙龙、课本剧（舞台剧）表演、经典诗文吟诵活动。

5. 实践型活动：图书交换&跳槽市场、读书社团或学生义工活动、“走进图书馆，体验图书馆”义工体验活动、图书馆利用技能大赛。

6. 综合型活动：图书捐赠活动、“我的目标”心意贴活动、校园文化随手拍活动、电影播放活动、主题签名活动、摄影比赛。

（四）通过课题研究与实践，我们不断强化阅读指导、阅读推广的理念，不断探讨如何开展阅读推广活动、阅读推广的策略和方法等问题，进一步理清了阅读指导（阅读推广）的思路。结合网络时代特点和图书文献数字化特点，探索青少年阅读指导的新形式或新模式，对新形势下如何开展青少年阅读推广活动进行了相关的实践与思考，而且初步总结出中小学图书馆阅读推广的具体做法。在图书馆与图书宣传方面，图书馆可以通过给新生发放图书馆（阅读指南）宣传册子或传单、设立新书推荐专区或新书推荐书架、制作新书通报或新书快递、定期推出图书借阅排行榜与读者借阅排行榜、在图书馆设置图书展示架、在校园设置图书馆宣传栏、制作各种推荐书目等方面进行图书宣传与推广，还可以利用网站、校讯通、广播站、微博、微信等进行图书推介。此外，图书馆可以通过入馆培训、读者教育、语文阅读课（阅读指导课）、“真人图书”活动、图书漂流活动、组织读书社团、组织图书馆学生义工等开展阅读推广，加上定期开展图书馆文化节（周）读书活动，可以初步构建中小学图书馆的阅读推广体系。

（五）初步整理了阅读指导与阅读疗法的推荐书目，购买了相关图书，并对阅读疗法书目做了相关宣传，让读者对阅读疗法书目与理念有了一定了解。在课题研究过程中，课题组通过图书文献、网络等收集整理了很多适合阅读疗法的书目和经典图书目录，如：青少年常见心理困扰对症书目、中外文学名著推荐书目、名人传记推荐书目、艺术欣赏推荐书目、科普阅读推荐书目等。珠海三中图书馆近几年根据课题收集整理的书目，适当购买了很多阅读指导与阅读疗法适用图书，包括文学作品、历史传记、励志类图书、心理治疗类图书、自助类图书等。此外，通过制作阅读疗法推荐书目宣传海报与宣传展板，在图书馆宣传板、信息栏以及校园宣传橱窗进行展出，让全校师生能够亲密接触阅读疗法的理念和书目。这些推荐书目包括：超越困境、激励志向的书，令人流泪减压、平静心态的书，认识爱情、减轻恋爱苦恼的书，认识和享受孤独、寂寞的书，克服交际困难的书，减轻求学焦虑的书，综合性预防书目等。由于很多推荐图书都比较经典或者受欢迎，在图书馆的多次介入式宣传攻势下，很多读者开始不断借阅推荐书目的图书，让这些图书发挥了作用。此外，根据《阅读疗法》《阅读疗法理论与实践》等书籍介绍，课题组还整理罗列出了一些阅读疗法推荐书目，如身心疾病推荐书目、人格障碍推荐书目、自杀高危人群推荐书目、记忆障碍推荐书目、成瘾症推荐书目、饮食障碍厌食症、贪食症患者推荐书目、心境障碍推荐书目、压力症推荐书目、强迫症推荐书目、焦虑症与恐惧症推荐书目等，以供各学校图书馆参考。

此外，珠海三中图书馆还根据阅读指导与阅读疗法的推荐书目制订了征文以及书评比赛的推荐书目，在图书馆文化节期间开展了“阅读，让我们更美”书评比赛以及“悦读·读出好心情”读书征文活动，通过征文活动，宣传推荐书目。

（六）在课题实践过程中制订与实施了“班级微图书馆”计划，而且已经实践2年多时间，取得了不错的成效，提高了图书馆的利用率，而且为中小学开展班级图书角的建设提供了一种新的思路，也为书香班级建设、书香校园建设做出了贡献。期间，开展了校级课题“‘班级微图书馆’的实践探索”以及广东省中小学德育课题“基于系统论和方法论的德育工作体系与模式构建研究”的子课题“基于‘班级微图书馆’的阅读推广体系研究”的研究。 并结合书香校园建设，整理出《如何构建书香校园体系》（书香校园建设的实践模型或建设方案），该体系比较全面地论述了书香校园构建实践中的图书来源、图书摆放（管理）、图书展示（阅读推广）、学生读书活动、教师读书活动等内容。该书香校园构建体系可以为各中小学校建设书香校园提供参考和借鉴。

（七）归纳总结了珠海三中图书馆在阅读指导、阅读推广、阅读疗法方面的实践经验，收集整理了珠海三中图书馆近几年阅读推广与读书活动的成果集。编写了两本阅读校本教材：《书海听涛，享受阅读——青少年阅读引导读本（实践篇）》以及《书海听涛，享受阅读——青少年阅读引导读本（欣赏篇）》。其中，“实践篇”整理了图书馆在课题实践过程中的一些尝试及成果，包括图书馆文化节活动、图书馆宣传与阅读调查、读书社团与学生管理员队伍建设等。另外，“欣赏篇”整理了各种类型的阅读推荐书目，收集了部分名人的读书体验以及往届读书征文活动的优秀作品。

（八）通过开展各项课题研究工作，极大促进了珠海三中图书馆的建设发展，不仅丰富了馆藏资源，优化了服务手段，提高了服务质量，而且也提高了珠海三中图书馆的知名度。课题负责人多次受邀参加省、市中小学图书馆的经验交流会或培训会，介绍珠海三中图书馆的建设经验。2012年珠海市中小学图书馆员全员培训会议做了“新形势下青少年阅读推广活动的实践与思考”的主题发言；2013年珠海市中小学图书馆员全员培训会议上做了“关于阅读疗法的一些认识”的经验介绍；2014年6月27日受邀参加广州市中小学图书馆校园阅读与推广经验交流会，并做了“中小学图书馆阅读推广的实践与思考”的主题发言；2014年珠海市中小学图书馆员全员培训会议做了“图书馆阅读推广与书香校园体系的构建”的主题发言。

珠海三中图书馆的微博关注1990人，粉丝3000人，原创或转发的微博8000多条。珠海三中图书馆的微博在业界排行较前，被多篇公开发表图书馆专业论文提及。珠海三中图书馆通过微博、微信、博客等网络手段向读者推荐好书，受到了关注与好评。2013年12月5日《珠江晚报》就以《投经费、设漂流、开微博、问需求……师生联手“击活”图书馆》为标题报道了珠海三中图书馆书香校园建设与阅读推广的情况。《珠海特区报》2014年6月 26日做了《珠海三中潜心办学育英才》的专题报道，报道中详细介绍了珠海三中图书馆建设与服务情况，提到了“班级微图书馆”、书香校园课题、阅读指导与阅读疗法课题、微博、微信等新媒介服务等诸多方面，极大提升了影响力。此外，2014年以来，《图书馆报》也刊登了《致困在图书馆里的倒霉书迷》《“真人图书”活动首次走进珠海三中》等报道文章。

四、研究结论与反思

该课题在理念推广、人员培训、调查数据收集、读书活动实践与案例整理、阅读推广实践与经验总结、阅读指导与阅读疗法的书目宣传、图书资源建设、课题书目征文、课题实践成果推广等方面做了很多努力，也取得了不错的效果。课题组成员撰写与发表了很多课题论文，并且获得很多奖项。阅读推广、阅读疗法、“班级微图书馆”“真人图书”、图书馆微博服务、图书馆微信服务等为珠海市中小学图书馆注入了新鲜的血液，引领中小学图书馆的服务创新与发展趋势。

然而，由于课题组成员对阅读疗法的理论不甚了解，且阅读疗法在中小学图书馆的实践与研究比较空白，阅读疗法方面的研究进展缓慢。此外，由于各课题组成员所在图书馆缺乏相应的实践条件，阅读指导与阅读疗法的书目选择工作存在一定困难，与推荐书目相应的图书资源不够丰富，课题组成员的研究意识和能力不足等原因，课题的实践与研究还不够深入，没能形成比较系统的理论，大多研究成果还停留在经验总结阶段，缺乏具有一定理论深度的研究论文，有待下一阶段继续进行研究。

总而言之，课题的研究是一个长期的过程，我们将在本课题研究的基础上，开展更多相关的研究，使研究更深入，更具有针对性和操作性。

基于“班级微图书馆”的阅读推广体系研究*

一、体系的内容（做什么）

“班级微图书馆”的概念源于班级图书角，主要指在班级设立班级图书柜，放置一定数量的图书，以供班级师生共享、共读。“班级微图书馆”是从图书馆的角度进行的界定，相对于学校图书馆而言，“班级微图书馆”是微型的图书馆。在班级图书角发展的过程中，有的学校称之为“班级图书角”，有的学校称之为“班级图书馆”，还有的学校称之为“班级读书角”。由于我校“班级微图书馆”以学校图书馆为中心，并在班级设立微型的图书馆（班级图书角），搭建阅读的平台。考虑到学校图书馆与班级图书角的关系，故使用了“班级微图书馆”这个名称，本质上跟“图书角”没有区别。

本课题强调研究成果的实际应用，是实践探索性研究。以营造书香班级，推动书香校园创新发展为出发点，倡导图书进教室，打造“班级微图书馆”，努力营造班级阅读氛围，激发学生读书兴趣。立足于校本实际，为每个班级搭建阅读平台，打造班级图书柜，通过班级读书卡，采取“班级团借”的方式，建设好“班级微图书馆”。此外，基于“班级微图书馆”探索阅读推广和班级读书活动的形式，构建“班级微图书馆”的阅读推广体系。希望通过课题的研究，能够为“班级微图书馆”（班级图书角）提供新的思路、新的模式，从而推动书香校园创新发展，为幸福校园、美丽校园创建工作打下良好的基础。本课题主要围绕“珠海三中‘班级微图书馆’计划”，充分利用班级图书柜，通过班级读书卡，主要采取班级团借的方式，建设好“班级微图书馆”。图书馆需要通过不断的实践探索，逐步完善管理制度，丰富“班级微图书馆”的图书来源，并探索班级读书活动的形式。

二、实施的步骤（怎么做）

（一）立足实际，设计“班级微图书馆”的专用图书柜

珠海三中图书馆深入班级进行了多次调研，并根据教室位置设计了班级图书柜图纸。确定设计图纸后，让家具公司制作了班级图书柜的样品。经过试用以后，进行了大批采

---

* 这是由王鸿飞主持的广东省中小学德育课题“基于系统论和方法论的德育工作体系与模式构建研究”的子课题“基于‘班级微图书馆’的阅读推广体系研究”（编号：GDZXXDY13041046）的研究报告。

购，为48个班级购买了48个专用图书柜，完成“班级微图书馆”的硬件设施建设。

（二）制订“班级微图书馆”相关规章制度

无规矩不成方圆。为确保“班级微图书馆”的建设与管理工作顺利进行，图书馆对“班级微图书馆”的图书来源、管理方式等做了相关规定。由于“班级微图书馆”的图书来源主要是向图书馆班级团借，图书馆制订了《“班级微图书馆”班级团借的规则》，规定每张班级读书卡的最大借阅限额是200本，第一次借阅图书数量不少于50册等。此外，还制订了《“班级微图书馆”的管理借阅规则》。在“班级微图书馆”建设过程中，各个班级结合班级特色，制订自己班级的借阅规则。

（三）办理班级读书卡，开展班级团借，进行试点建设

班级图书柜到位，“班级微图书馆”的建设进入试用阶段。图书馆为每个班级办理了班级读书卡，班级读书卡的读者名是各个班级的代号，例如：401班，就是高一（1）班的读书卡。另外，还在图书管理系统里面设计好相关参数，班级读书卡的负责人是每班的班主任。按照《“班级微图书馆”班级团借的规则》，图书馆开展班级团借的服务，并于每次班级团阅后，给各班提供一份班级团借的图书目录。在初步宣传以后，一些班级开展了“班级微图书馆”的试点建设。

（四）做好宣传推广工作，全面开展“班级微图书馆”的建设

每学期初，图书馆都采取各种手段进行宣传，发放珠海三中“班级微图书馆”计划的宣传资料，利用校讯通、微博等进行宣传推广，全面推动“班级微图书馆”的建设。慢慢地，越来越多的班级加入了“班级微图书馆”的实践探索之中。

（五）开展班级图书管理员的培训，进行经验交流

“班级微图书馆”的建设与管理主要由各班的班级图书管理员负责。图书馆注意对班级图书管理员的培训与指导，耐心跟他们介绍“班级微图书馆”建设的一些事项。定期召开班级图书管理员的培训会议，介绍“班级微图书馆”建设与管理的成功经验，开展经验交流，树立典型。例如：图书馆召开了“班级微图书馆”管理员交流会，介绍“班级微图书馆”的背景、实施计划、建设现状，展示“班级微图书馆”的建设成果、图片等，个别班级图书管理员还交流了管理的经验以及想法。通过这种交流，相互学习、相互借鉴、相互影响，促进“班级微图书馆”的发展与完善。

（六）“班级微图书馆”的建设检查与评比促进

“班级微图书馆”的建设工作没有强制性，主要靠班主任与学生管理员的自觉。尽管大多图书馆都开展了初步建设，但是离“班级微图书馆”的建设设想还有一定的距离。不

过，得益于学生处的两个检查评比工作，这一切发生了变化。首先，学生处的班风班貌检查指标中，加入了班级图书角建设这一项，分数占了十分，占了总分数的六分之一。可以说，如果没有班级图书角，班风班貌检查的分数几乎不可能排在前列。此外，制订了《关于开展“美化教室”活动方案》，并开展了“美在教室”评比活动。在方案中提到：“班级图书角书籍摆放齐整，有专人管理。”“班级图书角作为书香校园创建学校，这个必须有！而且应该做出特色，加强管理！”。可见，“班级微图书馆”的建设确实需要相关的检查与评比促进。

（七）结合图书馆文化节，开展图书漂流等读书活动

珠海三中图书馆每年都举办图书馆文化节，开展各种各样的读书活动。“班级微图书馆”倡导班级读书活动，各个班级利用学校图书馆以及“班级微图书馆”的资源，制订班级读书计划，按照班级读书计划，进行课外阅读活动，养成良好的阅读习惯，撰写读书札记、读书笔记以及读书心得、书评等。语文教师利用图书馆以及“班级微图书馆”的图书资料，开展语文阅读指导课。此外，图书馆开展图书漂流活动、图书捐赠活动、“你选书，我买单”书展活动等系列活动，图书馆的漂流图书漂到各个“班级微图书馆”，让班级图书柜变成漂流书吧。

（八）立足读者服务，围绕“班级微图书馆”开展各种各样的阅读推广活动

①图书馆宣传与图书推荐。②开展图书漂流活动。③阅读指导课。④建立读书社团或学生管理团队。中小学图书馆尝试借助学生的力量，通过建立读书社团、阅读社团、学生管理团队等组织，既在一定程度上缓解人手不足的矛盾，也架起图书馆与读者之间的桥梁。这些读书社团或学生管理团队在图书馆服务以及阅读推广活动中都起到了非常重要的作用。⑤新生入馆培训与读者教育。

三、遇到的问题和解决的办法

“班级微图书馆”以学校图书馆为中心，在各个班级设置微型图书馆，并由学校图书馆制订统一的管理方案和班级团借制度，通过给班级开通班级读书卡，确保班级图书馆的图书来源以及图书的时常更新。“班级微图书馆”的实践探索，为班级图书角或班级图书馆的建设与发展探索了一种新的思路和新的模式，不仅能够让班级图书角的图书做到时常更新，也能让学校图书馆的图书“活”起来，达到双赢的局面。但是，从图书馆角度去推进班级图书角建设，开展班级读书活动也存在一些不足。首先，图书馆在学校里处于边缘地位，没有话语权，“班级微图书馆”建设过程中的阻力比较大；其次，由于没有强制性，班主任的积极性不高，平时班主任工作比较忙，不能用心去建设“班级微图书馆”。另外，由于省市没有书香班级的评比活动，学校的书香班级评比以及阅读之星活动缺乏动

力与指标，而图书馆没有相应的费用来确保书香班级以及阅读之星的评比活动。最后，跟以往的班级图书角、班级读书角一样，“班级微图书馆”的管理还有待完善，班级图书角一开始很热闹，但是随着班主任以及学生好奇心的消失，慢慢就失去了魔力，没有达到预期的效果。

于是，图书馆申报了“‘班级微图书馆’的实践探索”的校级微课题以及广东省中小学德育课题“基于系统论和方法论的德育工作体系与模式构建研究”的子课题“基于‘班级微图书馆’的阅读推广体系研究”（编号：GDZXXDY13041046），先后在开题报告会、中期报告会上给全校教师做了汇报，对“微图书馆”做了详细的介绍，也展示了前期的一些建设图片及数据。“微图书馆”慢慢得到了班主任和学科教师的认同和支持。

四、体会和成效

（一）形成了“班级微图书馆”的一些建设步骤

目前，“微图书馆”已经经历了3个完整学年6个学期的建设实践，其中2012—2013学年度建设“微图书馆”36个，2013—2014学年度建设“微图书馆”30个，2014—2015学年度建设“微图书馆”41个。通过几年的实践，积累了很多经验，并形成“微图书馆”建设的一些主要步骤：

一是学期初图书馆为班级办理读书卡，并通过校讯通、宣传单等手段通知各班开展微图书馆建设。

二是各班对“微图书馆”进行美化。结合班级文化建设，参考“微图书馆”建设方案，对班级图书柜与背景墙进行装饰美化，精心布置“微图书馆”的阅读区域，给“微图书馆”一个比较特别的名字。

三是充分发挥班级读书卡的作用，挑选各种各样的书籍，丰富“班级微图书馆”。同学们可以咨询学科教师，了解一些图书目录，也可以通过班级调查，掌握同学们的阅读兴趣，然后派代表到图书馆挑选图书。与此同时，班级还可以在图书馆拿到“微图书馆”所借图书的目录，目录清楚显示图书的名称、作者等信息，每本书后面还有借阅人签名的空格，以便在班级借阅的同学做好登记。

四是做好图书分类，安排专人管理，进行阅读推广。“微图书馆”的图书到位后，班级可以对图书进行重新分类。班级会安排专人负责管理，并根据班级情况，制订班级借书规则。班级图书管理员会采取一些措施向同学宣传“微图书馆”的图书，并且做好图书借阅的登记。

五是做好读书笔记，开展班级读书活动。班级可以充分利用“微图书馆”的背景墙，展示大家的读书心得。班级也可以准备阅读记录本，记录阅读的点点滴滴，分享阅读的收获。学科教师也可以结合教学内容，开展专题阅读活动，利用好“微图书馆”的书籍。

六是保持和学校图书馆联系，关注“微图书馆”有关信息。比如：“微图书馆”检查评比信息、图书团借信息、读书活动的信息、“微图书馆”催还单等。每学期，图书馆都会通过校讯通、微博、微信、广播站、宣传单等方式向班级发布“班级微图书馆”建设的信息。这些信息包括：开展班级团借，建设“班级微图书馆”的通知；班级图书管理员培训与交流的信息；图书馆文化节读书活动的信息；“班级微图书馆”借书排行榜；期中“班级微图书馆”检查评比信息；期末“班级微图书馆”图书归还信息；“微图书馆”未还图书目录等。所有“班级微图书馆”都严格按照学校图书馆的统一安排，才能保障“微图书馆”建设的有序进行，也能保障图书财产的安全。

（二）珠海三中的“微图书馆”建设已经取得阶段性成效

“微图书馆”的实践探索，为班级图书角或班级读书角的建设与发展探索一种新的思路和新的模式，不仅能够让班级图书角的图书做到时常更新，也能让学校图书馆的图书“活”起来，达到双赢的局面。目前，珠海三中的“微图书馆”建设已经取得阶段性成效。清新田园风、古典书香风、创意动漫风……每个班级都根据自己的特色打造微图书馆，成为校园里一道道靓丽的风景线。“微图书馆”的建设活动得到很多班级的响应，甚至个别高三毕业班级也参与其中，营造了浓郁的读书氛围，吸引更多的读者走进图书馆，利用图书馆，彻底激“活”图书馆资源。得益于班主任和学生的集体智慧，很多班级的“微图书馆”装饰得很漂亮、很有创意。首先，“微图书馆”出现了各种各样的名字，如：梅香阁、纳川馆、图书角、藏书阁、读书角、尚文苑、悦书阁、书苑等。其次，各个班级对“微图书馆”的装饰美化非常用心。结合班级文化建设，把“微图书馆”的美化装饰跟教室整体布置紧密结合，体现了班级特色与班级文化。另外，“微图书馆”的班级团借与管理也很到位。有些班级提前做好调查，征求全班同学意见，登记借阅书目，再到图书馆进行团借；有些班级征求学科教师的意见，根据课前演讲、专题阅读的需要借阅相关图书；还有些班级几乎全班学生出动，到图书馆寻找自己喜欢的书籍。根据班级团借记录统计，2011—2012学年度，开展“微图书馆”实践的班级有10个，借出图书755册；2012—2013学年度，开展“微图书馆”实践的班级有36个，借出图书8348册；2013—2014学年度，开展“微图书馆”实践的班级有30个，借出图书5884册；2014—2015学年度，开展“微图书馆”实践的班级有41个，借出图书4851册。近3年“微图书馆”的班级团借约占图书馆总借阅量的13%。

当然，“微图书馆”与学校图书馆的建设发展是息息相关的。通过建设“微图书馆”，让图书走进教室、走进学生的学习生活的同时，也间接宣传了图书馆的资源、服务以及阅读推广活动，从而提高了图书馆的利用率。珠海三中图书馆从不起眼的图书室蜕变成颇具规模的图书馆，早读前，中午、下午甚至晚上的课余时间，图书馆内人气很旺，流通书库（藏书室）、学生阅览室、电子阅览室，甚至走廊的阅览桌椅等座位基本满席，期中、期末更是“一位难求”，经常出现“占座”的行为。图书馆逐渐成为学生生活中不可或缺的一部分，大多同学养成了到图书馆阅读、借还书、写作业、自习的好习惯。珠海三中图书馆的办馆效益得到了关注与好评，省市同行多次到馆参观交流，图书馆教师多次在省市的专业人员培训会、学术研讨会上宣传推广珠海三中图书馆建设经验与做法，起到一定的示范作用。《珠江晚报》曾以《投经费、设漂流、开微博、问需求……师生联手“击活”图书馆》为标题报道了珠海三中图书馆以及“微图书馆”的建设与利用成效。

五、今后的设想

班级是学校里的基本单位，做好班级的读书活动，对建设书香校园具有推动作用。如果“微图书馆”能够与课堂教学结合、与班级读书结合、与班会课结合、与班级文化融合，必然能够为班级图书角提供新的思路、新的模式，具有很好的推广价值与应用价值。而且，通过“微图书馆”探索阅读推广和班级读书活动的形式，能为图书馆进一步开展阅读指导与阅读推广工作打下基础，提供参考，也能够给班级文化建设提供一个切入口，从而推动班级的读书氛围，形成浓郁的校园书香氛围。

为什么要建设“微图书馆”或班级图书角？目前来看，好像并没有比较合适的理论支撑。珠海三中图书馆开展“微图书馆”建设，主要是借鉴了书香校园的相关理论，以书香校园理念开展“微图书馆”建设，并且作为一种阅读推广方式，希望通过把图书馆办到学校里的最基本单位——班级，做好班级的读书活动，引导学生走进图书馆、利用图书馆。通过几年的实践与推广，从“微图书馆”建设成效及学校图书馆的使用效益来看，“微图书馆”不愧为中小学图书馆阅读推广的经典案例之一。珠海三中图书馆希望通过认真梳理图书馆阅读推广及书香校园的理论，进一步提炼珠海三中图书馆的建设经验与服务理念，归纳总结图书馆阅读推广、创建书香校园的案例与做法，希望努力探索一套中小学书香校园建设体系。当然，“微图书馆”的持续发展创新，需要寻求更多的理论支撑。

“微图书馆”是珠海三中图书馆的新提法，是对班级图书角或读书角的一种创新，相比班级图书角或读书角更具有可塑性和生命力。然而，“微图书馆”建设还需要注意以下问题：一是学校领导、图书馆管理者认同“微图书馆”的理念，并且确切了解“微图书馆”的实施细则及过程监控，懂得根据实践情况进行调整。二是要做好充分评估，包括对现有资源的评估、管理人员素质及能力的评估、管理制度及管理手段的评估、师生阅读现状以及校园读书氛围的评估等，如果不具备一定条件，盲目进行“微图书馆”建设，最终会惨淡收场。三是“微图书馆”只是图书馆的一项服务创新，其建设得好坏是与图书馆整体服务水平、阅读推广息息相关的。“微图书馆”作为新事物，需要做好长期宣传推广的准备。例如，可考虑通过宣传海报、宣传橱窗、网站、广播、微博、微信、校讯通等多种手段进行宣传。此外，争取通过课题项目，丰富“微图书馆”理论，提升“微图书馆”地位。

全媒体环境下未成年人阅读推广的实践与研究*

一、该课题研究的目的和意义

《中华人民共和国未成年人保护法》第三条：国家根据未成年人身心发展特点给予特殊、优先保护，保障未成年人的合法权益不受侵犯。《中国儿童发展纲要（2011—2020）》指出："坚持儿童优先原则，保障儿童生存、发展、受保护和参与的权利。"因此，在中小学优质教育、阅读推广方面，我们也应该坚持"儿童优先"的原则。2010年，文化部《关于进一步加强少年儿童图书馆建设工作的意见》指出，少年儿童图书馆要积极与中小学校开展合作，共同开展阅读指导、信息素养教育，引入新媒体等现代信息技术，积极开展图书推介、讲座、展览等活动，精心设计和组织内容鲜活、形式新颖、吸引力强的读书活动，吸引未成年人走进图书馆、利用图书馆。这进一步明确了未成年人阅读推广的紧迫性与重要性，也给中小学图书馆带来了新的机遇与挑战。另外，不管是目前提倡的全民阅读，还是书香校园建设，都要把重点放在未成年人身上。而少儿图书馆与中小学图书馆是未成年人阅读的重要场所。在全媒体环境下，调查分析未成年人的阅读喜好、阅读倾向，调查掌握全媒体环境下的各种阅读方式，积极开展未成年人的阅读推广，引导未成年人走进图书馆、利用图书馆，提高未成年人的阅读素养，具有现实意义。

本课题调查分析全媒体时代的新技术、新趋势以及未成年读者的新特征、新需求，重新思考与探索图书馆资源建设与阅读推广策略，不仅能够为未成年人提供最优质的读物、优雅环境及丰富多彩的活动等服务，也能够提升图书馆的服务效益。因此，在全媒体环境下，开展未成年人阅读推广的实践与研究，显得非常必要，与时俱进，具有一定的创新意义。

二、研究成果的主要内容和重要观点或对策建议

本课题首先研究了全媒体环境下微博、微信等的使用现状，并针对中学图书馆微博、微信公众平台提出针对性的建议以及服务策略。其次，探讨了公共文化服务体系下未成年

---

* 这是由王鸿飞主持的2014年广东省图书馆科研课题"全媒体环境下未成年人阅读推广的实践与研究"的成果简介。

人阅读服务的策略以及全媒体环境下图书馆阅读推广的策略，归纳总结了珠海三中图书馆“班级微图书馆”的建设实践。另外，还结合珠海三中图书馆等优秀图书馆的建设实践，探索如何做好中小学图书馆的建设与管理，从而为未成年人阅读推广打下良好的基础。此外，阐述了如何开展中小学图书馆的宣传与阅读推广，并整理归纳了中小学图书馆阅读推广的一些典型案例。

1．研究成果阐述了国内外未成年人阅读服务的研究现状以及公共文化服务体系下未成年人阅读服务的理论支撑，并且提出了公共文化服务体系下未成年人阅读服务的一些策略，主要包括：抓住各种发展契机，为未成年人提供良好的阅读环境；根据未成年人的年龄特点和阅读需求提供各种阅读资源；发挥各类型图书馆的服务功能，开展多种形式的未成年人阅读服务；面向未成年人群体开展不同年龄段的书目推荐；整合各种活动资源，开展未成年人读书活动；培育未成年人阅读推广队伍及志愿者队伍等。

2．微信研究方面，课题组通过国内图书馆微信订阅号信息推送情况调查、同类型微信公众平台订阅号信息推送情况对比等方面分析微信公众平台订阅号在图书馆信息推送服务中的应用，并提出完善图书馆微信订阅号信息推送服务的建议，如：注重信息资源的开发和利用；根据用户需求分类推送信息；完善信息推送及展现的方式。其次，通过创新扩散理论来研究中学图书馆微信公众平台的扩散过程，通过对用户行为的调研，从创新扩散理论的角度来进行研究分析，针对中学图书馆微信公众平台的优劣势提出针对性的建议，基于创新扩散的过程展望图书馆微信公众平台的愿景。根据创新扩散的理论，在创新扩散的时期，技术创新的供给者，不应该被动地等待，而应该主动地出击。作为创新者和早期采用者，我们应该积极宣传推动图书馆微信公众平台，传播与之相关的知识，向广大用户普及它的优越性，通过开展一系列活动来吸引用户。此外，课题组还通过搜索引擎、中国知网和微信公共平台三种方式对微信导览的应用现状进行调查与统计，获知微信导览发展迅猛，对图书馆服务营销有很好的启示，并提出微信导览在图书馆服务营销的应用，如：微信导览栏目、内容、编号设置，在流通服务营销的应用，在特色资源服务营销的应用，在讲座服务营销的应用，在企业信息服务营销的应用等。

3．通过对中学生读者利用微博情况的调查以及中小学图书馆应用微博的现状调查，结合珠海三中图书馆的实践探索，探讨了立足微博开展图书馆微博服务的一些策略，如：建立微博管理团队，制订微博的发布流程；定位微博功能，拓展微博内容，持续开展服务创新；及时更新微博，让微博保持活跃；加强微博宣传，吸引读者关注，提高凝聚力；多关注优秀微博，加强与同类微博的交流，提升微博的影响力；立足微博平台开展各种读书活动。

4．“班级微图书馆”建设积累了一定的经验，书香校园体系越来越成熟。研究成果结合珠海三中图书馆的建设实践，从“微图书馆”的研究现状、“微图书馆”概念的提出、“微图书馆”的实践探索、“微图书馆”的特点分析、“微图书馆”的运行机制、“微图书馆”的建设步骤、“微图书馆”的建设成效、“微图书馆”实践的思考、“微图书馆”建设需要注意的问题、“班级微图书馆”建设的优秀案例等方面详细介绍了珠海三中“班级微图书馆”的建设情况。

5. 课题还讨论了在全媒体环境下，中学图书馆应如何根据中学生的阅读行为模式来调整阅读推广策略，从而提高学生的到馆率和图书的借阅率。一是提出阅读推广的基本原则，要把满足学生的阅读需求与引导学生的阅读兴趣有机结合起来。二是阐述了如何构建立体化的阅读推广。例如：图书推荐：读书节；电子显示屏：电子杂志；网络推广平台：图书馆网站、微博；移动设备终端：微信公众号。

6. 在课题实践中，该课题间接推动了珠海三中图书馆的建设与管理升级，阅读环境得到优化，图书馆馆藏资源体系进一步完善，馆藏资源不断丰富。而且通过探索新时期中小学图书馆的建设发展，关注RFID技术、数字阅读技术等新技术在中小学图书馆的应用与实践，开展RFID智能化图书馆系统建设项目。珠海三中图书馆通过利用RFID电子标签管理，实现了自助借还、智慧化管理，方便师生读者借阅图书。此外，珠海三中图书馆还引进了ELIB区域图书集群管理软件，升级了书目查询系统，把书目查询APP网址映射到外网，把书目查询网页链接到学校外网。另外还通过设置书目查询的二维码，方便读者随时随地利用电脑、手机等终端进行书目查询。珠海三中图书馆还通过购买龙源电子期刊阅读终端，提供相关电子期刊、电子图书的二维码借阅，解决电子期刊、电子图书的利用问题，推动图书馆数字化、智慧化发展。

7. 结合优秀中小学图书馆的建设实践，探索如何做好中小学图书馆的建设与管理。研究成果从中小学图书馆的基础设施建设、中小学图书馆的资源建设、图书资源建设与招标采购、图书馆期刊资源建设与管理、中小学图书馆的自动化建设、中小学图书馆的智慧化建设、“班级微图书馆”建设、中小学图书馆学生管理员队伍建设等方面探索如何开展中小学图书馆的规范化建设。

（1）中小学图书馆的基础设施建设。按照全国性的《中小学图书馆（室）规程（修订）》以及地方性中小学图书馆（室）建设标准，如《广东省中小学图书馆（室）建设标准》等以及教育技术装备标准或指南、图书馆评估细则，介绍中小学图书馆的馆舍建设、功能（室）区安排、基础设施配备等相关建设标准要求。例如在馆舍建设方面介绍了《城市普通中小学校校舍建设标准》相关指标、《广东省中小学图书馆（室）建设标准》等相关指标、教育技术装备标准或评估指南等相关指标。

（2）中小学图书馆的资源建设。根据《中小学图书馆（室）规程（修订）》以及《广东省中小学图书馆（室）建设标准》等建设标准，介绍了中小学图书馆资源建设要求及藏书量。另外还探讨了中小学图书馆资源建设类型，如纸质馆藏建设、电子馆藏建设、网络资源建设、未来资源建设的趋势。

（3）图书资源建设与招标采购。中小学图书馆的资源建设，特别是优质的图书资源建设，有助于图书馆开展各项阅读服务，进行阅读推广，有利于提升图书馆的利用率与办馆效益。因此，很有必要了解一下中小学图书馆的图书资源建设以及图书招标采购。本课题整理了中小学图书采购主要渠道，如：零散采购、协议采购、招标采购、网络采购等。另外，还介绍了中小学图书招标采购的一般方式与流程，主要是邀请招标、询价采购、竞争性谈判、公开招标。

（4）图书馆期刊资源建设与管理。中小学图书馆的报刊品种、数量不多，但是报刊却是中小学图书馆非常重要的馆藏资源。馆藏图书资源非常丰富的图书馆，报刊是馆藏资源很好的补充；而中小学图书馆图书经费不足，馆藏图书资源陈旧的图书馆，报刊几乎是图书馆吸引读者的救命稻草。但是，也许由于报刊所占的比例非常小，以往的中小学图书馆专著或培训教材，很少涉及图书馆期刊资源建设与管理。研究成果结合珠海三中图书馆在期刊资源建设与管理的情况，对图书馆期刊资源建设与管理做一些介绍。一是介绍期刊资源建设的订购原则、订购步骤、期刊资源目录；二是介绍期刊资源管理，如：期刊验收、期刊登记、期刊加工、期刊上架、现刊管理、过刊管理。

（5）中小学图书馆的自动化建设。研究成果从图书馆自动化管理系统的使用情况、电子图书购买与利用情况、电子期刊或数据库、电子阅览室、图书馆主页、技术人员与相关硬件设备等方面介绍了珠海市中小学图书馆自动化建设现状，并从图书馆经费紧张、图书馆技术力量薄弱等方面分析了中小学图书馆普及自动化的障碍，最后提出中小学图书馆自动化建设的对策以及如何进行图书馆管理系统的比较和筛选。

（6）中小学图书馆的智慧化建设。图书馆的发展是渐进式的，每一次的进步都得益于科技的创新和重大变革。继图书馆自动化、数字化后，许多图书馆开始引进RFID技术，将RFID技术和互联网技术有机结合起来，图书馆智慧化逐渐走进人们的视野。图书馆智慧化是未来图书馆提升服务技术、创新服务理念和转变管理形态的一场革命。中小学图书馆的规范化建设需要在RFID技术智慧化发展方面多下功夫。RFID技术的发展与应用、自助图书馆、中学自助图书馆建设这些代表着中小学图书馆未来的技术方向，是中小学图书馆建设与发展的新指标。

（7）中小学图书馆学生管理员队伍建设。《关于加强新时期中小学图书馆建设与应用工作的意见》要求逐步建成由专（兼）职人员、志愿者等组成的中小学图书馆管理人员队伍。中小学图书馆学生管理员队伍建设能在一定程度上缓解中小学图书馆工作人员不足的情况，可以提高学生利用图书馆的意识与技能，还能缩短读者与图书馆之间的距离。研究成果整理了珠海三中学生管理队伍建设具体做法，包括图书馆学生助理（义工）的招募，图书馆的新助理培训，图书馆学生助理的实践探索以及相关制度，图书馆学生助理的工作职责与岗位服务流程，图书馆学生助理的考核表彰，图书馆学生助理的工作日记与感想。

8．研究成果还结合珠海三中图书馆等优秀图书馆的实践，阐述如何开展中小学图书馆的宣传与阅读推广，挖掘中小学图书馆（室）阅读推广的典型案例。

根据《中小学图书馆（室）规程（修订）》《广东省中小学图书馆（室）建设标准》等相关建设标准，引用各中小学图书馆的成功经验，从中小学图书馆的宣传推广、中小学图书馆读书活动、中小学图书馆阅读调查等几方面阐述如何开展中小学图书馆的宣传与阅读推广。结合珠海三中图书馆等优秀图书馆的实践，阐述如何开展中小学图书馆的宣传与阅读推广，挖掘中小学图书馆（室）阅读推广的典型案例，主要介绍了“你选书，我买单”书展活动、图书漂流活动、“真人图书”分享、微博导读、微信导读、新生入馆培训、“百科知识暨应急避险安全知识竞赛”阅读活动、读书征文活动、读书会、寻找我的高中图书借阅史、知识竞猜与猜谜活动等中小学图书馆阅读推广的实践案例。以上这些成果不仅具有一定的创新性，而且对中小学图书馆来说具有可操作性。

三、成果的学术价值、应用价值，以及社会影响和效益

随着新一轮的教育改革以及新技术时代的到来，中小学图书馆（室）迎来新的建设机遇，并重新成为研究的热点和焦点。本课题把未成年人的阅读推广置于全媒体时代这样的大背景下进行研究，研究成果分析了全媒体环境下微博、微信等的使用现状、实践以及服务策略，探讨了公共文化服务体系下未成年人阅读服务的策略、全媒体环境下图书馆阅读推广的策略，“班级微图书馆”的建设实践等，研究成果对中小学图书馆以及少儿图书馆开展未成年人的阅读服务或阅读推广具有一定的推广及应用价值。此外，课题通过结合优秀图书馆的实践，探索如何做好中小学图书馆的建设与管理，挖掘中小学图书馆（室）阅读推广的典型案例，对开展中小学图书馆的宣传与阅读推广进行了阐述。研究成果中的微博导读、微信导读、“班级微图书馆”建设、图书馆智慧化建设、阅读宣传与推广策略以及阅读推广的经典案例等，在研究和实践上均具有一定开拓性或先行性，其成果对开展中小学图书馆（室）建设的系统研究、中小学图书馆（室）建设、全媒体环境下未成年人阅读推广等具有重要的实践意义和应用价值，对少儿图书馆或中小学图书馆开展未成年人阅读推广有很好的借鉴意义。可以说，通过发挥优秀图书馆的示范带动作用，能够为中小学图书馆事业注入新鲜的血液，将引领中小学图书馆的服务创新与发展。

图书馆论文

寻梦十载　书香为伴

中学图书馆特色发展之路的探索

XunMeng ShiZai ShuXiang WeiBan

论中学图书馆在新课程背景下的定位与作用*

摘要：新课程改革背景下，中学图书馆如何最大限度地发挥功效，实现为中学教育教学改革服务和资源共享的目标。本文从新课程改革与中学图书馆的关系入手，论述了中学图书馆在新课程改革中的定位，提出了加强中学图书馆在新课程改革中的作用的一些具体措施。

关键词：中学图书馆；新课程改革；定位与作用；图书馆建设

伴随着素质教育的全面推进以及高中新课程改革的全面进入，中学图书馆作为学校教育教学的重要组成部分，是学校的书刊资料信息中心，是为学校教育、教学和教育科学研究服务的机构。因此，中学图书馆在新课程改革背景下如何定位、如何最大限度地发挥作用非常值得我们去探讨。

1. 新课程改革与中学图书馆的关系

新课程改革和素质教育的目的，旨在提高学生的主体参与意识，培育学生自主学习、探究性学习能力。珠海市教育局副局长邬向明提到，新时期我国教育的基本目标与任务是在“三维”上培养全面发展的人。具体包括以下三个方面：一、学习掌握基本知识和基本技能即获得“双基”，具有适应终身学习的基础知识、基本技能和方法。二、学习掌握学习的过程与方法，具备自我学习更新的能力，具有初步的创新精神、实践能力、科学与人文素养以及环境意识。三、培养正确的情感、态度和价值观等。可以说，高中新课程改革，不管教育观念、培养目标，还是课程内容、课程管理都体现了全新的思路，洋溢着鲜活的时代气息。然而，新课程改革的实施并不是一帆风顺、一步到位的，总会或多或少遇到困难与矛盾，主要体现在以下几方面，比如：有限的教学资源与无限的教学要求的矛盾；新课程的高要求与目前师生状况的矛盾；教师工作负荷与新课程要求的矛盾等。这些问题和矛盾的存在，导致新课程的实施受到制约，合作式学习、探究式学习、拓展式的学习难以开展。

中学图书馆是学校教育教学的支柱之一，是学校信息资源最丰富和集中的地方。目前的新课程改革，给中学图书馆事业带来了一次重大的机遇和挑战。在新课程改革中，中学

* 该论文由王鸿飞撰写，原载于《中小学图书情报世界》2008年第11期。

图书馆作为基础教育的组成部分，无论是教师与学生角色的转变，还是合作式学习、探究式学习、拓展式的学习的开展都离不开图书馆的参与和支持。中学图书馆应该改革成为培养学生收集处理信息能力的最重要的场所，充分利用图书馆优势服务于新课程改革，通过服务课程从而改观中学图书馆面貌，加大中学图书馆现代化建设步伐，发挥中学图书馆最大的功效。

2. 中学图书馆在新课程改革中的定位

2.1 中学图书馆是重要的教育教学资源中心

新课程改革标准明确规定，图书馆是重要的课程资源。这种定位有别于过去图书馆被认为是“搜集、整理、收藏图书资料供人阅读的机构”的认识，取得了很大的突破，赋予了中学图书馆新的内涵。基于这样的提法，图书馆正式成为整个课程改革乃至整个基础教育改革的必要组成部分。《中小学图书馆（室）规程》在中小学图书馆的基本任务中提到，中学图书馆要贯彻党和国家的教育方针，采集各类文献信息，为师生提供书刊资料和信息。这对于解决有限的教学资源与无限的教学要求这对矛盾有现实的意义。众所周知，图书馆还是一种基础性资源，是校内其他课程资源再生和扩展的基础。新课程改革中，图书馆可以利用图书、网络等丰富的信息资源与学科课程共同开发课程，丰富课程资源，同时注重吸收网络技术，使图书馆管理工作信息化，使图书馆成为学校网络资源中心，真正成为教育教学资源中心。

2.2 中学图书馆是学生自主学习、探究学习的信息保障和实践基地

新课程改革倡导构建的学习，倡导学生主动参与，培养学生获取信息和新知识的能力、分析和解决问题的能力以及交流和合作的能力。也就是说，新课程改革下，学习的内容不局限于特定的知识体系，还包含学生的学习生活、社会生活以及他们所关注的、感兴趣的问题，鼓励学生根据自身个性发展的需要，自主地选择学习的内容和学习的方式。这种自主学习、探究学习的学习方式，强调学习与社会、科学和生活实际的联系，特别关注与社会发展密切相关的问题，而且具有开放性、探究性和实践性的特点，只是图书馆依赖本身优越的条件，比如及时性的报刊信息和丰富的图书、网络资源等，才能够满足研究性学习的需要，为研究性学习提供了信息保障和实践基地。

2.3 中学图书馆是培养学生信息素养能力的场所

“培养学生收集、整理资料、利用信息的能力和终身学习的能力。”这是中学图书馆的基本任务之一，也是新课程改革与时代的要求。图书馆作为学校的书刊资料、网络资源信息中心，要不断加强自动化与数字化建设，为学生提供计算机检索和电子阅览室等服务。同时，开展中学生信息获取能力的教育，使学生掌握手工检索、联机检索等方法以及掌握以网络搜索为主的检索方法，让图书馆成为培养学生信息素养能力的场所。

2.4 中学图书馆是学生思想品德教育的重要参与者

“培养正确的情感、态度和价值观等”是培养全面发展的人的“三维”之一，具体体现在：要使学生具有爱国主义、集体主义精神，热爱社会主义，继承和发扬中华民族的优

秀传统和革命传统；具有社会主义民主法制意识，遵守国家法律和社会公德等。中学图书馆也要肩负起学生思想品德教育的重任，做好把关工作，采购有思想性、科学性、知识性的健康图书书刊，有意识地引进弘扬中华民族精神、优良文化传统的书籍。规范电子阅览室的管理，提供反映先进文化和共产主义风尚的音像视频资料。配合学校开展各种思想教育活动，积极主动参与学校思想教育的大计中。

2.5 中学图书馆是开展校园活动和校园文化建设的中心

新课程改革注重以学生发展为本，尝试自主学习、探究学习的学习方式，因此，各种校园活动在所难免。我们可以以图书馆为中心，建立学生自己的“读书社”“奥林匹克中心”“学校图书管理处”等一系列学生自己的学术团体和活动组织，充分利用图书馆的场地资源以及图书、信息资源，让图书馆成为校园文化建设的中心。图书馆还可以联合团委、学生会等组织，开展读书会、报告会、讲座等丰富多彩的活动。

2.6 中学图书馆要成为教师提高素质的扶梯

新课程改革让教师面对新的课标、新的教材、新的知识结构体系，教师需要更新观念，转变教学方法和开发课程资源，面临许多新问题，对教师的要求更高，教师需要大量时间、精力参加各种岗位培训活动和学习进修，更新知识结构。在落实新课程标准的今天，教师就必须具备落实新课程标准所需要具备的能力素养、处世素养和人文素养等基本素养。而图书馆肩负着向教师们提供各种类型、各种知识信息的书、报、杂志的任务，无疑是教师们提高自身素质的最佳场所。中学图书馆需要改善图书馆管理，整合网络信息资源，为教师的备课学习、科研需要提供各种服务，为提高教师自身的素质发挥扶梯的作用。

3. 加强中学图书馆在新课程改革中的作用的具体措施

3.1 转变观念，确定办馆思想，进行管理体制改革，完善各种规章制度

新课程改革背景下，中学图书馆必须转变观念，摈弃单纯为教学和备课服务的思维方式，用新的教育思想和图书馆学来确定办馆思想，并且在新的办馆思想指导下，对馆舍设计、藏书建设、常规管理、读者工作以及图书馆人员自身的素质方面提出新的要求。根据《中小学图书馆（室）规程》的要求进行管理体制的改革，提高馆员素质，加强馆员形象塑造，并且完善借阅规则、阅览室守则、采购规则、编目规则、赔偿制度、催还制度等各种制度。

3.2 多方投入，加强各种设备、设施建设，建设现代化图书馆

中学图书馆要完成《中小学图书馆（室）规程（修订）》的基本任务，实现为中学教育教学改革服务和资源共享的目标，必须加大投入的力度，增加筹集经费的途径，用于馆舍建设、自动化管理系统的购买，增加在中小学图书馆新出现的计算机、扫描仪、刻录机、打印机以及不同功能的阅览室、电子资料室、多功能学术报告厅等现代化设备设施，建设现代化的图书馆。

3.3 不断增加馆藏数量，完善馆藏文献结构

要满足新课程改革对教学资源的要求，中学图书馆的生均藏书量，报刊和工具书品种的要求都要有相应的提高。中学图书馆必须保证每年都有一定的经费，用于剔旧更新图书，应根据学校教育、教学和教研工作的需要广泛采集国内外相关图书资料。同时，参考《中小学图书馆（室）藏书分类比》，建立一套适合自己图书馆的“馆藏结构标准”，规范各类图书的比例。研究师生的阅读需求与阅读心理，做好学生用书与教师用书的采购工作，建立一个适合学校人才培养目标的科学、合理的藏书体系。

3.4 拓展服务项目，用多样化的服务方式搞好优质服务

读者服务工作是图书馆工作的重心，搞好这项工作，才能够有效提高文献利用率。中学图书馆的服务工作，可以从以下几方面着手：第一，想方设法，充分利用中午和寒暑假的时间，保证开放的时间；第二，采取全方位的借阅方式，尽量开架借阅，尝试借、阅、网合一的以读者为本的服务方式；第三，设置新书通告、馆务建议以及好书推荐等窗口，利用各种方式进行图书的宣传辅导；第四，针对教师读者，提供深层次的图书馆服务，向教师推荐有助于提高素质的图书与资源，提供检索与利用资源等方面的参考咨询服务。

3.5 做好读者研究与采访工作，开展导读等各种阅读指导活动，加强与师生的交流合作

读者是图书馆的“中心”，图书馆要建设固定的读者群，就需要以读者为中心，认真研究读者的阅读习惯，包括研究读者的阅读需要，研究读者的阅读能力，研究读者的阅读环境，与读者在思想上、感情上交流，站在读者的立场上，想读者之所想，急读者之所急，收集读者的反馈信息，做好采访工作。通过更新新书介绍，开设阅读指导讲座，提供书刊索引等方式开展导读、阅读指导活动，做读者的信息导航者。让学生参与图书馆的工作与活动，促进信息共享，加强图书馆与任课教师的交流，满足教师对图书馆的需求。

3.6 加强图书资源中心建设与网络数据库资源的整合，实现资源共享

中学图书馆虽然发展缓慢，但是中学图书馆的网络化建设、数字化建设无疑是发展的趋势。为了更好地为中小学教育教学改革服务，实现信息资源共享的宏伟目标，必须加强数字图书馆和图书资源中心的建设。简单来说，包括以下几个方面：构建数字资源的平台；加强网络数字库资源的建设，包括电子图书建设、全文数据库建设、多媒体学习资源库建设等；依托网络中心，实现校内资源共享，并且以教育部门网络中心为依托，实现区域资源共享。

3.7 积极参与学生社团活动或围绕图书馆组织各种活动

中学图书馆要积极主动地配合教改，参与学生各种社团、文化活动，创造条件支持研究性学习活动的开展。比如，当学生组织开展诸如讨论会、故事会、演讲比赛、征文活动、知识竞赛以及书评活动等活动时，图书馆要及时、主动地提供活动所需的信息资料，为活动的开展提供服务。此外，有条件的图书馆还可以举办读书节以及校园文化节等活

动，通过报告会、讲座、作品展览、文章评比、“图书漂流”以及图书角等形式，吸引全校师生的共同参与，让图书馆成为校园文化建设的中心，成为新课改的实践场所。

参考文献：

[1]郇向明.新课程改革：理想与现实、问题与对策.珠海市基础教育教学管理文集，2005.

[2]张正和.新世纪中小学图书馆在新课程教材改革中的作用[EB/OL]. [2008-08-31]. http://www.chledu.com.

[3]王明清.“主体性教育”理念下的中学图书馆服务探究.中小学图书情报世界，2008（5）.

[4]周飞越.论中学图书馆在新课程改革中的作用.中小学图书情报世界，2008（3）.

[5]赵治宇.中学图书馆应对新课程改革策略初探.中小学图书情报世界，2006（12）.

新教育思潮背景下图书馆在教学中的作用*

摘要：分析中小学图书馆面临的各种景况，提出在新教育思潮的背景下，图书馆在教学系统中应发挥营造学生的学习家园、建设教学支持中心、建立学生学习资源中心等方面的作用。

关键词：中小学图书馆；作用；教学系统；新教育思潮

新教育思潮的兴起、新课程改革的全面开展，给中小学图书馆带来了新一轮的挑战与机遇。牢牢把握时代的脉搏，认清中小学图书馆的处境，想方设法在学校的教学系统中发挥作用，成为中小学图书馆工作人员的共识，是中小学图书馆同行努力的方向。

1. 背景介绍

1.1 社会发展对图书馆的要求

随着社会的发展、信息的飞快增加，图书馆是信息社会的领航员，是知识的"万能钥匙"。在当今社会，学问与其说是知识的储蓄，不如说是善于在书海中找到知识的本领。现代化的图书馆，必须能够让读者学习到寻找知识、检索信息的本领，提供查找知识的方法与技巧。

1.2 新教育思潮的兴起对学习方式的影响

随着新教育思潮的兴起，学习的方式出现了新的趋势。主要体现在开放学习的教育理念：开放学习、能力导向学习、学习如何学习、终身学习以及合作学习。能力导向学习从过去的知识灌输到现在注重学生能力的培养，学习掌握基本知识和基本技能。当今的社会，知识更新的速度加快，学生要不断提高信息素养，学习终身学习的基础知识、基本技能和方法，学习掌握学习的过程与方法，具备自我学习更新的能力。也就是学习如何学习。

1.3 《基础教育课程改革纲要（试行）》及其对图书馆的影响

《基础教育课程改革纲要（试行）》提到："积极开发并合理利用校内外各种课程资源。学校应充分发挥图书馆的作用，广泛利用校外的图书馆、博物馆等各种社会资源以及丰富的自然资源，积极利用并开发信息化课程资源。"从纲要的这些表述中我们看出一些变化，比如：对图书馆的地位和作用的认识，从"搜集、整理、收藏图书资料供人阅读

* 该论文由王鸿飞撰写，原载于《中小学图书情报世界》2009年第1期。

的机构”，发展到“图书馆是课程的资源中心，是新课程改革的重要组成部分”。此外，教师、学生、学习方式也都出现新的变化。教师从知识的传授者变成了学生终身学习能力培养的引导者。学生从课程的被动接受者变成了学习如何学习（Learning to learn）、为自己设立学习目标的知识能力的构建者。学习方式从课堂学习拓展为课堂学习、合作学习、开放学习相结合的方式。

1.4 国内外中小学信息素质教育的情况

信息素质教育是国外教育发展的一个重要趋势，美、英、法、日等世界发达国家从20世纪五六十年代就十分重视在中小学生中进行信息素质教育。在80年代初就将信息素质教育正式纳入中小学教育中，制订培养计划、教学大纲、教学内容、教学评价等。

我国中小学的信息素质教育直到90年代末才引起基础教育主管部门的重视。从2001年开始基础教育领域正在积极施行新一轮课程改革，所颁发的课程标准，无不把实施研究性学习、培养学生的终身学习能力放在十分重要的位置。一方面，开设中学《信息技术》课程，提出要“培养学生良好的信息素养”“利用信息技术的意识和能力”“促进信息技术与学科课程的整合”；另一方面，为配合新一轮的课程改革，教育部于2003 年继《新课标》颁布后，颁发了《中小学图书馆（室）新规程》，突出中小学图书馆（室）在学校教育教学中的重要地位，强调图书馆要与教育信息化相结合，要求其“指导学生课内外阅读，开展文献检索与利用知识的教育活动；培养学生收集、整理资料，利用信息的能力和终身学习的能力”。

2. 新教育思潮的背景下图书馆在教学系统中发挥的作用

2.1 营造学生的学习家园、精神家园

图书馆是师生修身养性的最佳乐园，师生读者如果可以在优雅、舒适整洁的环境中读书，就会感到心情舒畅，产生一种美的享受，从而达到心理上的愉悦和满足，取得间接的读书效果。

2.1.1 书吧模式

现代社会，很多学生都喜欢快消餐饮，虽然原因很多，但也说明了快消餐饮公司模式的吸引力。有条件的中小学图书馆可以借鉴这些快消餐饮公司的模式，建立书吧模式。

2.1.2 信息共享空间

一般来说，信息共享空间是一个经过特别设计的“一站式”服务中心和协同学习环境，综合使用方便的互联网、功能完善的计算机软硬件设施和内容丰富的知识库（包括印刷型、数字化和多媒体等各种信息资源），在技能熟练的图书馆参考咨询馆员、计算机专家、多媒体工作者和指导教师的共同支持下，为读者（包括个人、小组或学术团队）的学习、讨论和研究等活动提供“一站式”服务，培育读者的信息素养，促进读者的学习、交流、协作和研究。在中小学图书馆的建筑设计中，也需要引进这种信息共享空间的理念，为师生读者构建良好的学习与求知场所，为师生读者的学习、交流、讨论、求助和研究等活动提供一个理想的平台。

2.1.3 轻松自然的读书氛围的营造

中小学图书馆，要营造一种家的感觉，让每个人都像在家里阅读一样的亲切、自然，给人一种走向自然的体验，引发学生读者的想象。此外，图书馆还需要适度的音乐氛围，如果没有音乐，整个气氛就会差很多。所有的这一切，都是为了让读者在轻松、放松的情况下去汲取知识、修身养性。

2.1.4 招聘学生管理员

学校图书馆一般情况下都会招聘很多学生管理员（学生助理）。一方面，是考虑到图书馆工作的需要，图书馆的工作非常繁杂，单单依靠图书馆的教师是无法完成的，一些简单的工作可以通过学生管理员去完成。这样也能够为学生提供参加实践的机会，通过图书馆的助理工作，锻炼了各种能力。而且，在图书馆工作的过程中会产生潜移默化的作用，学生管理员也会喜欢去接触图书馆、喜欢去阅读，从而无形中增长了知识。另一方面，招聘学生管理员也可以起到宣传作用。学生管理员会让他周围的同学知道图书馆的存在，从而能够了解图书馆的工作与作用，对图书馆产生好奇心，进而拉近图书馆与学生的距离，吸引更多的同学来图书馆学习、阅读。

2.1.5 建立图书馆的网上家园

在计算机普遍的情况下，图书馆要全方位去为学生读者服务，还需要建立图书馆的网站、网上家园，给学生提供交流的平台，通过漂亮的页面和丰富的内容吸引学生。而且，网上家园要不断更新，提供新的信息、服务等信息。电子阅览室的建设与利用应当充分考虑图书馆的网上家园，提供足够的设备、资源，实现网络连接的便捷、快速。建立图书馆的网上家园不仅能够促进图书馆的工作，而且能提升学校的品牌。

2.1.6 推荐读物，开展阅读竞赛

学校图书馆要指导学生课内外阅读，除了尝试开展阅读指导课之外，还需要时时刻刻向学生推荐读物。图书馆要设立新书推荐公告栏、馆务建议栏、好书推荐与阅读交流栏，把图书馆工作人员、师生读者以及图书（资源）紧密联系起来，提供交流的机会。此外，开展读书讲座活动或者阅读竞赛，比如：读一本好书比赛、书评比赛、作文比赛等。

2.2 建立学生资源中心

图书馆要提供良好的服务，需要丰富的馆藏资源支持，包括纸质图书、音像资料、电子图书，甚至期刊数据库等多媒体资源。中小学图书馆要建立学生的资源中心。

2.2.1 了解学生的兴趣与爱好

图书馆服务的宗旨是“一切为了读者”。建立学生资源中心，也要紧紧围绕服务的宗旨，坚持以学生为本，充分了解学生的兴趣与爱好。这些工作贯穿于图书馆的日常工作之中，需要我们图书馆员有意识、有目的、有针对性地去实施。

2.2.2 提供多元化的学习媒体

随着计算机技术、多媒体技术、数字图像技术、交互式视盘技术等新信息技术的出现，信息资源出现了多元化的趋势。因此中小学图书馆在进行馆藏规划、馆藏建设的时候，必须意识到要选择性地采购各种载体、各种形态的信息资源，为学生提供多元化的学习媒体，建立多元化的学生资源中心。

2.2.3 精选网络信息资源

中小学图书馆员要运用信息检索的优势，通过OPAC系统或其他搜索引擎，搜集各种网络信息资源，并且对这些资源进行组织与编辑，整合成分科目或专题的网络信息资源导航。同时，还可以根据学生学习的需要，整理字典、百科全书等学生常用工具导航。此外，针对社会的热点，精选一些文化娱乐方面的网络信息资源。比如，《中国多媒体教学学报》、百家讲坛、科学影视资料库等。

2.3 建设教学支持中心

图书馆还要建设教学支持中心，利用信息检索等服务，为教师的备课、授课等教学活动提供支持与帮助。

2.3.1 准备教师授课所需资源，帮助教师查找教学资源

中小学图书馆在服务的过程中，要有意识地准备教师授课所需资源，主要是授课过程中需要的辅助材料，包括各种媒体，如文本、音频、视频等。此外，帮助教师查找教学资源，包括课件、教学实录、试卷、竞赛真题、教学网站、语文课外阅读资料、课文朗诵资料等。

2.3.2 向教师推荐资源，主动将资料推送给教师

图书馆向教师推荐资源，将资料推送给教师主要指三个方面的服务：第一，推荐重要的网站，推荐教学资料的主要来源；第二，提供查找各种课程资源的方法；第三，主动为教师提供相关素材，为教师建立“多媒体课程超市”。

2.3.3 协助参与教师课程设计，为教师共享与交流成果提供便利

2.4 充当学生的第二老师

中小学图书馆在实际工作中，还充当学生的第二老师。具体表现如下：

2.4.1 教育学生利用图书馆的资源与服务

图书馆要有计划地开展用户培训讲座，对学生进行相关的培训，教育学生利用图书馆的资源与服务。培训的内容包括图书馆的基础知识，馆内外的各类型的信息资源的使用方法，各类型参考工具书的使用，电子阅览室的使用等。通过这些培训，不断提高学生利用信息的能力，掌握终身学习的知识与技能。

2.4.2 做好参考咨询服务，为学生排忧解难

图书馆要在明显的位置设立参考咨询台，或者构建虚拟参考咨询平台，开展电话、面谈、电子邮件、短信及QQ实时聊天等多种模式的参考咨询服务。在日常的工作过程中，回答学生通过电话、面谈、电子邮件、短信及QQ实时聊天等方式提出的问题，为学生排忧解难。

2.4.3 教育学生如何提高学习效率

图书馆可以从以下几个方面去教育学生提高学生效率。第一，图书馆利用校内外的图书资源，积极开展阅读指导活动，引导学生爱读书、善读书、读好书，培养学生良好的阅读习惯。第二，指导学生完成要查找资料的作业。第三，向学生推荐各种有助于提高学习效率的辅助工具，比如自动翻译工具、百度少儿频道等。

2.5 成为家长的知心朋友

图书馆为教师及学生提供各种服务，其实也是间接地为家长服务。图书馆要争取成为家长的知心朋友。比如，图书馆可以协助家长配合学校的教育，可以帮助家长辅导孩子。图书馆建设学生资源中心，充当学生的第二老师，还可以直接向家长推荐相关的资源以及查找这些资源的途径与方法。从这个角度来说，图书馆就相当于家长为学生请的免费高级家教。

此外，图书馆还可以开设家长讲座。内容包括如何引导孩子正确利用网络，如何引导孩子学会选择与评价信息资源，跟家长交流如何帮孩子查找课程学习的有关资料或素质教育的资料，等等。

2.6 推进信息技术在教学过程中的应用

在中小学，图书馆与信息中心是相互独立的两个机构。考虑到图书馆与信息中心之间的内在联系，图书馆可以加强与信息中心的合作，推进信息技术在教学过程中的应用。简单来说，图书馆可以尝试从以下几方面着手：一是与信息中心合作，开展硬件、软件使用培训，提高教师的计算机素养、网络素养、信息素养。二是指导教师开通博客，且加强对教师博客的管理，实现信息共享。三是为教师推荐各种软件，为教师提供资料下载方法，帮助教师使用多媒体等。

参考文献：

[1]黄红梅.国外中小学信息素质教育对我国图书馆工作的启示.图书馆工作与研究，2007（7）.

[2]黄红梅.我国中小学信息素质教育的问题及对策研究.中小学图书情报世界，2007（7）.

[3]曹红玲，傅旭文.信息共享空间——高校图书馆服务的发展趋势.科技情报开发与经济，2007，17（23）.

[4]黄如花.网上教育信息的获取.大学图书馆学报，2000（1）.

[5]赵凤霞.网上教育信息资源的检索.贵图学刊，2005（3）.

[6]黄如花.网上免费学术信息的开发与利用.图书馆学研究，2006（7）.

中学图书馆服务创新的思路与条件保障

摘要：本文从图书馆服务创新的内涵与特点入手，介绍了中学图书馆服务创新的思路及实践，并提出实现中学图书馆服务创新的一些条件保障。

关键词：服务创新；中学图书馆；创新思路；条件保障；读者服务

1. 引言

图书馆的精髓在于服务，服务是图书馆永恒的主题，是图书馆的立身之本、发展之源。印度图书馆学家阮冈纳赞提出了图书馆学五定律：书是为了用的，书有其人，人有其书，节省读者时间，图书馆是一个生长着的有机体。中国图书馆学家刘国钧则提出图书是“自动的而非被动的、使用的而非保存的、民众的而非贵族的、社会的而非个人的” 观点。这些观点的核心就是图书馆的服务工作。[1]对于中学图书馆而言，服务工作更是重中之重。然而，由于中学图书馆在硬件建设、阅读环境优化、藏书建设、图书采购、人员配备、读者服务、阅读指导等方面存在很多不足，服务工作开展得并不顺利，图书馆的利用率低下。为了改善中学图书馆的服务现状，中学图书馆界的同行进行了很多的探索与尝试，并取得了初步的成效。2010年6月，广州教育学会中学图书管理专业委员会、珠海市教育学会图书管理专业委员会、佛山教育学会图书管理专业委员会联合主办“2010珠江三角洲中学图书馆发展论坛”会议，其中的一个主题就是“中学图书馆服务创新的理论与实践”。[2]本文以笔者在“2010珠江三角洲中学图书馆发展论坛”上的发言为基础，结合参加本次会议的收获与启发，从服务创新的内涵与特点入手，介绍了中学图书馆服务创新的思路及实践，并提出实现中学图书馆服务创新的一些条件保障。

2. 服务创新的内涵与特点

2.1 图书馆服务创新的内涵

经济学上，创新概念起源于美国经济学家熊彼特1912 年出版的《经济发展概论》。熊彼特在其著作中提出：创新是指把一种新的生产要素和生产条件的“新结合”引入生产体系。Van Ark等将服务创新定义为：一种可能单独发生在服务理念，与顾客相互交往的渠道、技术理念、服务传递等方面，也可能同时发生在它们的多个组合之中的有意义的新变化。[3]对于图书馆而言，服务创新的研究还处于起步阶段，其内涵和基本特征众说纷纭。其中比较普遍的说法是，服务创新主要是指图书馆在服务过程中应用新思想和新技术来改善和变革现有的服务流程和服务产品，提高现有的服务质量和服务效率，扩大服务范围，更新服务内容，增加新的服务项目，为读者创造新的知识价值，最终形成图书馆的竞争优势。[4]总而言之，一切关于图书馆服务或针对图书馆服务的创新行为与活动都可算图书馆的服务创新。

2.2 图书馆服务创新的特点

图书馆服务创新的内涵丰富，创新形式多样，创新的新颖度广。然而，由于图书馆的特殊性，图书馆服务创新存在与众不同的地方。首先，图书馆服务在本质上是一个过程，其服务创新也是一种概念性和过程性的活动，其结果大多为一种无形的概念、过程和标准，如一种新的服务流程，一种新的服务模式等。其次，服务创新的新颖度广，既包括引入和提供以前没有的全新的服务，也包括在现有服务的基础上增加的新服务项目的扩展，还包括服务风格和形式的变化等。再次，服务创新的形式多样，不仅包括服务内容的创新，还包括服务流程、服务模式、服务方法等多种形式的创新。[5]

3. 中学图书馆服务创新的思路及实践

3.1 服务理念的创新

中学图书馆要认真研究高校图书馆、公共图书馆等各类型图书馆的发展历程，学习借鉴先进的服务理念。图书馆先后经历了“重藏轻用”“藏用并重”和“以用为主”的时代。从中学图书馆的发展现状来看，大多图书馆仍然处于“重藏轻用”或者“藏用并重”阶段，很少图书馆能够真正做到“以用为主”。不同地区、不同学校的发展很不平衡，而且差距非常大。因此，中学图书馆的服务创新首先体现在服务理念的创新。一是改变“重藏轻用”的服务观念，树立“服务第一”的服务观念。二是改变“以我为主”的服务观念，树立“以读者为中心”的服务观念。三是改变“静态僵化”的服务观念，树立“搞活创新”的服务观念，在服务的空间上要发展，把图书馆服务由原来的服务模式转移到全方位的服务模式。[6]比如，华南师大附中图书馆的林运卓馆长提出，图书馆应该办成一个“图书+咖啡+文化创意产品+社团活动”的文化会所，这就是一种创新的理念。

3.2 服务环境的创新

良好的环境是图书馆服务创新的外在动力和保证，中学图书馆要坚持以人为本的理念，实现服务环境的创新。这既是提升图书馆办馆效益，吸引更多读者走进图书馆的重要途径，也是图书馆的文化内涵和人性化服务的价值所在。佛山三中图书馆就极力建设典雅借阅环境，构筑温馨精神家园。不仅有体现人文关怀的布局设计，而且还有精心打造的文化氛围。比如，充满人文气息的图书馆大堂，见贤思齐的文化氛围，错落有致的组合书架，含春望江的临窗座位，让学生流连忘返的专题阅览区，灵动而人性化的电子阅览区，温馨安静的学生自修区等。一般来说，服务环境的创新主要包括以下几方面：一是加强图书馆的自动化、网络化、数字化建设，提升图书馆的软硬件水平，提供各类服务设备。二是为读者创造一个宁静典雅、宽松、舒适、赏心悦目、宽敞明亮的阅读环境，使其能全方位地感受环境与人的亲和力。[7]以笔者所在的图书馆为例，本着为师生读者创造优雅、安静、便利、舒适的阅读环境的原则，进行图书馆室内环境装饰设计，增添了植物树、花草等绿色装饰，增添了《中图法》、图书索引牌、招贴画、温馨提示等标识标语，开辟了图书馆信息栏、图书馆公告栏等宣传橱窗。三是注重礼仪、服饰、语言、态度、行为等方面的培训，提升图书馆员的服务态度、服务行为、服务语言等，营造良好的人际氛围。

3.3 服务制度的创新

随着中学图书馆服务理念的转变，图书馆管理也会发生相应的变化，要保证图书馆工作的顺利开展，必须进行服务制度的创新。通过建立比较规范的、比较完善的、比较科学的管理规章制度，规范图书馆员的服务行为，明确图书馆员的服务目标和责任，调动全员服务创新的积极性。比如，不断完善入馆须知、图书的借阅制度、员工服务制度等，并通过严格遵守、认真执行这些规定，保证了图书馆工作的有序运行。与此同时，要建立必要的激励机制和正确的评价标准，通过物质精神等合理的绩效机制来激发员工的服务创新，从而提高图书馆整体的服务能力。[8]

另外，尽管中学图书馆规模比较小，仍然要进行规范管理，做好图书馆的短期工作计划以及中长期规划。如，对于中学图书馆，要养成有计划、有总结的好习惯。学期初，要制订图书馆学期工作计划，写明学期工作要点与具体措施；学期末，要梳理过去一学期图书馆的工作内容与业绩，进行工作总结。

3.4 服务内容的创新

中学图书馆服务创新的重点在于服务内容的创新。首先要加强中学图书馆之间交流，梳理总结中学图书馆开展了哪些服务内容。其次，要掌握其他类型图书馆服务内容的转变与创新，结合中学图书馆的实际情况，进行学习借鉴。服务内容创新可以从以下两方面思考：一是对原有服务项目进行形式化创新，使其服务更加规范化和标准化。二是拓展新的服务项目或者深化原有的服务。在服务内容的创新方面，一些优秀的中学图书馆做了很多有效的尝试。

3.4.1 加强图书宣传与读者教育工作

中学生缺乏利用图书馆的意识与技能，在服务工作中要加强图书宣传与读者教育工作。以笔者所在图书馆为例，在图书宣传方面，采取多种宣传方式向读者推荐图书，包括制作多种形式的新书通报（文字形式或者图文并茂形式），并通过图书馆信息栏、网上图书馆、装订成册在班级传递等方式，为师生推荐新书好书。又如设置新书推荐、新书展览等推荐专区，有目的、有计划地推荐优秀图书。 在读者教育方面，每学年都对高一新生进行入馆培训，培训内容包括图书馆概况、如何利用图书馆、《中图法》等，增强了读者利用图书馆的意识与技能。

3.4.2 以读书活动为载体，创新图书馆服务

近几年，珠海市中学图书馆积极响应《中小学图书馆（室）规程（修订）》的关于开展读书活动的要求，在“4·23世界读书日”期间开展了形式多样的读书活动。比如珠海一中的图书漂流活动，珠海二中的读书日活动，紫荆中学的阅读指导活动，拱北中学的图书阅读节，珠海三中的图书馆文化节等。[9]以珠海三中的图书馆文化节为例，利用“4·23

世界读书日”的机会，图书馆每年都举办图书馆文化节，开展了“认识珠海、热爱珠海”读书征文、“共享知识、传承感动”图书漂流、“读史·书香·人生”专题报告会、“2009我的目标”心意贴、图书馆利用技能大赛、“我最喜爱的一本书”书评比赛、“好书流传”图书捐赠活动、科学图普展览以及“迎亚运”图书推荐与展览活动等读书活动。

3.4.3 有效开展阅读课，充分挖掘语文阅读课和图书馆阅读指导课的潜力

在珠江三角洲中学图书馆发展论坛的主题发言中，几乎每所图书馆都提到了阅读指导课或者语文阅读课。可见，有效开展各种类型的阅读课，是中学图书馆服务创新的一个重要突破口。在语文阅读课方面，图书馆与语文科组合作，根据高一、高二语文备课组的实际情况，适当开展语文阅读课。图书馆主要为语文阅读课提供资源、场所以及利用图书馆的初步指导。像佛山三中等图书馆还专门开辟了主题阅读专区，设立了主题阅读书架。

3.4.4 引入电子资源数据库，并开展参考咨询服务

中学图书馆要提供全面的服务，还必须考虑建立多元化的资源体系，适当引入电子资源数据库。结合学校教育科研以及校本教研，引入类似《中国基础教育文献资源总库（CFED）》的数据库；还可以根据教学的需要，购买学科资源，比如中学学科网、硕学在线网等网站资源。另外，要协调好“拥有”与“获取”的关系，借助公共图书馆的参考咨询服务能力，尝试开展参考咨询服务。

3.4.5 举办品牌讲座，开展个性化服务

有条件的中学图书馆可以借鉴公共图书馆开展品牌讲座的成功经验，结合学校的实际，开展讲座服务。广雅中学图书馆通过打造广雅大讲堂的平台，邀请赵长天、赵少敏、郁雨露等名人名家开展讲座活动，倡导名师指导，推动师生共读，创新了图书馆的服务。又如，合肥一中从2004年开始成立百家讲坛，由图书馆主办，邀请国内外专家、学者到学校做专题讲座，5年开展讲座27场，取得很好的成效。[10]此外，中学图书馆可根据各自的人力、物力状况，通过完善硬、软件系统建设，实现资源集约化，开展信息推荐服务等途径开展个性化服务。[11]

3.5 服务手段的创新

现代信息技术的不断进步，使图书馆的服务方式进一步向多样化方向发展。要充分利用这些先进的技术，实现图书馆的宣传、图书馆工作流程、图书馆各项服务的网络化、自动化发展。改变以往馆藏文献外借与内阅的服务模式，利用现代网络平台，提供各种数据库服务、多种在线服务以及离线信息服务。如信息推送、个性化链接等。[12]服务手段创新能够丰富图书馆的服务内容，强化图书馆的服务功能。

4. 中学图书馆服务创新的条件保障

《中国教育报》2010年4月29日刊登了《农村中小学图书馆形同虚设之忧》这样一篇文章。[13]文章中提到图书室建设急需加强、校长图书馆意识淡薄、图书室呼唤专业人员、图书室岂能只管不理、谁为农村图书室买单等几方面，反映了目前中小学图书馆的一些通病，是我们为之头痛的问题。现在讨论中学图书馆的服务创新，也很有必要清楚

中学图书馆服务创新的一些条件保障。比如硬件设施保障、人力资源保障、文献资源保障、经费预算保障、课题科研促进、各种评估评比活动的促进。

4.1 硬件设施保障

要进行服务创新，首先学校要提供足够的硬件设施保障。其中包括：图书馆面积达到多少，图书馆功能室怎么设置、怎么布局，闭架还是全开架，读者阅览座位数有多少，阅读环境怎么样。又如，图书馆的设施设备情况怎么样，供读者使用的计算机数量有多少、自动化程度怎么样等。

4.2 人力资源保障

中学图书馆人手不足、专业人员缺乏的矛盾一直都非常突出。由于缺乏图书馆专业人员，中学图书馆的管理理念比较落后；由于人手不足，导致图书馆的开放时间得不到保证。因此，要实现中学图书馆的服务创新，必须逐步缓解这些矛盾，要立足自我培养，创造一种创新的组织文化，敢于给有能力的人压担子，给更多的人发展的空间和机会。[14]此外，学生管理员队伍的建设也非常重要，不仅能够增强图书馆的人气、活力，而且还能够提高图书馆工作效率与服务效益。以笔者所在图书馆为例，从周一到周五一共五个小组，每小组20人左右，一共有学生管理员100多人。他们积极参与图书馆的建设与服务工作中，负责图书借还、图书上架、杂志报纸的加工上架及使用情况登记等工作。

4.3 文献资源保障

俗话说“巧妇难为无米之炊”。文献资源是图书馆开展服务的基本保障，加强文献资源建设，构建合理的馆藏体系，任何时候都是重中之重。一般来说，可以从馆藏总量、生均图书拥有量、馆藏年增长率、电子资源情况等指标去衡量一所学校图书馆文献资源保障情况。从“书是为了用的”这个角度来看，馆藏总量是很重要，但是文献质量显得更加重要，我们要尽量向“每本书有其读者”这个目标努力，采购受读者欢迎的图书资源，这样才能够保证图书的流通率。例如，笔者所在的图书馆结合师生读者的阅读需求以及本馆藏书现状，通过现场采购方式，2008年采购图书30万元，约2万册。2009年采购新书27万元，约1.2万册。2010年进行了32万元图书招标，使未来2年的文献资源得到保障。

4.4 经费预算保障

中学图书馆可持续发展的最大障碍是经费问题，如果学校校长、学校领导班子的图书馆意识淡薄，图书馆的经费预算就可能无法得到保证。因此，通过建立有效的机制，采取切实可行的措施，确保中学图书馆图书经费的稳定性、持续性，是中学图书馆服务创新的重要保障。

4.5 课题科研促进

中学图书馆的服务创新是新事物，要成立相应课题组进行调查研究。通过这些课题科研，不仅能够拓展中学图书馆理论研究的范围，丰富中学图书馆的理论基础，而且能够为中学图书馆的服务创新提供依据，指明前进的方向。理论与实践相结合，推进中学图书馆的服务创新。

4.6 中小学图书馆评估评比活动的促进

中学图书馆要实现服务创新，提高利用率，发挥重要作用，还需要借助各种评估的促进作用。中小学图书馆评估能够激励中小学图书馆，深化人才的使用机制；促进中小学图书馆制度的规范化；改善中小学图书馆的办馆条件；提升中小学图书馆的整体服务质量。[15]比如，教学水平评估或者全国示范性高中评估之际，学校都会进一步重视图书馆的建设与管理工作。近年进行的书香校园评比以及全国中小学图书馆先进集体评比等活动，也能够使中小学图书馆受到一些关注。另外，还可以针对中小学图书馆，进行中小学图书馆等级评比或者示范图书馆评比，通过相关的评估指标体系，评出中小学一级图书馆或者示范图书馆。通过这些评估或评比活动，引导中学图书馆的服务创新。

参考文献：

[1]焦俊梅.高校图书馆服务创新工作三要素.图书馆工作与研究，2009（4）：94-96.

[2]思维盛会开拓新视野——珠江三角洲中学图书馆发展论坛纪实[EB/OL].[2010-07-01]. http://www.gztsxh.com/article/hownew/2010629135025.htm.

[3]杨广，等.基于不同视角的服务创新研究述评[J].外国经济与管理，2009（7）：9-15.

[4][6]赖晓云.试论图书馆服务创新[J].图书馆论坛，2004（4）：18-20.

[5]蒙德成.关于高校图书馆服务创新的再思考[J].农业图书情报学刊，2009（7）：225-227.

[7]林寿平.中专图书馆的服务创新[J].咸宁学院学报，2010（2）：119-120.

[8]杨琦，马志芳.试谈公共图书馆服务创新[J].图书馆理论与实践，2009（6）：91-92

[9]王鸿飞.以读书活动为载体，创新图书馆服务[J].图书馆界，2010（2）：69-71.

[10]郭缨.中学图书馆开设公益讲座的实践与探索[J].中小学图书情报世界，2009（11）：27-28.

[11]李玲.中学图书馆服务创新的几点思考[J].中小学图书情报世界，2010（1）：53-54，64.

[12]宋丽斌.创新服务引领阅读[J].图书馆学刊，2010（4）：92-94.

[13]农村中小学图书馆形同虚设之忧[EB/OL].[2010-04-29].中国教育报.

[14]邢毅.图书馆服务创新的驱动力、障碍与战略[J].图书馆理论与实践，2010（6）：11-13.

[15]严明华.邬晓琰.对中小学示范图书馆评估工作的思考[J].图书馆工作与研究，2010（2）：106-108.

中小学图书馆现代化建设的实践与思考*

摘要：本文分析了中小学图书馆现代化建设的现状与水平，并以珠海三中图书馆现代化建设为例，从硬件建设和软件建设两方面谈了图书馆现代化建设的一些措施与做法，指出中小学图书馆的现代化建设是一项长期工程，要加强合作与交流，不断深入。

关键词：中小学图书馆；现代化建设；图书馆建设；实践与思考

1. 引言

2003年3月，教育部关于印发《中小学图书馆（室）规程（修订）》的通知第三条明确规定“中小学图书馆（室）现代化是中小学教育现代化的重要体现，各地要将中小学图书馆（室）的信息化建设作为教育信息建设的一项重要内容”。这表明，中小学图书馆作为学校文献信息资料中心，学校教育现代化工程中的一个有机组成部分，为适应教育信息的发展，图书馆必然要走现代化发展之路。根据《中国图书馆事业报告2007》的统计，2006年，全国共有小学34.16万所，约有图书馆（室）13万所；中学92 570所，其中初中学校60 885所，高中阶段教育学校31 685所，有图书馆（室）6万余所，估计全国中小学图书馆（室）有20多万所。[1]可见，中小学图书馆现代化建设是一项浩大的工程。

然而，什么是中小学图书馆现代化呢？江苏省教育装备与勤工俭学管理中心编写的《中小学图书馆管理与服务》表述为：中小学图书馆现代化就是中小学图书馆主动引入现代化的技术手段、管理方式、人力资源等，通过对馆藏资源的科学整序使之更加便利地为全校师生提供全方位的服务，并且在不断推进现代化的过程中使其服务的范围不断扩展，服务的形式不断变化，服务的内容逐步丰富，进而借助现代网络技术和资源共享理论，实现馆际之间、社区之间、资源之间的便捷交互，一切以方便师生利用为宗旨，让中小学图书馆深入师生的学习、工作和生活之中。[2]本文基于这样的定义与标准，结合珠海市中学图书馆的实际情况，分析中小学图书馆现代化建设的现状与水平，回顾珠海三中图书馆现代化建设的历程，介绍图书馆现代化建设的一些措施与想法。

2. 中小学图书馆现代化建设的现状分析

我们知道，中小学图书馆现代化建设包括装备现代化和管理现代化两方面的内容，现

---

* 该论文由王鸿飞撰写，原载于《农业图书情报学刊》2010年第7期。

代化中小学图书馆具备：信息载体多样化、信息资源共享化、信息服务网络化、信息加工自动化、著录格式标准化等特征。[3]衡量中小学图书馆的现代化水平可以从自动化水平、数字化资源、标准化程度、网络化建设等几个方面出发。就目前来说，我国中小学实现计算机自动化管理的比例还相当低，现代化水平不高、普及率低、设施配套差，数字化资源非常缺乏，标准化建设几乎没被提及，网络化程度低。由于人力、物力、财力的限制，现代化、标准化、数字化的建设相对落后于其他系统图书馆。[4]以教育事业和中小学图书馆工作比较发达的广东省为例，根据相关数据统计，截至21世纪之初，全省有中小学26 772所，独立建设图书馆的6758 所，而实行计算机管理的图书馆也才近1000所。[5]尽管《中小学图书馆（室）规程（修订）》《广东省中小学图书馆（室）建设标准》已经于2003年、2004年相继下发到各级教育局装备中心（站），然而仍然有绝大部分的中小学图书馆由于各种原因，并未落实标准的相关指标，中小学图书馆现代化建设举步维艰。

2.1　珠海市中学图书馆现代化建设的现状

2008年初，“新课程环境下珠海市中学图书馆创新服务研究”课题组与珠海市教育学会图书管理专业委员会（以下简称“图专委”）设计了《珠海中学图书馆（室）调查表》，对36所中学图书馆的基本情况、电子网络资源情况、图书购置情况、开放情况、自动化建设情况等进行了深入的调查，做了相关的统计。在这里，我们从中提取出一些数据，以便探悉珠海市中学图书馆现代化建设的现状与水平。如下表：

珠海中学图书馆（室）调查表

项目	自动化管理	电子阅览室	电子图书	电子期刊或数据库	图书馆网站	是否开架	是否有阅读活动	图情专业人才
有（所）	21	15	12	1	2	20	23	12
无（所）	15	21	24	35	34	16	13	24
备注	系统不成熟	效果不好	没用或很少用	珠海市国际信息检索中心			服务单调	包含在职

从表中可以看出，部分中学图书馆已经实现了自动化的管理，引进了图情专业的人才，且已经建成电子阅览室，拥有少量的电子图书。大部分图书馆做到开架借阅，并且开展了一些阅读活动与服务。然而，数字化资源和网络化建设却显得非常落后，电子期刊或数据库几乎没有。电子图书大多是附送的，甚少使用或几乎没有使用。只有珠海一中和珠海三中等学校提到图书馆网站，网络化建设程度很低。此外，除了实验高级中学、桃园中

学、珠海一职、珠海卫校等个别图书馆是使用ILAS这样的比较成熟的管理系统外，还有很多自编的、不成熟的管理系统，很难实现标准化与资源共建共享。

2.2 珠海三中图书馆进行现代化建设前的状况

珠海三中图书馆在进行现代化建设前，属于传统的管理模式。图书加工编目手工操作。没有引进计算机管理软硬件，没有电子阅览室。存在馆藏资源贫乏，管理手段落后等问题。主要体现在以下几方面：

（1）图书馆馆舍设计不合理，环境恶劣。由于面积不足，导致各功能室面积不足。各功能室设备陈旧、简陋、落后，不能正常发挥它们应有的功能。

（2）藏书量太少，纸质图书不足，数字资源空缺，图书经费不足。馆藏资源建设呆滞不前，藏书分类比例不合理，藏书体系不完善，处于无序状态。

（3）管理方式落后，没有引入计算机管理，图书馆自动化、数字化空白。

（4）观念还没转变，领导重视的力度不够。缺乏专业人才和先进管理理念。

（5）图书馆采编工作不到位，宣传工作力度不够，影响读者服务工作及读书活动的开展，图书馆的利用率低下。

3. 珠海三中图书馆现代化建设的主要措施与做法

近几年，珠海三中为了迎接教学水平评估和广东省国家级示范性普通高中评估，贯彻落实《中小学图书馆（室）规程（修订）》《广东省中小学图书馆（室）建设标准》的相关指标，全面推进图书馆的现代化建设，根据图书馆底子薄、基础差的实际，从硬件和软件两方面着手逐步完成图书馆现代化建设的艰巨任务。

3.1 硬件建设

3.1.1 扩大图书馆的馆舍面积，增添书架、阅览桌椅等设备，为读者营造宽敞的馆舍环境

根据教学水平评估和国家示范性高中评估的要求，在学校领导的支持下，对学校图书馆进行了扩建，扩大了图书馆的面积，合理布局藏书室（流通书库）、工作室（编目室）、电子阅览室、教师阅览室、学生阅览室、图书资料室等功能区，为读者营造宽敞的馆舍环境。此外，增添了书架、期刊架、阅览桌椅、借阅台、文件柜、等候椅、书车等一批图书馆家具设备。本着为师生读者创造优雅、安静、便利、舒适的阅读环境的原则，不断完善图书馆基础设施建设。

3.1.2 立足标准化，引进实现现代化管理的硬件、软件以及外设设备

图书馆自动化管理和服务系统是图书馆现代化建设的物质基础与保障，每所图书馆必须认真对待，科学调研。现在，规模较大、知名度较高的图书馆管理软件有文津图书馆系统软件，深圳图书馆研制的ILAS 系统，由北京大学图书馆开发的新一代图书馆信息系统（MLIS）软件等。[6]本着功能齐全、标准化程度高、适用性强的原则，学校图书馆进行了相关的比较，最终引进了ILAS II图书馆管理系统。同时，根据ILAS II对服务器等硬件的要求，采购了交换机、服务器（惠普 ProLiant ML350 G5）、山特 C3KS 不间断电源等硬件设备。此外，购买电脑50台，完成了电子阅览室的建设。

3.1.3 加大图书资料购置经费的投入，加强文献资源建设

图书馆现代化建设前，图书馆藏书2.3万册，根据每生50册、生均年递增量1册/人的标准，馆藏图书应该达到近12万册。因此，必须及时地、大批量地、针对性地补充优质的图书。2007年、2008年，学校投入几十万元的购书经费，引进图书2.7万册，藏书量上升到5万多册。2009年，又投入购书经费25万元，着手引进新图书1万多册。在采购图书的过程中，图书馆的教师认真做好采访工作，深入了解师生读者的阅读兴趣和阅读需求，了解师生读者对图书期刊的要求，重视图书的质量。同时，参考《中小学图书馆（室）藏书分类比例表》，结合学校图书馆的实际，逐步完善藏书体系。此外，注重电子资源的引进与购买。根据学校教师教育教学的需要，引进多种网站资源，有计划性、有针对性地加强数字化资源的建设。

3.2 软件建设

3.2.1 引进高素质的专业人才，引入现代化的管理理念

学校领导为了实现图书馆的现代化管理，除了引入现代化的技术手段之外，还非常重视图书馆队伍的建设，引进高素质的专业人才。这几年，图书馆招聘多名图书馆学专业毕业的应届大学生，填补了缺乏图书馆专业技术人才的漏洞。随着图书馆专业人才的充实，带来了图书馆管理的新理念、现代化的管理理念。由此也出现了一些新的办馆理念和服务理念，这些新的理念都很好地运用于图书馆的建设以及日常的图书馆服务之中。

3.2.2 征求各方意见、完善图书馆的各项管理规章制度

进行图书馆的现代化建设以来，图书馆实现了从传统管理方式向现代化管理方式的转变，图书馆的管理方式、服务内容以及服务方式都发生了很大的变化。因此，图书馆必须建立健全各项管理规章制度和职责。于是，图书馆征求与听取相关的意见，对图书馆的各项管理规章制度进行修改与完善，形成了比较规范的、比较完善的、比较科学的管理规章制度，包括入馆须知、图书的借阅制度、图书赔偿制度、教师阅览室管理制度、学生阅览室的管理制度、电子阅览室的管理制度、学生助理管理职责、工作人员管理制度等，保证了图书馆工作的有序运行。

3.2.3 拓展服务内容，努力提升服务质量，提高图书馆利用率

为了转变师生读者对图书馆的旧观念，发挥图书馆在学校的教育、教学和教育科学研究中的作用，图书馆教师必须树立新的服务观，克服消极被动的服务意识和服务态度，强化服务意识，拓展服务内容，深化服务层次，提升服务质量，积极主动地为读者服务。[7]

（1）树立新的办馆思想和服务观念。新扩建的图书馆实现了藏、借、阅一体化，使用全开架的开放形式。强调“为人找书、为书找人”的服务意识。

（2）采取各种手段加强宣传。学校图书馆引进了ILAS Ⅱ 2.0管理系统以后，便把网上图书馆链接到珠海三中校内网，并整理了《ILAS II v2.0 网上图书馆使用指南》，介绍网上图书馆的使用情况。利用图书馆信息栏与展板，开展新书通报，并且每月贴出图书借阅排行榜、读者借阅排行榜，引导同学们阅读，推动同学们的阅读热情。

（3）开设校本课程、阅读指导课，利用图书馆的资源配合语文科组上好语文阅读课。

（4）进行图书馆助理（义工）的招聘、培训与考核等，发挥学生助理（义工）在图书馆服务中的作用。

3.2.4 抓住“4·23世界读书日”的契机，以读书活动为载体，创新图书馆服务

为迎接并纪念“4·23世界读书日”，为在全校师生中形成读书求知的浓厚风气，激发广大学生的读书热情，吸引学生走进图书馆来，展卷一读，多读书、读好书，也为了建设读书的校园，谈书的校园，书香四溢的校园，围绕书香校园系列活动的要求，图书馆举办了珠海三中首届图书馆文化节，开展了“读史·书香·人生”专题报告会、“共享知识、传承感动”图书漂流活动、“认识珠海、热爱珠海”读书征文比赛、“品读好书，感悟人生”读书札记征集活动以及“2009我的目标”心意贴活动等。这些读书活动的效果显著，营造了浓郁的读书环境与氛围，创新了图书馆的服务。

4. 启示与思考

4.1 图书馆的现代化建设要做好规划，有计划有总结，加大力度，全面铺开

中小学图书馆的现代化建设是一个浩大的工程，涉及面广，内容多，层次多，进行现代化建设前，各方意见必须达成一致，做好整体规划，每个建设阶段尽量做到有计划、有总结。以珠海三中为例，建设前制订了《珠海三中创建示范性高中图书馆的达标方案》，建设开始后又有《珠海市第三中学图书馆建设阶段实施方案》《珠海三中图书加工实施方案》以及《图书馆馆藏图书基本情况汇报及2009年图书采购申请》等建设方案。同时，每个学期初图书馆的工作计划以及每个学期末图书馆的工作总结，都详细地罗列出建设的进度以及成效。此外，图书馆的建设要加大投入力度，全面铺开，一鼓作气。

4.2 中小学图书馆的现代化建设是一项长期工程，要加强合作与交流，不断深入

中小学图书馆的现代化建设包括自动化建设、数字化建设、标准化建设、网络化建设等，涉及图书馆的方方面面，并不是一朝一夕能够实现的。而且，随着科学技术的发展以及图书馆服务内容的变化，中小学图书馆的现代化建设又会出现新的内涵与外延。因此可见，中小学图书馆的现代化建设是一项长期工程，需要图书馆长期尝试、长期努力。此外，要加强合作与交流，跟公共图书馆、其他中学图书馆，甚至高校图书馆进行交流，借鉴成功的经验，充分运用现代网络技术和资源共享理论，实现馆际之间、社区之间、资源之间的便捷交互，不断深化现代化的水平。

参考文献：

[1]中国图书馆学会.中国图书馆事业报告2007[M].北京：北京图书馆出版社，2008，4-4.

[2][3]江苏省教育装备与勤工俭学管理中心.中小学图书馆管理与服务[M].北京：北京图书馆出版社，2007：249-270.

[4]舒俊红.新课程改革下中小学图书馆的现代化建设[J].中小学实验与装备，2007（2）.

[5]王声银，董云棣.中外中小学图书馆现代化的比较研究[J].中小学图书情报世界，2005（6）.

[6][7]周勤.以评估为契机，加快高职院校图书馆现代化建设[J].浙江国际海运职业技术学院学报，2007（12）：68-71.

中学图书馆自动化建设刍议*

摘要：在对珠海市中学图书馆自动化建设现状全面调查和分析的基础上，总结了珠海市中学图书馆自动化建设的现状以及存在的问题，并就如何进一步推进中学图书馆自动化建设提出了相应的对策和建议。

关键词：图书馆；自动化；网络化；学校图书馆

随着教育改革的不断深入，素质教育的全面推进，中小学信息化建设步伐的不断加快，为中小学图书馆实现自动化管理创造了条件。2003年教育部颁布的《中小学图书馆（室）规程（修订）》第十七条规定："中小学图书馆要实现计算机自动化管理，并有计划地配置复印、录像、文献保护、计算机（网络）设备、扫描仪、刻录机、打印机等设备……有条件的学校可按学科分类设置阅览室和电子阅览室、电子资料室、多功能学术报告厅等。""图书馆要逐步实行计算机管理。图书馆要重视加强与校园网的结合，实现网上图书资源的共享。"[1]可见，中小学图书馆自动化建设是学校信息化、现代化建设中重要的一项工作，而且也是必不可少的一项工作。在这里，笔者在对珠海市中学图书馆自动化建设现状全面调查和分析的基础上，总结了珠海市中学图书馆自动化建设的现状以及存在的问题，并就如何进一步推进中学图书馆自动化建设提出了相应的对策和建议。

1. 珠海市中学图书馆自动化建设现状

最近，"新课程环境下珠海市中学图书馆创新服务研究"课题组设计了一份调查问卷，对珠海市中学图书馆进行了比较详细的调查，对各所学校图书馆的基本情况、自动化管理情况、电子资源建设等做了简单的统计。从36所学校的反馈情况看出，珠海市中学图书馆自动化建设现状不容乐观，甚至某些领域还相当严峻。

1.1 图书馆自动化管理系统的使用情况

从调查结果显示，参加调查的36所中学图书馆中有21所实现了计算机管理，比例为58.33%，但仍有15所学校处于手工管理状态。从数量上看，大部分图书馆已经走上了计算机管理的道路，但图书馆管理系统相对比较落后。目前珠海市中学图书馆管理系统使用详情如下：

---

* 该论文由王鸿飞撰写，原载于《山东图书馆学刊》2010年第4期。

1.1.1　商业开发集成管理系统

大多数馆采用购入软件商开发的文献集成管理系统的方式，对图书馆进行系统的自动化管理。[2]在21所使用自动化系统的图书馆中，9所图书馆使用深圳图书馆开发的ILAS管理系统，然而几乎是小型版，且多年没有升级；2所图书馆使用金碟图书管理系统；1所图书馆使用网信的妙思文献集成管理系统；还有1所图书馆使用大连的博菲特文献集成管理系统。相对来说，这些商业开发集成管理系统尽管不经常更新，但已经算是系统集成化、标准化、开放性较好的系统了。

1.1.2　自主开发管理系统

个别中学图书馆仍使用自行开发的管理软件，存在格式不标准、模块不全等问题，使用起来并不通畅，而且标准化差，不利于实现资源共享等。

1.2　电子图书购买与利用情况

根据统计，自2000年以来，一共有13所中学图书馆曾经购买过电子图书，一般为1~2万册。电子图书的出版商主要有：中教育星、方正、清华同方、科利华等。这些电子图书都是一次性购买，大有应付各种评估之嫌，并且没有进行更新，较少利用或者几乎没有利用，不能够发挥电子图书的作用。

1.3　电子期刊或数据库

电子期刊或数据库是中学图书馆最缺乏的电子资源，全市的中学图书馆中，只有珠海卫校图书馆提到于2002年开始，图书馆可以通过"珠海市国际信息检索中心"为教师查找资料。可见，电子期刊或数据库资源建设是中学图书馆一项艰巨的任务。

1.4　电子阅览室

在各种评估以及《中小学图书馆（室）规程（修订）》的推动下，电子阅览室经历了从无到有的过程，被调查的36所中学图书馆就有16所图书馆建设了电子阅览室，总共拥有近1000台电脑。然而，由于没有什么电子资源，电子阅览室的利用率非常低，有个别学校电子阅览室还是教师们使用过的旧电脑，还有极个别的学校因为各种原因，暂时撤掉了电子阅览室，导致电子阅览室经历了从无到有，再从有到无的过程。

1.5　图书馆主页

到目前为止，拥有能够从外网访问图书馆主页的馆只有3所，分别是珠海一中、斗门一中、斗门三职。其他学校在被问到有无图书馆网站时，都填写了"无"。据了解，虽然没有图书馆主页，个别图书馆还是能够在校园网上做简单的图书馆介绍或者其他相关的链接，比如珠海三中图书馆直接把ILAS图书馆管理系统附带的一个网页链接到校园网，通过这个链接可以进行OPAC查询，并查看新书通报等。

1.6　技术人员与相关硬件设备

中学图书馆馆均在编人数只有1.75人，平均一所图书馆在编人数不到2人。不仅缺乏图书馆学专业的人才，也缺乏技术人员。计算机专业毕业的工作人员几乎没有，导致技术力量非常薄弱。此外，图书馆的硬件设备也是非常大的问题，很少图书馆拥有良好的硬件设备，如服务器、网络系统等。

2. 阻碍珠海市中学图书馆自动化建设的主要原因

2.1 领导不重视图书馆自动化建设

一直以来，中学图书馆不思进取，发展落后，无法发挥出应有的作用，为教师的教学服务，为学生的学习服务，为学校的教育教学和教育科学研究服务，图书馆是学校最不起眼的功能室。学校领导也形成了一种思维定式，并不重视图书馆的建设，对图书馆自动化建设不进行立项，图书馆自动化建设也就无法起步。

2.2 图书馆员的观念落后

中学图书馆员工作人员的文化水平偏低，对珠海市36所中学的调查统计，除了5位教师没有填写清楚学历状况以外，本科以上学历28人，大专以下学历35人，特别是中专以下学历有16人，本科以上学历的图书馆员比例偏低。此外，绝大多数图书管理员是从教学岗位退下来的学科教师，年纪都相对比较大，观念相对落后。[3]随着社会的发展与变革，特别是以计算机为核心的现代信息技术和网络技术的广泛应用，图书馆工作面临着新的挑战，但是大部分馆员仍然“做一天和尚撞一天钟”，不愿意学习和接受新的观念和技术，并将学习和使用新技术看作额外的负担，而非关乎图书馆生死存亡的关键。[4]

2.3 经费不足制约中学图书馆自动化的发展

目前来讲，珠海市个别中学图书馆的经费投入基本能够满足图书馆购书的需要，但绝大部分图书馆都不能够得到相应的购书经费。而且经费投入不能够得到保证，没有一定的持续性。遇到评估的时期，需要突击性购书，才会得到一大笔经费，而其他的时候，经费就会大幅度缩水，甚至是几乎没什么经费。这些问题的存在，导致图书馆根本无法拿出足够的经费，进行图书馆自动化的建设。还有个别图书馆，由于各种原因，连最基本的馆舍面积都不能够保证，无法开展服务职能，更不用说图书馆自动化的建设和发展了。

2.4 自动化建设缺乏统一的规划与指导

中学图书馆由于校情不一样，发展非常不平衡。有的学校前些年就已经实现了自动化管理，然而一些学校目前还处于手工阶段，并且自动化建设看似遥遥无期。这说明了珠海市中学图书馆的自动化建设与发展缺乏统一的规划与指导。缺乏统一的规划与指导的弊端还体现在：一是经过初期建设后，常规管理工作已可基本满足，学校由于财力困难等原因不愿继续投入，安于现状，不做更高层次要求，上新项目的积极性不高；二是对下一步的建设方向与目标感到茫然；[5]三是标准化程度不高，不利于资源共享。

2.5 专业技术人员缺乏

中学图书馆图书馆学情报学专业人才缺乏，计算机专业人才缺乏，导致图书馆的自动化建设与发展受到约束。

3. 中学图书馆自动化建设的对策与建议

3.1 落实标准，改变观念，提高素质

《中小学图书馆（室）规程（修订）》以及《广东省中小学图书馆（室）建设标准》

都对中学图书馆的自动化建设提出了相关的要求，教育装备信息中心以及各所学校要加快落实，参照标准，进行图书馆自动化建设的相关立项。教育行政部门要做好学校领导班子的思想动员工作，强调图书馆自动化建设与发展对图书馆职能的发挥、对学校教育教学的重要性，改变学校领导的观念，加大图书馆自动化建设的经费投入。作为图书馆员，没有专业的知识和高学历都不怕，因为图书馆本身就是终身教育的重要基地，只要馆员改变观念，有进行学习和提高自身素质的想法，就能够好好利用图书馆，实现自我提升。[6]因此，图书馆员不断学习现代信息技术和网络技术，接受新的观念和技术，提高素质，才能够为图书馆自动化建设与发展贡献力量。

3.2 分层次、有针对性地开展中学图书馆自动化建设规划指导

就目前来说，珠海市中学图书馆的发展情况不一样，差距很大，条件和现状都不尽相同，因此在中学图书馆自动化发展的进程中，应根据各校的校情、各馆的馆情，因地制宜，分层次地进行指导和促进。对已经实现自动化管理的中学图书馆，要继续促使其进一步开发利用管理系统的功能，加快发展，摸索经验，寻找突破口，以实际效果来指导和带动其他馆建设。对尚处于手工阶段的中学图书馆，要加强组织与指导，借鉴成功图书馆的经验，结合实际，建立实用为主的自动化建设思路，做好图书馆自动化建设规划，合理地使用资金，以求得到更大的收益。

此外，应进一步发挥教育装备信息中心在自动化建设与发展中的统筹指导作用，保证引进的管理软件能够符合标准化、网络化、智能感化、集成化、兼容性、适应性的要求。全市中学图书馆应实现网络互联，实现编目、借阅、查询及管理自动化、网络化、信息资源数字化，为各校馆际互借、资源共享打下基础。这样才能使中小学图书馆在现代化建设中少走弯路。[7]

3.3 加强交流与合作，借助优秀的图书馆管理系统，全面提高中小学图书馆自动化管理水平，实现区域资源共建共享

各中学图书馆应在珠海市教育装备和信息中心以及珠海市教育学会中小学图书管理专业委员会的统一领导下，加强交流与合作，集中力量，共同探讨图书馆自动化的建设与发展。目前，珠海市教育学会中小学图书管理专业委员会的工作已经初见成效，CSLN“网图”图书馆管理系统已经经过了近一年的反复试用与论证，证实是能够全面提高珠海市中小学图书馆自动化管理水平的一款软件以及解决方案，能够很好解决图书馆自动化建设的问题，有利于全面提高中小学图书馆自动化管理水平，实现区域资源共建共享。

3.4 借助文化共享工程技术人员培训的东风，逐步提高中学图书馆技术人员的技术水平

目前，文化共享工程技术人员培训活动正在有组织、有层次、有针对性地开展。考虑到这些技术人员的水平跟中学图书馆员水平相差不大，技术人员培训的内容对中学图书馆员适用性也很强，比如：文化信息资源共享工程的介绍、硬件和常用软件的介绍、信息管理系统操作指南以及信息资源的使用与服务等。如果能够借助文化共享工程技术人员培训的东风，让更多的中学图书馆工作人员参与这样的培训活动当中，无疑能够逐步提高中学

图书馆技术人员的技术水平，有助于中学图书馆自动化建设与发展。

3.5　完善并推广珠海市中学文献信息网，尽快尽早开展资源建设的统一规划与指导

目前，“新课程环境下珠海中学图书馆的服务创新”课题组已经为珠海市中学文献信息网做出了很多的努力，网站建设已经基本完成。然而，由于技术、资金、网络等问题还需要解决，进展并不顺利。珠海市中学图书馆要实现自动化、网络化管理，毫无疑问，我们必须加快脚步，解决各种障碍，完善珠海市中学文献信息网，并且加大宣传，全市进行推广，充分发挥珠海市中学文献信息网的作用。此外，尽快尽早开展电子资源建设的统一规划与指导，采用全市布局、统一规划、分工负责、联合协作、集团作战的方式，在充分调研的基础上，引进电子图书、电子期刊、数据库、特色资源等电子资源，加强中学图书馆的电子资源建设。

3.6　加强馆际合作，走中小学图书馆自动化、网络化发展的联盟之路

中小学图书馆基础薄弱，图书馆的自动化、网络化、数字化建设是一条艰辛的道路。要不断加强馆际合作。在横向方面，加强与当地公共图书馆的合作，逐步实现资源共享，如东莞图书馆与当地中学图书馆联网实现资源共享；在纵向方面，加强与全国中学图书馆或当地中学图书馆的合作，实现全国中学图书馆资源共享，或区域联盟资源共享。总而言之，中小学图书馆自动化、网络化发展必须摸索出一条有效的联盟之路。

参考文献：

[1]江苏省教育装备与勤工俭学管理中心.中小学图书馆管理与服务[M].北京：北京图书馆出版社，2007：255-262.

[2][5]姜晓，时雪峰，唐桂华.四川省高职院校图书馆自动化、网络化建设现状及对策研究[J].大学图书馆学报，2009（3）：62-65.

[3]王鸿飞.珠海市中学图书馆人员素质现状与教育培训[J].图书馆论坛，2009（5）：65-68.

[4]伍清霞.广东省县级公共图书馆自动化建设研究[J].图书馆建设，2009（6）：84-86.

[6]王晓明.新时期基层图书馆馆长工作思考[J].图书馆工作与研究，2007（4）：17-18.

[7]夏敏.绵阳市中小学图书馆自动化建设现状及发展思路[J].科技情报开发与经济，2006，16（21）：27-28.

珠海市中学图书馆人员素质现状与教育培训*

摘要：本文分析了珠海市中学图书馆人员素质的现状，指出图书馆员教育培训的尴尬现状与原因，并且给出了针对中学图书馆员教育培训的一些建议。

关键词：中学图书馆；人员素质；现状；专业培训；继续教育

《中小学图书馆（室）规程（修订）》指出，图书馆是中小学校的书刊资料信息中心，是为学校教育、教学和教育研究服务的机构。中小学图书馆是基础教育事业的有机组成部分。图书馆员作为中小学图书馆不可或缺的因素之一，是一支庞大的队伍，这支队伍的素质如何，直接决定了中小学图书馆的管理与服务水平。因此，在关注中小学图书馆条件设备、经费投入、阅读指导、数字化建设、文献数量与质量等问题的同时，也很有必要去了解中小学图书馆员的人员素质现状，想方设法去提高中小学图书馆员的素质。在这里，笔者将对珠海市中学图书馆人员素质现状进行分析，并指出图书馆员教育培训的尴尬现状，在探讨造成这些现象的原因的基础上，给出了针对中学图书馆员教育培训的一些建议。呼吁要落实《中小学图书馆（室）规程（修订）》的标准，提高准入门槛，强调图情专业，重视高级人才队伍的培养。

1. 珠海市中学图书馆人员素质的现状分析

最近，珠海市教育学会中小学图书管理专业委员会设计了一份调查问卷，对珠海市中学图书馆进行了比较详细的调查，对各所学校图书馆的基本情况、管理人员素质现状、购书情况以及培训情况做了简单的统计。从35所学校的反馈情况看出，珠海市中学图书馆人员素质现状不容乐观。

1.1 馆均编制低，在编专职图书馆员数量少

除了珠海一中有专职图书管理员6名，珠海二中有专职图书管理员5名以外，其他33所中学在编专职图书管理员总共才47人，馆均编制才1.4人。如果加上珠海一中、珠海二中，馆均在编人数也只是1.75人。根据这个馆均编制人数，每个中学图书馆的专职图书管理员才1~2人。根据《广东省中小学图书馆（室）建设标准》，一所学校的图书馆，一般都会有藏书室、学生阅览室、教学阅览室、电子阅览室等功能室。而且一般图书馆的业务

---

* 该论文由王鸿飞撰写，原载于《图书馆论坛》2009年第5期。

工作都会包括采访、编目、流通等内容。试想，1~2个图书管理员怎么去开展这些工作？更不用说有时间、精力去思考与尝试服务创新等问题。

1.2 高学历人才相对缺乏，专业结构不尽合理，整体素质不高

在珠海市提高教师的准入门槛以后，中学图书馆员的高学历人才就显得相对缺乏，对35所中学的调查统计，除了5位教师没有填写清楚学历状况以外，本科以上学历28人，大专以下学历35人，特别是中专以下学历有16人，本科以上学历的图书馆员比例偏低。此外，图书馆学、情报学专业的人才偏少，图情专业本科以上毕业才10人，占14.5%；图情专业大专毕业或继续教育毕业的7人，占10%；其他专业的占75.5%。可见，专业结构极不合理，绝大部分中学图书馆的工作人员缺乏专业的理论知识，这直接影响了中学图书馆作用的发挥。

1.3 队伍相对老化，新生力量比例小

除了图情专业毕业，绝大多数图书管理员是从教学岗位退下来的学科教师，年纪都相对比较大，50岁以上的图书管理员占了15%左右。而18~29岁的新生力量只有6人，都是图情专业毕业的，只占8.5%左右。可以看出，引进图情专业高学历的人才，已经受到一定程度重视，但也反映这种趋势进展得很缓慢。中学图书馆要在新课程改革中发挥重要的作用，还需要教育行政部门提供良好的工作环境，吸引更多图情专业毕业的高学历人才到中学图书馆来。

1.4 职称问题较为突出

由于职称评聘过程中的相关政策以及中学图书馆员的自身素质和继续教育状况等因素的影响，珠海市中学图书馆工作人员的职称问题也比较突出。根据调查表显示以及作者的了解，截至2008年底，珠海市只有一名中学图书馆员评到副研究馆员的职称，获得副研究馆员的比例只占不到1.4%。而获得馆员职称的中学图书馆员也只有14个，占了20%左右。所以，接近80%的中学图书馆员没有获得图书馆学专业的中级职称，他们要么是图书馆学初级职称，要么是通过教师途径评到中级、高级职称。

2. 中学图书馆员教育培训的现状以及原因

中学图书馆员教育培训难、培训机会少、培训级别低、培训内容随意是全国中学图书馆员之痛，也是珠海市中学图书馆员教育培训的尴尬现状。

2.1 珠海中学图书馆员的教育培训现状

珠海市中学图书馆员的素质现状并不理想，学历不高，图情专业毕业的图书馆员比例小，绝大部分图书馆员都是转行过来的学科教师，这些人员大多没受过图书馆学专业教育，对图书馆管理认识不足，很需要进行专业的教育与培训。然而，根据图专委的调查，不管是培训人次、培训层次，还是培训内容、培训课时、培训天数都很不理想。

2.1.1 培训人次

根据统计结果分析，35所学校，69位图书管理员，这些年来，所有年份，所有学校，参加培训的所有人次才达到67人次，培训的机会非常少。而且得到培训机会的分配极不平

衡，有些图书馆员得到五六次培训机会，而有些图书馆员只得到一次培训机会，有的图书馆员甚至从来没有参加过培训。

2.1.2 培训层次

中学图书馆员的专业培训大多局限于市内局部的、基础的、短期的培训，参加国内专业化和高层次化培训所占比重则很小。大多数的专业培训都是由珠海市教育学会中小学图书管理专业委员会组织的短期培训，而个别的图书馆员则参加了国家图书馆、深圳图书馆、广东省立中山图书馆、珠海市图书馆组织的培训活动。还有极个别的图书馆员参加了图书馆馆长培训班或自主参加专业进修。

2.1.3 培训内容

从中学图书馆员的反馈信息来看，培训的内容局限于图书馆自动化、《中图法》分类、图书馆基础知识以及系统利用培训等基础知识培训或业务培训。培训的内容缺乏系统性，理论性的专业培训不多，且大多数不够深入，蜻蜓点水，一带而过，对中学图书馆员产生的作用并不明显。

2.1.4 培训课时、培训天数

中学图书馆员的培训课时很少，几乎所有的培训都是短期培训，一般是1~3天，特别是图专委组织的市内专业培训，很多时候仅培训一天时间，很难取得良好的效果。培训次数少，每次培训课时也少，不仅没能够提高中学图书馆员的业务素质，也很大程度上阻碍了图书馆员专业职称的考评。

2.2 造成中学图书馆员教育培训困难的原因

2.2.1 中学图书馆员的培训工作仍然缺乏政策支持

《中小学图书馆（室）规程（修订）》规定：“中学图书馆工作人员应具备大专以上文化程度。图书馆工作人员在调资晋级或评奖时，应与教学人员和教学辅助人员等同看待，并按国家有关规定享受相应的福利待遇。”可以看出，表达仍然比较模糊，导致落实标准的力度有限。而且，中学图书馆的教育培训也没有相应的、具体的政策规定。珠海市中学图书馆在教育培训方面应该算是做得不错的，近几年，成立了中小学图书管理专业委员会，组织了一些专业培训与交流活动。但是，没有政策的支持，没有相应的权限，图专委的培训活动仍然不能够做到系统性、持续性，而且缺乏一定的号召力与影响力。

2.2.2 普遍存在对中学图书馆工作评价失衡的现象

中学里除了行政人员和后勤工作人员，主要是教学人员和教学辅助人员，一般来说，中学图书馆员被定位为教学辅助人员。然而，基于中学图书馆的地位与作用的原因，图书馆工作的专业性得不到领导和学校的认可，部分领导对图书馆员的业务学习和进修不够关心，没有相关的制度与方案。由于工作评价失衡，中学图书馆员工作业绩被忽视，导致中学图书馆员丧失很多专业培训与学术交流的机会，缺乏创新能力，科研能力低下。教育行政部门没有对中学图书馆的人员聘任、职称评定等方面给予切实有效的管理，部门学校图书馆员的年度考核会安排跟后勤工作人员一起，考核标准很随意，优秀指标相对缺乏，图书馆教师没得到正确的评价；且职称评定是依照省级图书馆学专业技术人员标准，跟高校图书馆、公共图书馆、科研图书馆的工作人员一起进行职称评定，难度非常大。中学图书馆员职称问题严重，导致图书馆员待遇普遍偏低。

2.2.3 中学图书馆发展落后，没能够发挥应有的作用

目前，大部分中学图书馆的发展还是比较落后，主要体现在以下几方面：第一，面积小，设备陈旧、环境恶劣。第二，资源少，更新速度慢，甚至不更新，彻底变成可有可无的摆设。第三，宣传力度不够，图书馆利用率超低。可以说，由于图书馆无法发挥出应有的作用，为教师的教学服务，为学生的学习服务，为学校的教育教学和教育科学研究服务，图书馆是学校最不起眼的功能室，图书馆员是最不起眼的教师，这一切间接影响了图书馆人才的培养。

2.2.4 人的观念问题

一所图书馆要实现优质高效的服务，必须有高效的管理体系和完善的管理制度。人是图书馆管理之本，是最具有活力，也是最具决定作用的力量，加强对"人"的培养与管理才能够有效实现为读者服务的宗旨。然而，很多学校领导并没有意识到这一点，不明白图书馆员是图书馆文献、设备等资源之外的最宝贵资源，对图书馆工作的专业性认识不够，不重视人才的培养。部门学校甚至把图书馆当成安置老弱病残的场所，来图书馆工作的教师每天得过且过，不思进取，从来不去考虑培训的问题，久而久之，图书馆员的教育培训变成了遗忘的回忆。

3. 中学图书馆员教育培训的对策

针对珠海市中学图书馆人员素质的现状以及教育培训的现状，要做好中学图书馆馆员的教育培训，需要考虑以下几方面：

3.1 教育行政部门要制订相关的政策与计划，明确中学图书馆员教育培训的意义、内容、方式等

虽然部分地区已经把中学图书馆员的继续教育纳入教师继续培训计划中，新教师培训、校本培训都会或多或少出现图书馆教师的身影。然而，根据培训的内容判断，这些培训对图书馆员的理论水平与业务素质作用并不明显。所以，很有必要根据图书馆工作的实际，进行相关的调研，制订相关的政策，确切规定中学图书馆员教育培训的意义、内容、方式等，规定中学图书馆员接受教育的次数、课时和应达到的程度，确保继续教育所需经费的解决，确保接受教育期间个人的福利待遇，保证中学图书馆员教育培训能够及时、有序、持续地进行。

3.2 发挥教育系统图书馆继续教育专门机构的作用，注重教育培训的内容与方式

中学图书馆的教育培训活动需要专门的继续教育、培训的机构，并且积极发挥统筹、组织等作用。一般来说，教育装备信息中心、教育学会中小学图书管理专业委员会或者教育局教师培训部等肩负着这项责任，中学图书馆员的教育培训需要好好发掘这些部门或组织的潜力，发挥应有的作用。此外，由于中学图书馆员年龄、学历以及专业等各不相同，

导致了专业素质各不相同。因此，中学图书馆员的教育培训活动要考虑两个极端，给图书馆员选择培训方式和培训内容的空间。比如，图书馆学专业基础知识缺乏的图书馆员可以多参与图书馆学基础知识和业务技能培训，而对图情专业、高学历图书馆员则可以提供一些更加专业、更加深入的培训。在培训方式的选择上，一般来说，有短期培训班或者讲座的形式，但是，有条件的地方可以尝试专题研讨会、外出考察学习等方式。

3.3 注重中学图书馆员科研能力培训，打造一支高素质的科研队伍

中学图书馆不仅为教学教育服务，还必须为教育科学研究服务。因此，引进各种有用的资源，为教师提供科研资源的同时，中学图书馆员还必须具备一定的科研能力，能够对本专业的工作进行相关的研究，以求提高工作效率与服务水平。中学图书馆员有过科研的经验或者亲自参与具体的科研项目中，才能够更好发挥信息导航员的作用，为教育科学研究服务。加强对中学图书馆员科研能力的培训，既能激发中学图书馆教师的科研意识和创新精神，又能有助于中学图书馆工作的理论研究和实践相结合，更能培养一批中学图书馆工作中的业务能手，甚至造就出学者、专家型馆员。

3.4 与时俱进，转变观念，同时发挥公共图书馆在中学图书馆员教育培训中的作用

在当今的中小学领域，相比于图书馆条件设备引进、经费投入、阅读指导、数字化建设、文献数量与质量等问题，人的观念问题才是最根本的。要做好中学图书馆员的教育培训工作，需要与时俱进，转变观念。第一，教育行政部门要转变观念，根据中学图书馆发展的情况，在图书馆相关政策、人才引进、教育培训等问题上采用新思路、新做法。第二，学校领导要转变观念，对于图书馆最新设备、资源的引进方面，给予大力支持，对于人才的培养方面，有明确的规定与制度，重视图书馆员的教育培训。第三，师生读者的观念要转变，素质教育、课程改革、教师专业化都强调读书的重要性，中学图书馆不是可有可无的摆设，师生读者能够从图书馆得到更多的实惠。第四，中学图书馆员要转变观念，明白自己肩负的重任，争取一切教育培训的机会，不断提高自身的理论知识与实践能力。

此外，公共图书馆在中学图书馆员的教育培训中扮演着举足轻重的作用，要建立公共图书馆与中学图书馆的桥梁，加强沟通与联系，通过公共图书馆的各种教育培训活动与学术交流活动，增加中学图书馆员教育培训的机会，为中学图书馆员的教育培训开辟一条阳光大道。

3.5 落实标准，提高准入门槛，重视高级人才队伍的培养

要改变中学图书馆的现状，发挥图书馆的作用，必须认真落实《中小学图书馆（室）规程（修订）》的标准，加快图书馆的建设，重视图书馆的人力资源管理，提高中学图书馆员的准入门槛，注重图情专业人才引进，提高图书馆员的待遇与地位，完善教育培训制度，重视高级人才队伍的培养，对一部分各方面能力都较高的中学图书馆教师，必须及时给予宣传和表彰。

参考文献：

[1]刘堂江.重视并行之有效地做好中小学图书馆员队伍建设工作.中小学图书情报世界，2008（8）.

[2]马立峰.加强中学图书馆员队伍建设的思考. 当代教育科学，2008（14）.

[3]王京山，王锦贵.中小学图书馆员教育培训问题研究. 中国图书馆学报，2001（5）.

[4]曹青，邢素丽，杨艳萍.新《规程》下北京市中小学图书馆员的继续教育.北京教育学院学报，2005，19（4）.

[5]邵未华，邢小婷.关于加强中小学图书馆员教育培训的思考.中小学图书情报世界，2003（1）.

[6]吴磊明，李明.新时期图书馆员继续教育之思考. 图书与情报，2003（3）.

[7]陈亚琼.浅议师范院校对中小学图书馆工作人员的继续教育.四川教育学院学报，2000（7）.

[8]陈卓坤.迎接新时代，塑造新形象——对当前中小学图书馆队伍建设的思考.中小学图书情报世界，2004（10）.

基于长尾理论的中学图书馆资源建设与利用

摘要：本文从长尾理论入手，介绍长尾理论的内涵与特点，分析了长尾理论对中学图书馆资源建设与利用的影响，提出了基于长尾理论开展中学图书馆资源建设与利用的策略。

关键词：长尾理论；馆藏建设；资源利用；读者服务；中学图书馆

1. 引言

众所周知，图书馆面临的最大挑战，是馆藏资源建设的不合理以及馆藏资源利用的低效率。而且这种挑战在中学图书馆更为严重。由于受到经费投入、硬件设备、采购方式、管理不足等影响，中学图书馆的馆藏资源建设与利用越来越惨不忍睹。另外，中学图书馆利用率低下，几乎成为“可有可无的摆设”的说法，已经持续了很长一段时间。近几年，中学图书馆通过开架、推荐书目等方式，馆藏资源的利用率有所提高。目前对中学图书馆馆藏资源建设与馆藏资源利用的评价方式也比较简单，一般都通过藏书量与流通率的指标来进行评价，并不算尽善尽美。长尾理论可以为图书馆提供新的思维方式和服务模式，如挖掘潜在的资源，寻找潜在的用户，整合图书馆现有的各种资源，提高图书馆的资源利用率，全方位地为读者服务。[1]文章从长尾理论入手，介绍长尾理论的内涵与特点，分析了长尾理论对中学图书馆资源建设与利用的影响，提出了基于长尾理论开展中学图书馆资源建设与利用的策略。

2. 长尾理论的内涵与特点

2.1 长尾理论的内涵

长尾这一概念是由美国*Wired*（《连线》）杂志总编辑克里斯·安德森（Chris Anderson）在2004年10月发表的*The Long Tail*一文中最早提出来的，用来描述诸如亚马逊和Netflix之类网站的商业和经济模式。安德森认为，只要存储和流通的渠道足够大，需求不旺或销量不佳的产品共同占据的市场份额就可以和那些数量不多的热卖品所占据的市场份额相匹敌甚至更大，即众多小市场汇聚成可以与主流大市场相匹敌的市场能量，这就是长尾理论。[2]

2.2 长尾理论的特征

长尾理论认为，商业和文化的未来不在于传统需求曲线上那个代表“畅销商品”的头部，而是那条代表“冷门商品”经常被人遗忘的长尾。长尾理论是对传统的“二八定律”

的颠覆。二八定律又称帕累托法则，认为20%的产品获得80%的利润，而另外80%的产品只获得20%的利润。商家为了赚钱会提供能够获得较高利润的20%的产品，而另外的80%的产品却无人问津。[3]另外，长尾理论是二八定律的补充。金宏伟认为，长尾理论只是帮助人们找到了更多的市场，但在各个市场中起主导作用的规则仍是二八定律。企业的发展离不开热销商品，即使那些运用长尾理论获得巨大成功的互联网企业也要销售热销品。一些本来属于80%的商品在存储和流通渠道扩展后也发生了变化，变成了属于20%的热销品，在尾部里也充斥着各自市场里的热销品。所以长尾理论不能颠覆二八定律，只能是它的补充。[4]

2.3 长尾理论与图书馆学五定律

“印度图书馆学之父”阮冈纳赞在1932年6月出版了《图书馆学五定律》，提出了图书馆学五定律，即“书是为了用的，书有其人，人有其书，节省读者时间，图书馆是一个生长着的有机体”。[5]自问世以来，图书馆学五定律一直被誉为是对图书馆职业精髓的最简明的表述，被当作图书馆工作的最高准则和职业规范来遵守。长尾理论强调的“应有尽有：无穷无尽的品种，无限的选择，降低成本，帮助消费者找到它”等核心原则，与图书馆学五定律所提倡的关注公共信息利益，消除数字鸿沟的普遍服务原则不谋而合。在网络时代，随着时空界限的突破、技术的更新换代和长尾理论的出现，图书馆或许会逐步实现阮氏所提出的目标。[6]

3. 长尾理论对中学图书馆资源建设与利用的影响

2005年6月在ALA年会期间，OCLC举办主题为“挖掘长尾：图书馆、亚马逊—谷歌和无限保障”的研讨会，并邀请到安德森本人。该研讨会认为，应激励图书馆将尽量多的馆藏内容放到公共的Web上。[7]它告诉图书馆管理者，在图书馆的管理与服务中，不要再只是关注20%高频馆藏和20%高频用户，而是要挖掘开发长尾中80%的低频馆藏和80%的低频用户。可以说，长尾理论以及图书馆界针对这一理论的探索，对中学图书馆的资源建设与利用有着重大的影响。

3.1 中学图书馆馆藏资源建设的困境及长尾

由于各种评估中只注重馆藏总量、生均图书拥有量等个别指标，导致评估前后，学校突击买书，只看数量，不看质量。通过比较低折扣率，采购了大批冷销、滞销图书，这些图书并不属于读者的主要需求范围，导致馆藏资源吸引力下降。与此同时，评估过后，图书经费却又往往得不到保障，往往不能够达到每年生均藏书增长1册以上的目标。就算能够争取到部分经费，也主要用于教辅类图书的购买。而随着教育改革的进程，教辅类图书很快就会变成过期图书，使用周期很短。总而言之，中学图书馆的馆藏资源建设是一大难题，是所有图书馆的困惑。

“小而全、大而全”的馆藏建设理论及模式曾被普遍否定，但是从长尾理论来看却有其合理性，因为“大而全、小而全”的馆藏状况能提供足够的信息聚合，不仅使“主要读者”能找到其所需要的信息，而且使“次要读者”以及“潜在读者”的需求也能被较好地满足。[8]然而，对于中学图书馆来说，“小而全、大而全”的馆藏建设理论看起来却那么不现实。首先，中学图书馆的图书经费投入有限，不能够做到采购各种类型的图书。其次，中学图书馆的馆藏资源结构显得很单一，主要是图书、期刊等印刷型资源，而电子图书、电子期刊等数字型资源相对缺乏。所以，依据长尾理论，网络环境下，“大而全、小而全”的馆藏建设不再由一所图书馆，或者少数几所图书馆来承担，图书馆联盟将担当重任。在图书馆联盟中采取“去中心化”运作，一些小的图书馆，特别是有馆藏特色的“长尾”图书馆的作用得以发挥，馆藏数量总和以及服务业绩总量在联盟中的比例会不断增加。

3.2　中学图书馆馆藏资源利用上的长尾现象

按照长尾理论，只要渠道足够大，非主流的、需求量小的商品销量也能够和主流的、需求量大的商品销量相匹敌。那么，对于馆藏资源而言，只要读者群体足够大，流通渠道足够通畅，一些利用率不高的馆藏资源都能被读者充分获取的时候，长尾现象便会自然发生。[9]

中学图书馆的馆藏资源主要以印刷型资源为主，包括图书、期刊（报纸杂志）。馆藏资源在利用上的主要问题是不均衡和资源闲置率高，只是少数的图书和期刊使用效率高，而其他资源却很少有人问津。这跟时空和信息传播的渠道有关系，大多读者的阅读范围仅限于热门、畅销图书以及推荐书目等。因此，中学图书馆的图书、期刊资源的利用也遵循二八定律，即可以认为80%的用户所使用的图书馆资源只占到图书馆资源总量的20%。这表明很多书没有被借出，依据二八定律，冷门图书占了馆藏的80%。也就是说，绝大多数馆藏资源没有被有效利用，没有找到自己的读者群，由此造成馆藏资源的“长尾”。

至于数字资源的利用方面，如果资源足够丰富，时间足够长，长尾现象无疑也是存在的。因为数字资源突破了传统图书馆时空的限制，可以随时随地获取，使得读者获取信息的成本大大降低，吸引了更多的读者，从而使数字资源的利用情况呈现出“长尾现象”。[10]

4. 基于长尾理论开展中学图书馆资源建设与利用的策略

根据长尾理论的基本原理，要做好中学图书馆的馆藏资源建设，提高馆藏资源利用率，可以从如何使图书馆的馆藏足够丰富、揭示馆藏的渠道足够大等方面去思考。

4.1　建设较完善的馆藏资源体系

依据长尾理论，图书馆在信息资源建设中采取的方针应该是：对于本馆读者需求的主要馆藏要收集齐全，对于非主要需求的馆藏则通过共享来解决；对于特色馆藏，在技术、资金、人员等允许的条件下应立足于自建。[11]然而，就目前情况而言，中学图书馆馆藏的数量和质量要达到长尾服务的要求还有非常大的距离，主要体现在以下几方面：中学图书馆馆藏的基数比较小，一般图书馆的馆藏总量也就几万册；纸质的资源比例大，数字资源的比例非常小，有的甚至一片空白；特色资源建设不够系统，资源价值也不高。因此，基于长尾理论，中学图书馆的馆藏资源体系建设还有很长一段路要走。从单所中学图书馆来说，要争取学校投入图书经费，构建丰富多元化的资源体系。首先，做好图书采购计划，做到图书每年都有所更新；其次，做好杂志报纸的采访、订购工作，丰富图书馆的报纸杂志资源；再次，适当引进电子数据库、电子图书、音像资料等资源，逐步提高图书馆的数字化水平；最后，结合学校校本课程资源以及教育科研资源，建设特色资源库。

4.2 注重馆藏资源的整合，加强合作与共享

虽然中学图书馆的馆藏资源体系比较单一，而且基数不大，但是，馆藏书目资源、数字资源、光盘数据资源等多种载体、多种形式的信息资源没有被充分地整合在一起，增加了用户发现和获取资源的难度，造成大多数资源没能够充分利用起来。因此，从这个角度去看，在做好中学图书馆资源建设的同时，还需要注重对馆藏资源的整合，特别是网络化、数字化资源的整合。

与此同时，依据长尾理论的原则，要做到应有尽有，实现资源供应的聚合，单单依靠一所图书馆的力量是远远不够的。因此，对于中学图书馆来说，要做到这一点只能够克服各种困难，走信息资源共享之路。资源共享能制造一个开发利用文献信息资源的良好环境、降低成本、方便用户、有利于图书馆系统整体效能的发挥。就目前中学图书馆的发展现状来看，中学图书馆要加强与其他中学图书馆的合作与共享，在图书采访、联合编目、书目网络查询以及馆际互借等方面进行一些有效的探索。另外，还要寻求与公共图书馆合作的机会，通过“获取”的手段，争取达到图书馆的馆藏足够丰富的目标。

4.3 转变服务理念，完善服务制度，创新服务方式

自从中学图书馆诞生以来，很长的一段历史，都是实行闭馆开放的形式。这与图书馆发展的历史有关系。图书馆先后经历了“重藏轻用”“藏用并重”和“以用为主”的时代。目前，绝大多数图书馆都经历了由为个人服务、为少数人服务向为大众服务的转变，也可以说是已经转向“服务于长尾”。近几年，随着中学图书馆的发展，可以看到很多中学图书馆在慢慢转变服务理念，强调“以读者为中心”“为人找书，为书找人”的理念。例如，很多中学图书馆在扩建、重建以后，都采取了“藏、借、阅、查”一体化的布局，在服务环境、服务方式、服务手段等方面都体现以人为本的思想，把满足读者需要放在第一位。长尾理论给中学图书馆的启示是，如果要做到服务80%的长尾读者，还需要在服务制度、服务方式等方面进行大力改革，比如：保证图书馆开放的时间，丰富服务手段等。

4.4 注重对馆藏资源的揭示，建立统一高效的检索界面

根据长尾理论，当发现和获取资源的成本足够低时，长尾部分的资源也能够得到很好的利用。中学图书馆的利用率低，跟馆藏资源的组织、揭示有很大的联系。馆藏中存在着读者需要的资源，而读者却发现不了并有效地得到，是读者普遍的困惑。中学图书馆的很多图书以及杂志的订购都是征求过师生读者的意见的，然而，这些馆藏到馆后却往往无人问津。究其原因，很多师生读者都认为不知道图书馆有什么资源，并且放在哪里等。因此，为了提高馆藏的利用率，图书馆工作人员必须在馆藏资源的组织以及揭示方面多下功夫，尽量使所有的资源目录都能够显示在网络上，有统一高效的检索界面。比如：运用联合目录等工具，降低用户发现和获取资源的成本，如果有可能，中学图书馆也应该加入大

型图书馆资源共享系统，馆藏列入大型联合目录，并开发资源统一发现工具，以增加资源找到用户，用户发现资源的机会和途径。[12]

4.5 加强资源宣传力度，加强用户教育，做好参考咨询

为了达到揭示馆藏的渠道足够大，在中学图书馆服务的过程中，还需要加强几方面工作的力度。比如馆藏资源宣传力度，用户教育力度，做好参考咨询工作。第一，在馆藏资源宣传方面，除了采取新书通报、新书推荐、新书展览、专题展览、橱窗宣传、编制书目索引、图书借阅排行榜等，有目的、有计划地推荐优秀图书、热门图书之外，还要把宣传的范围扩大，并转变宣传策略，冷门图书也需要进行大力宣传。第二，要开展读者培训与用户教育。比如高一、初一新生入学以后，开展新生入馆培训；对招聘的学生管理员进行利用图书馆、图书馆工作的相关培训；开展阅读指导课服务，提供阅读的场所与资源，并进行相关的阅读指导。第三，对于图书馆的这些丰富馆藏资源，读者由于受图书馆的管理制度和自身能力等因素的限制，无法一一得知，因此做好图书馆的导读工作和参考咨询工作显得尤为重要。[13]对于中学图书馆而言，参考咨询服务的重点应该是馆藏资源使用的问题解答以及读者其他个性化的需求。

4.6 研究读者需求，挖掘潜在用户

由于教育改革，目前大多数初、高中实行分离办学，中学图书馆的服务对象比较少，而且学生的学习任务比较重，很少有时间借书阅读，这是中学图书馆利用率无法提高的重要原因之一。因此，在图书馆工作中，要加强研究学生的需求，了解学生关注以及感兴趣的事情。除了给这些学生读者提供信息（文献服务），还可以结合学生的其他需求，开展相应的服务，通过各种各样的手段，挖掘潜在的用户。比如：结合学校的社团活动以及主题活动，寻找合作点，为这些活动提供力所能及的服务。

5. 结语

关于长尾理论的研究还有待进一步深入。然而，长尾理论对图书馆工作的启示是重要的。对利用率一直保持着低下记录的中学图书馆来说，长尾理论为馆藏资源建设和馆藏资源利用提供了新的思维。在实践工作中，我们应该重视长尾理论的应用并不断更新，利用长尾理论指导图书馆工作，并通过整合图书馆现有的各种资源，提高图书馆的资源利用率，全方位地为读者服务。

参考文献：

[1][9][10]何建芳.基于长尾理论的馆藏资源利用研究[J].图书馆论坛，2010（2）：112-114.

[2][3]吴青劼，洪涛，马骏.长尾理论综述[J].周口师范学院学报，2010（1）：124-129.

[4]金宏伟. 长尾理论只是对二八定律的补充[J].中国中小企业，2007（1）：70-73.

[5]阮冈纳赞，夏云，等译. 图书馆学五定律[M]. 北京：书目文献出版社，1988.

[6]胡舒莉. 图书馆学五定律与长尾理论[J].图书馆工作与研究，2009（8）：35-37 .

[7]王益明.长尾理论和图书馆服务的变革[J].数字图书馆论坛，2007（4）：15-19.

[8][11]周献红.基于长尾理论指导下的图书馆建设思考[J].图书馆工作与研究，2010（6）：50-52.

[12]张丽宁.基于“长尾理论”的图书馆信息服务模式的变革[J].图书馆论坛，2008（2）：95-97.

[13]赵晓.长尾理论与高校图书馆馆藏利用率的提高[J].内江科技，2008（5）：81，169.

中小学图书招标采购之思考*

摘要：本文分析了中小学图书招标采购的必要性，指出目前中小学图书招标采购的一般方式与流程，并且对中小学图书招标采购存在的主要问题进行了深入的思考，最后提出做好中小学图书招标采购工作的策略。

关键词：中小学图书馆；图书采购；招标采购；存在问题；策略

图书采购不仅是事关中小学图书馆存亡的头等大事，而且其采购质量又直接影响馆藏结构、文献资源建设和读者服务水平。自《中华人民共和国招标投标法》（2000年1月1日实施）和《中华人民共和国政府采购法》（2003年1月1日实施）等法规出台以来，基于这两部法律，各级财政部门陆续制订了具体的实施细则。

中小学图书馆的图书采购属于政府采购行为，也被纳入政府集中招标采购的范畴。目前，中小学图书招标采购已然成为中小学图书馆工作者讨论的热点问题。笔者根据广大图书馆同仁的大讨论，结合自身的实践以及调查研究，对中小学图书招标采购进行了一番思考，对中小学图书招标采购的必要性、中小学图书招标采购的一般方式与流程、中小学图书招标采购存在的主要问题进行了深入的思考，并提出做好中小学图书招标采购工作的策略。

1. 中小学图书招标采购的必要性

1.1 《中小学图书馆（室）规程（修订）》与教学水平评估要求，中小学图书采购经费大幅度增长[1]

随着基础教育的发展以及新课程改革的不断推进，中小学图书馆的文献采购经费有了大幅度增长。一是新课程改革的背景下，《中小学图书馆（室）规程（修订）》的出台，对中小学图书馆提出了更高的要求，教育行政部门及各中小学加大了图书馆经费的投入，极大地促进了中小学图书馆的发展。而且，近几年学校规模的扩大和学生数量的增加，也使学校加大了教学和图书馆经费的投入。二是教学水平评估以及全国示范性高中的评比，图书馆的生均藏书量及生均年进书量是对图书馆的两个重要考核指标。于是，为了保证教学水平评估工作的顺利完成，各学校纷纷加大了对图书馆图书购置经费的投入。

* 本文由王鸿飞于2010年撰写。

1.2 提高有限资金的使用效率，提高经费效益

一直以来中小学图书馆发展情况都不理想，特别是受到网络时代到来的影响，很多领导教师都对中小学图书馆的存在产生怀疑，认为图书馆是可有可无的摆设。于是，出现了一些学校图书馆很多年都没一个立项的现象。最近几年，由于评估等需要，投入图书馆的经费才逐步增加。然而这些资金毕竟还是非常有限的，加上中小学图书馆历史遗留的问题太多，发展非常落后，导致我们要利用好每一笔资金，充分发挥有限资金的使用效率。这与政府招标采购节约资源，提高经费效益的初衷是一致的。

1.3 获得更多的增值服务，增强加工实力，提高分编效率

中小学图书馆使用计算机自动化管理以后，最困难、最繁杂的工作集中于图书的编目、分类、上架等工作。而在招标采购的标书以及合同中，图书馆可以规定中标商必须免费随书提供符合国家标准的采访、分类、编目、主题标引等完整的MARC 数据以及提供免费加工服务，[2]比如，装贴磁条、盖馆藏章、粘贴条形码、粘贴书标、粘贴保护膜、分类上架等。由于市场竞争激烈，书商为了赢得订单，占领市场，必然会给予所能提供的最好服务。这样，图书馆通过招标采购图书，就能够获得更多的增值服务，利用书商的实力，增强加工实力，提高分编效率。

1.4 有利择优精选书商，确保采购质量，增强采购透明度，防杜商业贿赂

政府招标采购最明显的特点就是可以吸引众多代理商参与竞争投标，有利于图书馆收集各代理商的信息，通过比较，可以尽量选择资信优良、服务质量好的代理商，为保障采购工作的顺利进行，尤其是保障采购和服务质量奠定基础。[3]此外，由于招标增加了采购的透明度，使争取折扣成为阳光下的行为，而不是纯粹的个人行为，有助于防杜商业贿赂。

2. 中小学图书招标采购的一般方式与流程

虽然根据《中华人民共和国招标投标法》和《中华人民共和国政府采购法》相关规定，图书馆文献集中采购的方式包括公开招标、邀请招标、竞争性谈判、询价采购和单一来源采购。但是，中小学图书招标采购由于采购金额的限制，很少学校能够一次购买50万元以上的图书，采取公开招标的方式并不多见。绝大多数中小学图书的招标都是通过竞争性谈判、询价采购的采购方式，还有部分学校采用邀请招标的采购方式。2008年以来，我校图书馆进行了两次图书招标采购，采购金额分别是30万元、25万元，珠海市采购办给我们核准的采购方式都是竞争性谈判。而据调查了解，珠海市其他中小学的图书采购，主要是达到政府招标采购限额，普遍是竞争性谈判或询价采购的采购方式。另外，个别的中小学图书馆，也尝试过邀请招标的采购方式。比如珠海一中。那么，既然竞争性谈判、询价采购、邀请招标是中小学图书招标采购的一般方式，他们的实施流程与步骤是怎么样的呢?

2.1 竞争性谈判

竞争性谈判是指采购人或采购代理机构通过与多家供应商进行谈判，最后从中确定最

佳的成交供应商的采购供应方式。采取竞争性谈判方式采购的，一般的实施流程如下：成立谈判小组→制订谈判文件→确定参加谈判的供应商名单→谈判→确定供应商。[4]由于中小学的招标采购工作一般都是委托给采购代理机构，因此，作为采购方的图书馆，需要配合做好以下几方面的工作：（1）准备图书采购项目需求（用户需求），包括项目概述（金额、购置方式、出版年份等）、项目内容、项目要求（配送要求、加工服务要求等）。由学校财务上报给采购办，申请采购。并且在确定委托采购代理机构后，向招标公司反映这些采购需求。（2）配合招标公司准备谈判文件。对谈判文件中的报价邀请函、用户需求、合同条款、资质要求等几部分进行精心设置，严格把关。（3）争取能够作为采购方的代表出席谈判现场，清楚地向供应商以及谈判专家讲述图书采购要求，并与专家们一起与单一供应商分别进行谈判。竞争性谈判以最低价中标为原则，谈判结束后，通过资质审查的所有供应商在规定的时间内进行最后报价，根据最低价现场确定中标单位。

2.2 询价采购

询价采购是对供应商的报价进行比较以确保价格具有竞争性的采购方式。一般情况下，图书的询价采购在操作上跟其他商品没什么两样。中小学图书馆要准备的工作如下：（1）提供采购图书的书目，或根据一些书商提供的书目进行选择。确定所要采购的图书。（2）进行网上询价。（3）询价小组根据询价情况，按照最低价确定中标商。

2.3 邀请招标

邀请招标是指招标人以投标邀请书的方式邀请特定的法人或者其他组织的投标。具体的做法主要包括以下几个步骤：（1）招标单位在自己熟悉的供应商中选择一定数量的法人或者其他组织，然后审查选定法人或者其他组织的资质，做出初步选择；（2）向初步选中的投标商征询是否愿意参加投标，确定被邀请招标单位名单；（3）向名单上的法人或者其他组织发出正式的邀请和招标文件；（4）投标商递交投标文件，开标评标，确定中标单位。[5]邀请招标可以确保参加投标的法人或者其他组织都是采购方比较熟悉的供应商，有助于保证中标单位的实力。此外，邀请招标可以节省招标的费用，缩短招标的时间，是一种不错的招标采购方式。

3. 中小学图书招标采购存在的主要问题

3.1 从招标机构看

目前，中小学的招标采购一般是委托给采购代理机构负责的。因此，中小学图书的招标采购自然也由招标公司代理。然而，由于招标公司只是国家授权或委托主持和进行招标组织、运作与管理的机构，在招标活动中，充当采购人与投标人中介的角色。招标公司并不一定能够完全理解图书馆的采购需求，也就无法保证招标文件、评标开标、合同条款等能够体现采购人的切身利益。此外，招标公司同时负责代理各种各样项目，不会全身心投入某所学校的图书招标工作中，对于图书这种特殊货物，仍然采取一般货物招标采购的做法。由于招标公司生存的压力、实力参差不齐以及项目倾向性等因素的存在，都会影响中小学图书的招标采购质量。

3.2 从评标委员会的组成来看

中小学图书的招标采购，不管是竞争性谈判中的谈判小组，询价采购中的询价小组，还是公开招标、邀请招标中的评标委员会，很多成员既不是图书馆方面的专家，对图书馆的一些具体业务也了解甚少，影响了评标的质量。比如，竞争性谈判规定谈判小组由采购方代表和专家组成，专家人数不得少于总数的三分之二。然而，绝大多数的采购方代表是学校领导成员或者财务处、总务处的负责人，图书馆的工作人员往往没机会涉及图书招标项目。[6]而所谓的专家也不一定专业，因为开标评标专家库的专家分类不够细化，而且每次的专家是随机抽取的，不能够保证选择的专家是图书馆方面的专家。

3.3 从评标标准来看

竞争性谈判的采购方式是以最低价中标为原则，不管公司财务能力、服务措施和管理水平如何，最后报价最低的供应商才能够中标，根本就没有什么具体的评标标准。资格审查倒算是竞争性谈判的门槛，然而由于歧视性条款的存在，资格审查的门槛都定得不高。所以，竞争性谈判更多的是供应商所做的承诺。而邀请招标、公开招标在中小学图书馆用得不多，评标标准也存在很多漏洞。此外，由于图书馆工作人员不是图书馆学专业毕业或者对招标采购工作不甚了解等原因，在招标标书中没表达清楚很明确的评标标准，评标标准的制订存在着缺陷，导致评标标准模糊，在招标采购过程中出现很多意想不到的问题，没能真正发挥采购招标的积极作用。[7]

3.4 从招标结果来看

3.4.1 中标折扣率过低，中标商实力低下

中小学图书招标采购一直存在着中标折扣率过低这种现象。1.5折、2折、4折……在中小学图书开标现场并不少见。这么低折扣率的出现，一是跟我们招标采购方式有关，不管是竞争性谈判、询价采购或邀请招标，都把价格看得非常重，特别是最低价中标的原则，导致折扣率低到极点；二是跟中小学领导、图书馆教师观念有关，由于对图书馆藏书建设工作的重要性认识不够，加上各种评估的压力，总是一味追求利用有限的资金购买最大限量的图书。久而久之，对中小学图书招标采购的这种认识就会产生消极的影响，甚至导致恶性循环。大型的图书供应商由于不愿意给出这么低的折扣，逐渐远离中小学市场。中小学图书采购变成那些实力低下的图书供应商争夺的市场。

3.4.2 中标商无法满足图书馆的采购需求

为了中标，供应商给了很低的折扣率并承诺图书馆提出的各项要求。一旦中标、签订采购合同以后，供应商就在折扣率低上做文章，为了最大限度地减低成本，在供货上不是以次充好，自作主张给图书馆提供很多滞销书、劣质书，就是违背服务承诺减少服务项目、降低服务水平。主要表现如下：（1）到书率无法保障，不提供或少提供那些内容质量好、成本较高的图书；（2）到书周期长，书商为了节约运输成本及等待新书降价，故意拖延供书时间；（3）图书出版年份久，全国重点出版社的图书少，丛书、套书多，复本量大，找各种理由，为自己的行为推托；[8]（4）图书配送与加工等服务质量差，比如，

没能够做到每包一清单及付上电子版的采访数据，加工服务人员专业素质差，没能够提供标准的MARC机读数据，工作效率低等。

4. 做好中小学图书招标采购工作的策略

4.1 选择好图书招标采购的方式与评标标准

目前竞争性谈判的采购方式在中小学图书招标采购中占重要比例是受到采购金额影响的，并不是中小学图书馆被要求使用的采购方式。图书馆可以根据本馆藏书建设的实际，做好采购计划，通过多批次申报，避免采购图书的金额符合竞争性谈判的范围，尽量申请邀请招标的采购方式。或者有条件的图书馆可以做长期的采购规划，一次性申请四五年以上的采购经费，通过公开招标，确定以后四五年的图书供应商，再按年份分批采购。而如果图书馆已经做好了采购的书目，询价采购是不错的方式，然而把主动权交给书商，到书率能否保证是一个问题。不同的招标采购方式有不同的评标方式，如竞争性谈判的最低价评标法和公开招标的综合评分法。在选择招标采购方式的同时，还要对评分标准进行选择与设计，特别是综合评分法的分值设置。

4.2 重视图书馆专业人员与图书馆学专家的作用

图书馆的藏书建设有着自身的特点，图书是一种特殊的商品。图书的招标采购工作需要重视图书馆专业人员与图书馆学专家的作用，要发挥他们在招标采购工作中的作用。

4.2.1 组织图书馆专业人员撰写采购需求与招标文件样本[9]

图书的采购需求文件要交给图书馆专业人员撰写，才能够明确表达清楚图书馆藏书建设的需求以及相关的加工服务要求。让图书馆专业人员参与图书的招标采购工作中，跟进招标文件的撰写，甚至参加开标评标工作，会有利于顺利完成图书的招标采购工作。此外，随着图书招标采购工作的不断深入，各级图专委应该组织专业人员对中小学的图书招标采购工作进行深入的调查，并编写标准的相关的条例与文件。这样，可以给中小学图书招标采购工作提供参考的样本，甚至可根据招标项目的具体情况从中选用，既节省了时间，又加快了中小学图书招标采购的标准化进程。

4.2.2 发挥谈判小组、评议小组、询价小组中图书馆学专家的作用

竞争性谈判中的谈判小组、公开招标（或邀请招标）中的评议小组，以及询价采购中的询价小组的成员中图书馆学专家人数的比例不应少于总人数的三分之二，而且图书馆学专家在评议中应扮演重要的角色，发挥更大的作用，这样才能够保证图书招标采购真正在图书馆文献资源建设中体现出更大的作用。

4.3 精心设计招标文件，强调采购需求，细化各项要求

一份科学、合理、可行的招标文件直接关系到招标的成败。如果招标文件编写不规范，采购需求没陈述清楚，各项要求没具体化，该说明的问题没有说清楚，该规定的没有明确的规定，就会造成信息的不对称，各供应商对问题的理解、对成本的估算也就不一样，甚至部分中标商还有以招标文件没说清楚为理由，钻空子，减少服务。[9]因此，要精心设计招标文件，以竞争性谈判文件为例，报价邀请函、资质要求、合同条款、用户需

求、报价文件的撰写以及开标现场备查资料等部分都要罗列清楚。此外，要强调采购需求，细化各项要求。主要包括：（1）图书的出版年份、出版社要求；（2）图书类别的比例和复本量；（3）图书的购置方式，现场采购（现场采购还需要细化采购点的要求、查重设备等）、书目预订等；（4）供货要求；（5）编目等加工服务要求等。

4.4 加强招标采购过程的控制与管理[10]

要做好中小学图书招标采购工作，采购方或招标公司要清楚了解图书采购的各项需求以及招标采购的程序与环节，加强招标采购过程的控制与管理。招标前期，做好采访工作，准备图书采购需求；撰写招标文件时，加强与招标公司的沟通，在邀请函、投标文件要求、用户需求、评价标准、合同条款等环节进行控制，务必要完全体现出图书馆的需求；开标评标现场，要按照流程，进行认真评审，保证在"公开、公平、公正、择优、诚实信用"的原则下，确定中标单位；最后，还要加强供货合同的控制以及验收过程的监督与管理。

参考文献：

[1]戴龙基.文献资源发展政策研究.北京：北京大学出版社，2007：278-301.

[2]黄晓霞，赵财.高校图书馆招标采购中存在的问题及对策.农业网络信息，2007（12）.

[3]李玉侠.高校图书馆图书招标采购中应注意的几个环节.高校图书馆工作，2007（1）.

[4][5]戴龙基.文献资源发展政策研究.北京：北京大学出版社，2007：75-86，278-301.

[6]周继鸣.论中小学图书馆（室）图书文献采购招标.中小学图书情报世界，2008（6，7）.

[7]马叶香.高校图书馆图书招标采购评标方法与策略.无锡商业职业技术学院学报，2008（6）.

[8]洪利标.论中小学图书招标采购质量控制.图书馆界，2008（2）.

[9]张践明.图书采购招标之思考.图书情报工作，2007（4）.

[10]李霜梅.图书招标中的不完全信息动态博弈及有效控制.图书情报工作，2008，52（8）.

现场采购的利弊分析及解决对策探讨*

摘要：本文从现场采购与其他采购方式的比较出发，对现场采购的优势、弊端进行深入的分析，提出做好现场采购工作的一些对策。

关键词：现场采购；利弊；对策；采购模式

中图分类法：G253.1文献标识码：B

图书馆的最基本要素就是藏书，它是图书馆履行文化服务、信息服务、知识服务的文献资源保障。而为了实现图书馆藏书建设，提供文献资源保障，我们需要借助图书馆的另外一项职能，就是文献的采访采集工作。总的来说，文献的采访采集方法包括以下几种：（一）传统采访，包括书目预订、现场采购、邮购、代购、复制；（二）协调采购，包括集中式、分散式、集中与分散相结合的合作方式；（三）电子采购（网上采购）；（四）集团采购等。[1]基于寻求最佳文献采访模式的初衷，本文在介绍现场采购这种采访模式与其他采访模式的区别的基础上，着重对图书现场采购做了比较深入的利弊分析，最后提出做好现场采购工作的一些对策。

1. 现场采购的定义与现状

图书现场采购是相对于订单预订而言的，是指不通过订单预订，直接在现场采购图书，采购人员可直接参与图书市场，直观接触大量现货图书，有针对性地选好本馆需要的图书，它是图书采访工作越来越受关注的一种方式。现场采购的方式有两种：一是在本地区内直接选购；二是到外地采购，主要是利用书展或书市的机会前去采购。[2]

目前，图书现场采购作为各类型图书馆的主流采访模式之一，随着我国出版发行业的不断变化发展以及图书馆经费的大幅度增加，图书现场采购也随之越来越频繁，力度也越来越大。近年来，图书发行市场发生巨变，图书发行渠道拓宽，出版市场管理仍然混乱，图书采访难和出版难这些问题仍得不到很好的解决。此外，由于学术研究中浮躁、急功近利的风气的影响以及部分书商不负责任的行为，导致了图书质量不高，有些图书的质量甚至让人感到心寒。这些问题的存在，很大程度上影响了图书馆采访工作的开展，采访模式的选择和图书质量的控制是图书馆采访工作人员需要认真考虑和严格把关的。而现场采购

* 该论文由王鸿飞撰写，原载于《农业图书情报学刊》2010年第1期。

通过招标、专家选书、兑现加工服务等，直观准确，对图书馆资源建设来说，是一种很好的采购形式，值得借鉴推广。[3]

2. 现场采购与其他采购方式的比较

现场采购作为一种文献采购模式，属于传统采购模式的范畴。为更好进行分析，有必要对图书馆领域目前常用的采购模式做一些介绍，并且进行一些简单的比较。

2.1 现场采购与书目预定[4]

书目预订是采访人员依据出版发行部门提供的征订目录进行圈订，然后送交出版发行部门，按预约计划购买书刊的方法。与现场采购相比，在一定程度上，文献来源保障率高，采访人员与出版发行部门都能够掌握主动权，不至于重复与遗漏。明显区别是，书目预订没有实物，看着书目圈选，质量控制环节难以把控；此外，订书环节繁多，采访人员难以控制，且图书到馆慢，导致图书与读者见面的周期很长。而现场采购能够很好地解决这些问题。

2.2 现场采购与纲目购书

纲目购书也叫提类订购，是由图书馆事先和经销商达成协议，图书馆根据本馆资源建设的实际情况和馆藏资源规划拟订好购书纲目，经销商根据购书纲目将有关的新书及时主动地送交给图书馆，再由图书馆挑选的购书方式。与现场采购相比，纲目购书可以一次配足了所有的复本，时效性强。但是这种采购方式把选书的责任交给书商，对经销商的要求比较高，经销商必须实力雄厚，拥有品种齐全的资源，而且帮图书馆选书的业务人员要有较高的素质，实行起来需要慎重。[5]

2.3 现场采购与网上采购

网上采购是随着因特网的迅速发展，电子商务日益成熟，网上书店兴起而日益发展起来的一种采购方式。图书馆根据馆藏需要，用鼠标在图书书名后点击选择，放入“购物篮”，提交订单。网上书店收到订单后，会给用户发出“订购确认”的电子邮件，用户发现差错，还可及时改正，最后由书店通过物流配送系统，将所选图书送达用户，并完成购书的结算。与现场采购相比，网上采购快捷方便、信息量大。但是，由于网上采购的方式比较新，采购的管理系统及服务水平还不完善，书目数据下载、书款支付安全、文献配送体系等问题需要改进。

3. 现场采购的利弊分析

3.1 现场采购的优势

现场采购能够得到这么多图书馆的青睐，成为各个图书馆采访人员经常使用的采访模式，具有它特有的优势。

3.1.1 购买周期短，直接快捷

如果排除采购的准备工作不计，比如读者需求研究、馆藏建设分析以及采购计划的制订不算在内，从决定到各种现场去采购图书开始，到图书入馆验收完毕，周期是非常短的，体现了现场采购这种方式直接快捷的优势。

3.1.2　直观、准确、保证质量，且有利于发挥采访人员的主观能动性

与书目预订不能够看到图书的真面目恰好相反，现场采购最大的特点就是能够到书市、图书订货会、图书批销中心的现场，亲眼看着实物选书，直观、形象、准确，解决了对图书质量的忧虑，保证采购回来的图书符合馆藏的质量标准。

3.1.3　现书采购，可以加快新书与读者见面的速度

现场采购是比较适合目前人们生活节奏和社会发展趋势的。当今信息社会，人们追求高效率的服务，对图书馆的服务也是如此。对于新出版的图书，总希望在最短的时间内可以借阅，特别是对于读者推荐购买的图书，更加讲究新书与读者见面的速度。一般来说，现场采购采选的图书都是现货，能够在办好一切手续后，马上送到图书馆，方便图书馆工作人员快速分类、编目、上架，加快了新书与读者见面的速度。

3.1.4　现书的范围广、品种多，出版社集中，方便比较与决策

不管是到相关的书市或图书展销会，还是到图书批销的中心或供货商的卖场，我们都可以看到书山书海的现象。参与这些书市的书商、出版社相对比较集中，而且现场的图书也是品种繁多，学科范围广，复本足够多。既方便采访人员对各个出版社、各种图书做出比较，又有利于他们根据图书采购计划做出最终的决策。

3.1.5　灵活性大，发现问题可以及时纠正

图书采购决策的主动权掌握在采访人员的手中，在遵守事先准备的、达成一致的采购计划的基础上，参与图书采购的学科馆员和图情专家可以根据现场图书的品种与品质，灵活地进行选书。对于在选书过程中出现的质量问题、多卷书的残缺问题、再版书的重复、配盘书无盘等差错与问题，因为在采购现场，有实物在手边就便于核实，及时进行纠正，避免采购之后出现很多退货、换货、补货等麻烦事情，同时也可以在一定程度上保证馆藏的延续性和完整性，做到两全其美。

3.1.6　多方参与采购，体现以读者为中心的服务宗旨

图书馆服务的宗旨是“一切都是为了读者”。现场采购这种采访模式因为能够满足多方参与，很好地体现了以读者为中心的服务宗旨。首先，图书馆重视读者的图书推荐意见，提供了多种推荐渠道，包括网络、推荐卡、电子邮件、电话等，采购人员对推荐意见都能够认真对待和积极处理。其次，图书馆在特殊情况下，可以组织教师代表、学生代表，作为图书馆读者的代表，参与现场采购的过程中，既反映了读者的文献需求，也可以提高图书文献的利用率。[6]

3.2　现场采购的弊端

3.2.1　采购计划的失控，导致馆藏结构不合理

每所图书馆在进行图书采购之前，都会根据本馆自身的实际情况、馆藏结构体系标准，以及读者的需求制订了一套图书采购计划。比如，增加哪一类目的图书，增加多少品种以及复本，计划购买多少册数，预备总资金多少，采购的过程怎么分工等。但是，由于制作采访计划的人员对于采购现场图书品种与类目不是十分清楚等各种各样的原因，采购

现场，原先的采购计划就会出现失控，如果再加上没能够很好控制采购过程，那么，直接的结果就会是采购的图书背离了本馆自身的实际情况和馆藏结构体系标准，导致馆藏结构不合理。

3.2.2 现书选购的品种不全，采全率和采准率比较低，出现漏购错购现象

图书的现场采购都是基于采购的现场所有出版商、书商或供货商当时提供的实物图书进行的，有多少书才有多少选择。尽管我们多次强调现场选购时有着非常丰富的图书资源，但是一切都是相对的。由于每年增长图书的数量是无法统计的，无论书商的实力有多强，参与的书商数量有多少，都不可能给图书馆提供所谓的“全品种”，难免有缺口。而且，每家书商有它自己的经营倾向和对出版社的偏爱，选择什么样的图书进货不是图书馆能控制的。往往很多所谓的“畅销书”和“热门书”家家都有，而另外一些相对冷门，但是对馆藏建设来说非常必要的书却无人问津，导致图书馆选购的品种不全，采全率和采准率比较低，出现漏购错购现象。

3.2.3 图书查重困难，重复购书问题严重[7]

现场采购有利于采购人员直接阅览样书，有利于缩短图书采购周期，保证较高的图书到货率。但是，采购的现场一般是远离图书馆的，在选书的过程中，无法进行图书查重，一般只能凭采访人员的记忆购书，重复购书问题就不可能避免，有时候还相当严重。

3.2.4 对书商要求高，需具备完善的配送系统和较强的管理订单的能力

在大型的图书采购现场，一家书商往往要面对多家图书馆客户，出现客户需求形式多样，订单形式各种各样，服务内容各不相同的情况等，对书商的软件、硬件要求非常高，书商需要具备很好的管理系统与管理人才，特别是较强的管理订单的能力以及完善的配送系统。而现实情况是，很多书商没能够做得很完善，影响了现场采购的效率。

4. 现场采购的改进策略

现场采购总体上来说，是一种比较完美的采购方式，具备很多的优势。但是，由于主客观原因，也暴露了很多的弊端。基于建设完善合理的馆藏文献资源的高度，针对现场采购出现的问题与不足，我们拟从以下几方面去寻找解决问题的对策，完善图书馆的文献采访工作。

4.1 根据馆藏标准，制订图书采访计划

各种类型图书馆、同类型的不同图书馆，都会因为自身的功能与服务对象的不同而建立不一样的馆藏标准、馆藏体系。在平时的工作过程中，绝大多数的图书馆都会对本馆读者的需求进行过研究，必然保留着一手读者利用图书馆的资料。因此，在进行现场采购之前，必须综合各个学科推荐的图书、个别读者自荐的图书、采访人员掌握的资料，还有图书现场图书的品种与类目等，制订切合实际、可行性高的图书采访计划。

4.2 广泛收集图书出版发行信息，善于捕捉书讯前沿信息，慎重选择采购现场

采访人员要具备敏锐的信息捕捉和处理能力，对文献出版信息有一种敏锐的快速反应能力，要时刻关注国外的图书市场的情况，关注出版物的宣传、媒体报道及网络查询等各

方面的出版信息，全方位地掌握出版的动态，加强与出版发行业的联系与交流。在进行图书的现场采购前，要做好相关的调查，慎重选择采购现场，争取能够去最全、最优的选书平台进行采购。

4.3 利用多样化的技术与手段，做好查重工作

为了做好查重工作，推广图书现场采购的采访模式，书商与各图书馆做了很多的工作，采用了各种各样的手段，也借助很多先进的技术。比如，在采购的现场，书商与采访人员通过配备笔记本电脑及图书数据采集器，把有关的数据导进去，可以解决现场采购中的重书问题。[8]这些努力与探索，在现场采购的查重工作中发挥了一定的作用。

4.4 更新采访观念，以现场采购为主、多渠道补充的模式，实现采访方式多样化

不管是现场采购，还是书目预订、纲目购书、网上采购，都有各自的优点与缺点，很难区分清楚哪一种模式是最佳的采购模式。因此，图书馆采访人员要跟随时代的发展潮流，及时转变观念。没有最好，只有更好。在采访模式的选择上，根据自己的实际情况，整合发行渠道优势，建立起一种动态的优势互补的采购系统，以现场采购为主、多渠道补充的模式，实现采访方式多样化。

4.5 提高采访人员素质，加强学习

图书馆的采访人员素质的高低直接影响着图书现场采购的效果，从而影响图书馆藏书质量。正如著名图书馆学家谢拉所说："图书馆的价值在于其图书是按照一定的目的收集的，将各种不同的书堆在一起，并不是图书馆，只不过是集中起来的一批书而已。真正的图书馆应是选集的编辑者，是花环的编辑者。"因此，不断加强学习，提高采访人员的素质，才能够很好地完成现场采购以及其他采购模式的任务。具体来说，可以从以下几方面提高：加强图书情报专业知识的学习，加强多学科知识的学习，加强出版与发行专业知识的学习，提高现代化技术素质，加强信息的收集能力，加强对出版物的鉴别能力和出版信息的捕捉能力，加强公关与组织能力，等等。

总之，为了更好地满足读者、服务读者，我们需要在图书的采购实践中不断探索与总结交流。根据以上分析，现场采购的模式值得我们去实践与推广。然而，图书采购的模式在随图书市场的形势发生变化，不存在绝对完美的模式，以最快、最全、最经济采购到图书为最佳采购模式。而且，采购模式的选择只是手段，追求完美的质量和效果才是最终目的。

参考文献：

[1]程焕文，潘燕桃.信息资源共享[M].北京：高等教育出版社，2004：122-123.

[2]谷卫华，王瑞亨.谈高校图书馆图书现场采购模式[J].科技情报开发与经济，2008，18（11）.

[3]张建中.关于中文图书采购多样化的思考[J].图书馆理论与研究，2008（2）：17-18.

[4]朱同同.馆藏文献建设[M].呼和浩特：远方出版社，2004：125-150 .

[5]王云.大学图书馆中文图书采购模式的比较分析[J].图书馆建设，2003（2）：23- 24.

[6]魏红.中文图书采购模式的比较分析[J].新世纪图书馆，2004（3）：31-33.

[7]王瑞亨，谷卫华，路继纯.浅谈数字时代高校图书馆现场采购：第二届全国图书采访工作研讨会论文集[G].2007：180-183.

[8]牛振恒.图书现场采购存在的问题与对策[J].情报理论与实践，2007，31（6）：794-796.

珠海市中学图书馆期刊资源现状及开发利用策略*

摘要：中学图书馆如何开发和利用大量的期刊信息资源，使其更好地为学校教育服务，是一个值得研究的课题。针对珠海市中学图书馆期刊资源的存在现状，我从以下几方面谈了一下自己的思考，包括：树立正确的期刊理念，完善期刊管理体制，开发利用电子期刊资源或数据库。

关键词：中学图书馆；期刊；开发；利用

中图分类号：G255.2；G258.69

文献标志码：A

1. 引言

期刊作为信息社会的重要信息源，素以品种多、数量大、内容丰富、出版周期短、信息传播快捷以及反映现代社会和科学水平发展等特点而著名。全世界有近20万种，我国有近2万种。据统计，我国期刊文献量占文献总量的75%，期刊所提供的信息量占信息总量的70%以上。同时在网络化高度发展的时代，有大量的数字化期刊、电子期刊涌现，但这些信息被人们利用的却很少。[1]面对大量的期刊信息资源如何开发和利用，使其更好地为学校教育服务，是中学图书馆迫切需要研究的问题。本文试从珠海市中学图书馆的一次调查中分析其期刊资源的存在现状，并提出相应的有关期刊资源开发利用策略的思考。

2. 珠海市中学图书馆期刊资源现状

在2008年，珠海市中学图书馆管理专业委员会为了市重点课题“新课程环境下珠海市中学图书馆创新服务研究”的更好开展，对全市范围内的34所中学图书馆做了一次现状调查，归结如下表：

* 该论文由李兰撰写，原载于《图书馆界》2010年9月第5期。

珠海市中学图书馆期刊资源调查表

学校	学生人数	电子阅览室	电子期刊或数据库（购进时间、系统名称）	过刊合订本（册）	期刊数（种）
珠海一中	3442	40	无	4500	310
珠海二中	3400	115	无	100	397
珠海三中	2128	0	无	2300	135
实验中学高中部	3000	54	无	0	280
紫荆中学	1996	0	无	120	162
文园中学	2547	0	无	680	159
桃园中学	1776	60	无	157	65
实验中学初中部	1886	45	无	700	240
珠海一职	3610	26	无	2000	150
珠海卫校	3156	0	珠海市国际信息检索中心，2002（在检索室使用，图书馆员利用数据库为教师查找资料）	7932	440
珠海五中	1700	50		9236	156
珠海八中	1450	有	无	1500	120
珠海九中	2007				110
夏湾中学	1500	36	无	902	128
南屏中学	1700	50		2400	116
湾仔中学	1072	0			0
前山中学	2900	0		1000	185
唐家中学	1500	100		100	150
金鼎中学	1172	0	无	4249	36
平沙一中	2440	0	无	2000	115
平沙二中	1100	0	无	0	0
平沙三中	590	0	无	10	46

（续表）

学校	学生人数	电子阅览室	电子期刊或数据库（购进时间、系统名称）	过刊合订本（册）	期刊数（种）
三灶中学	1438	55	无	2363	48
红旗中学	2350	0	无		275
小林中学	573	0	无	792	39
南水中学	693	0	无		40
金海岸	1580	0	无	360	145
斗门一中	3340	200	无	1894	304
斗门二中	2000	0	无		0
斗门三职	3200	0		2600	130
斗门实验	2253	0	无		170
斗门田家炳中学	1500	0	无	8700	53
斗门城东	3647	0	无	0	6
斗门联中	1704	0	无	3080	28

从表中可以看出，珠海市各中学图书馆期刊种数大多在几十种到一百种之间，甚至一些中学馆，如湾仔中学、平沙二中、斗门二中等，根本没有订阅期刊，只有个别馆情况稍好，比如作为珠海市示范性高中的珠海一中、珠海二中、斗门一中、实验中学高中部，它们的期刊种数分别达到了310、397、304及280种，还有珠海卫校，期刊种数达到了440种。究其原因，我们不难得出，前四所学校作为示范性高中，各方面条件都比较优越，如政府重视程度高、经费有保障等。而珠海卫校作为培养医学护理专业人才的国家级重点中等职业学校，需要大量相应的专业期刊的保障。

有44%的中学图书馆（珠海一中、珠海三中、斗门田家炳中学等15家）过刊合订本达到了1000册以上。但是，考虑到期刊订阅的延续性，通过十几年的订阅积累，各馆过刊合订本达到上千册也在情理之中。斗门田家炳中学图书馆有过刊合订本8700册，但它们的期刊种数只有53种，由此可见，这些过刊合订本大部分都应该是2000年以前，甚至是1990年以前的期刊了，其陈旧程度可见一斑。

除了馆藏期刊资源种数有限，过刊陈旧等现状外，对现有期刊资源的开发利用状况也不容乐观。有些学校的图书馆对现刊进行闭架阅览，或者只对教师开放借阅。大部分学校图书馆因为各方面原因未能对过刊进行规范装订和整理，更谈不上更深层次的借阅利用。

对于电子期刊或数据库的使用，有97%的学校图书馆都是空白，只有珠海卫校图书馆在

2002年购买设置了珠海市国际信息检索中心，在检索室进行使用，图书馆员利用数据库为教师查找资料。但仅仅通过图书馆员代教师查找的方式，大大限制了利用的效率和范围。

3. 关于珠海市中学图书馆开发利用策略的几点思考

3.1 树立正确的期刊理念

3.1.1 树立“书刊并重”的理念

长期以来，图书馆的重点始终放在图书上，无论是经费的分配，还是人员配给、馆舍的安排都要“先书后刊”。这种“重书轻刊”的现象较为普遍。[2]在中学图书馆，这种情况可以说是尤为严重，有些图书馆没有正规的期刊架，没有专职管理期刊的管理人员，没有足够固定的经费保障。但是，期刊在传递信息方面的作用日益显著，在新课程改革环境下的中学教学教研中也发挥着越来越重要的作用，所以，我们应该树立“书刊并重”的理念，在馆藏经费的使用上，应该均衡分配，保证有充足固定的经费用于期刊资源建设以及期刊管理上。

3.1.2 树立“精选期刊”的订阅理念

在经费有限的情况下，树立“精选期刊”的订阅理念尤为必要。精选期刊，主要应该在调查研究的基础上，提出每种期刊，特别是贵重期刊的利用情况的数据，以便科学、合理地决策删减期刊。[3]保证具有馆藏特色的期刊和对教学、教研的正常运作有必要作用的期刊的订阅。对于一些利用率很低的期刊，不要盲目追求其连续性和完整性，应该坚决舍弃。对于中学图书馆来说，具体可以采取以下措施：①将选刊停刊工作作为每年订阅期刊之前的常规工作，进行科学订阅。②在日常流通工作中收集各种需求信息，选订师生喜好的刊物。比如，在一次图书荐购活动中，有学生向我推荐了《格言》《最小说》等。经了解发现，《格言》内容充满哲理、富于智慧，是不错的期刊，而由郭敬明主编的《最小说》，因为内容颇具青春阳光气息，深受青少年学生的欢迎，可以选订。在借阅过程中，有几位教师曾多次咨询我馆是否订阅有《凤凰周刊》，查阅馆藏后发现，我馆在2005年曾经订阅过，最近几年因为刊价较贵，刊物不通过邮局发行等原因而中断订阅。但《凤凰周刊》是一本时效性甚强、观点新颖、立场客观、视角多元、社会影响力颇大的杂志，值得续订。③针对各学校学科特色，重点精选具有学科特色的期刊。比如我校，走的是特长教育的特色之路，美术、音乐、体育成为重点特色学科，在期刊选订上要向这几个学科倾斜。在种数上要有保证，涵盖面也要广泛，要包括新闻类、学术类、教学类等各方面。只有这样才能促进我校特长教育更好发展。

3.2 完善期刊管理体制

管理的目的在于开发利用，管理只是手段，利用才是目的，这是开发期刊资源的基本原则。[4]然而，有效地开发又是以科学的管理为基础，没有科学的管理，就谈不上有效利用。因此，开发利用期刊资源必须首先搞好期刊基础管理工作，实行规范化、科学化管理，建立一套完整的、行之有效的适合中学图书馆的期刊管理体制。

3.2.1 做好期刊上架、装订环节，形成工作规范

首先做到验收及时，登记准确，加工上架迅速。中学图书馆所订阅的期刊数量不多，每天到馆的可能就几十种，最好做到当天到馆，当日或次日上架。对于过刊管理，应该淘汰自行装订的土方式，在每年年初将上一年的期刊送出版社进行规范装订。因为自行装订，不但要极大地耗费人力物力，而且在设备简陋的情况下装订质量太难保证，从而使装订本的使用价值及使用寿命降低。

3.2.2 做好期刊的分类编目、典藏流通

珠海市的中学图书馆，有近一半实现了自动化管理。代表着我市中学图书馆最高管理水平的珠海一中图书馆，运用国内最为先进的ILAS系统对现刊、过刊合订本都进行了规范的分类编目，并且进行借阅流通。而其他条件一般的中学图书馆，就算实现了自动化管理，也只是侧重在图书方面，对期刊的管理还有待进一步的重视和努力。我校图书馆每年订阅期刊135种，有过刊合订本2300册。在2009年年初终于实现了系统自动化管理，却只局限在图书，现刊和过刊都仍然采用传统的手工借阅的方式，而且只对教师外借。因而笔者认为，无论是对我馆还是对珠海其他中学图书馆来说，要想更好地开发利用期刊资源，就必须先实现期刊的自动化管理，使期刊工作网络化、标准化、规范化。首先，要对馆藏现有期刊进行分类编目，建立期刊数据库。随后，要对过刊合订本进行回溯数据处理，包括贴条形码、贴磁条、贴书标等各项加工。最后将期刊合订本整理上架，并且对外流通。这一系列复杂的程序对于人手本身就不足的中学图书馆来说是一项长远而艰苦的工作，需要各馆携手努力，比如有经验的中学图书馆提供技术指导、数据共享等。

3.2.3 做好宣传、推荐工作

读者水平的高低，尤其是查找利用期刊文献能力的高低直接影响着期刊的利用率。所以，我们应该做好宣传推荐工作，以求获得好的利用效果。第一，在新生入馆培训时，详细介绍本馆现有馆藏期刊资源及对期刊的索取利用方法等。第二，我们知道，很多中学图书馆都会采取新书通报、新书推荐等措施对图书进行宣传。同样的，对期刊采取各种宣传措施也非常重要。由于期刊具有很强的时效性，比如有月刊、旬刊甚至周刊，所以新刊通报、新刊推荐应该更有针对性、更加及时。第三，可以编制期刊的刊名目录、分类目录来更好地揭示馆藏，指导读者利用期刊。刊名目录可以使读者一目了然，方便查找。分类目录则可以更好地反映出本馆的重点学科期刊特色。比如，我校以特长教育为特色，就可以将美术、音乐、体育的期刊置于分类目录的显著位置。第四，可以编制重点学科期刊的文摘、综述，向师生推荐最新的信息和资讯。

3.3 开发利用电子期刊资源或数据库

对于中学图书馆来说，购买昂贵的电子期刊资源或者数据库似乎是不可能的事，从调查中可以看到这一点。但是，我们可以另辟蹊径，通过各种渠道来开发利用电子期刊或数据库资源。第一，搜索和寻找网上免费的电子期刊资源，并且进行组织整合，推荐给读者使用。第二，留意各类资源共享项目的开发成果，可以免费使用的则进行使用。

比如，在参加珠海市文化信息资源共享工程技术人员培训班学习的过程中得知，此工程开发有“馆际互借与文献传递系统”，集合了大量的期刊资源，虽然只限馆员使用，但通过馆员进行文献传递，可以为读者提供大量的资源。第三，免费试用各类电子期刊资源或数据库产品，一方面可以在有限的试用期内使用到大量的资源，另外可以通过试用了解读者的需求，从而进一步争取经费进行购买。我校就曾经试用过“中国基础教育文献资源总库”，虽然最终未能购买，但对这些数据库产品有了一定的了解，从而为以后的购买奠定了基础。

4. 结束语

通过调查，了解到珠海中学图书馆的期刊资源现状后，希望能通过树立正确的期刊理念，完善期刊管理体制，开发利用电子期刊资源或数据库等策略，最大限度地开发利用期刊资源，更好地为学校的教育教学服务，更好地创新读者服务工作。

参考文献：

[1]王亚莉.图书馆期刊资源开发利用新思路[J].现代情报，2008，（9）：89-91.

[2]叶继元.期刊管理研究的过去、现状与未来[A].叶继元.期刊信息资源建设研究[C].北京：北京图书馆出版社，2007：70-77.

[3]叶继元.期刊利用的综合评价——南京大学期刊利用的调查分析[A].叶继元.期刊信息资源建设研究[C].北京：北京图书馆出版社，2007：18-22.

[4]王昌哲.高校图书馆期刊信息资源的深层次开发与利用[J].科技咨询导报，2008，（8）：188-189.

中学图书馆编目外包的质量控制*

摘要：编目外包在中学图书馆的应用越来越广泛，同时在质量控制上存在问题。本文通过分析珠海三中图书馆实施编目外包过程中遇到的问题，从而总结出一些适合中学图书馆使用编目外包的质量控制策略。

关键词：业务外包；编目外包；书商

中图分类号：G254

1. 引言

外包，意为“外部资源利用”。[1]对于中学图书馆来说，内部资源是极其有限的，很多中学图书馆只有一个管理员，甚至还要身兼多职，为了完成编目工作，往往需要长期闭馆，或者无法保证书籍的日常流通。因而，在编目外包迅速发展的时代，中学图书馆也紧跟了潮流，加入了编目外包的行列。但是，编目外包的质量成了最为重大的问题。现针对中学图书馆的具体情况，对编目外包的问题具体分析，力求找出相应的解决方法。

2. 编目外包的简介

2.1 编目外包的定义

业务外包（Outsourcing）是源于20 世纪80年代的一种企业创新经营管理方法，是将一些传统上由企业内部人员负责的非核心业务，以外加工方式发包给专业的、高效的产品（服务）提供商，以充分利用公司外部最优秀的专业化资源，从而降低成本，提高效率，目的是增强自身的竞争力。[2]

编目外包是图书馆业务外包的一种，主要是指图书馆将原来由编目部门承担的书目数据的编制、图书物理加工的任务全部或部分委托数据商、书商来完成，而图书馆编目部门的工作人员则主要从事审校、质量控制和数据库维护的工作。

2.2 编目外包的形式以及加工模式

编目外包主要分为两种形式：一种是由书商提供免费编目服务；一种是纯粹由外包公司进行编目。

编目外包的加工模式一般可分为外送加工模式（即图书馆将图书送到承包商的加工场

* 该论文由李兰撰写，原载于《中国校外教育》2014年5月上旬刊第5期。

所进行加工的一种服务模式）和到馆加工模式（即由承包商派出专门编目人员和加工人员到图书馆对图书进行加工、分类、编目、数据录入的一种编目模式）。[3]

外送加工模式图书加工所需的设备及辅助材料都由承包商提供，图书加工好后直接送回图书馆验收上架。图书馆首次建立自己的图书目录数据库可采用这种模式。但异地加工存在难以有效监督的问题，特别是有的承包商的编目人员专业水平不高，使编目质量更难以控制。

到馆加工模式即由图书馆辟出专门的场地提供多台电脑，书商提供图书加工所需的其他原材料，如条形码、书标等。编目工作开展前，可以与书商编目工作的负责人充分沟通，了解他们的工作程序、工作进度，更重要的是让分类编目人员明确该馆对图书加工的各项要求，如分类标引的要求，数据录入时各字段的加工深度及该馆对书次号的编写规则等。编目过程中，要进行有效的监控，及时发现、解决编目过程中出现的问题，保证编目数据按时、定量、保质完成。

3. 编目外包的应用

3.1 编目外包在中学图书馆的应用

20 世纪90年代，业务外包这一新型企业管理模式被西方图书馆界所吸收和采用，90年代后期，被我国图书馆界引进，近几年图书馆业务外包得到较快发展，编目业务外包应用尤为广泛。编目外包首先应用于高校图书馆，而后随着技术及业务的不断发展和成熟，越来越广泛地应用于各类型图书馆，其中包括了中学图书馆。中学图书馆由于人员不足，往往一个人需要兼顾流通、编目等多项工作，特别在面临教学水平评估等契机需要大量购书及建库的情况下，编目外包成为最好选择。

3.2 编目外包在我校图书馆的应用

2009年年初，珠海三中图书馆安装了自动化管理系统，在教学水平评估迫在眉睫的情况下，面临着要在短时间内大量购书以及图书入库、旧书回溯建库的问题。因而编目外包成了图书馆几乎唯一的选择。珠海三中图书馆近三年来先后与三家不同的书商合作，期间都是将编目业务外包给书商。这些书商都是通过图书采购招标而中标的，其中既有本地的书店，也有来自广州的图书公司。珠海三中图书馆编目外包不但采用过到馆加工模式，而且采用过外送加工模式。

通过以下表格，简单介绍珠海三中图书馆和书商合作的一些情况：

书商	A	B	C
折扣	4.6折	7.5折	7.1折
到馆编目人员	3人（2人编目，1人贴书标）	4人（3人编目，1人贴书标）	3人（2人编目，1人贴书标）
图书数量	新书2万册，旧书回溯5000册	新书1万册	新书1万册

（续表）

书商	A	B	C
外包模式	到馆进行物理加工及数据加工	异地物理加工及到馆数据加工	异地物理加工及到馆数据加工

4. 珠海三中图书馆实施编目外包过程中遇到的问题

4.1 书商编目人员的素质问题

书商编目人员一般不具备很高的图书馆专业水平。他们不具备图书馆学的高等学历，没有经过严格的专业技能训练，只是经过一些简单的培训就上岗，对图书著录规则、《中图法》等专业知识并没有深刻的认识。造成这一现状的原因与书商只注重图书采购等核心业务而忽视编目附加服务有关。

书商编目人员往往只注重完成工作量的进度，而不注重编目的质量。这是由于他们编目的工作往往是计件的，完成的数量多，收益就高。同时由于编目人员到馆加工，食宿等问题要自己解决，也增添了不小的压力。

书商编目人员的流动性较强，对编目工作熟悉程度不高。珠海三中图书馆在珠海本地的书店分多次现采过几批图书，他们每次分派来编目的人员都不一样，有些甚至是连编目系统都不会操作的新手，那些有经验的早已跳槽另谋高就，这对保证编目质量无疑带来了很大的挑战。

4.2 物理加工的质量问题

物理加工包括：盖馆藏章、贴磁条、贴条码、贴书标、贴书标保护膜等。

由于珠海三中图书馆的编目外包曾采用过异地物理加工，馆藏章、磁条及条码都由书商贴好了再将书配送至图书馆，所以在之后的加工过程，就算发现有复本过多或者有其他质量问题的图书，也很难做退换处理，对购书经费造成一定浪费，也对流通造成影响。比如，在流通中曾经发现有些书中夹有永久性磁条，这些书由于在编目加工环节中没有被发现，因而根本无法退换，只能在发现后费力将永久性磁条剔除；也曾试过一整批书送至馆时发现，条形码竟印刷成了6位数（珠海三中图书馆使用的是7位数的条形码），这些书同样无法退换，虽然系统能够勉强兼容，却给日常流通及数据统计带来了不少困扰。

4.3 书目数据的质量问题

4.3.1 书目数据不够标准规范

由于编目外包时书目数据是由书商用其系统先套录好再打包导入珠海三中图书馆的系统，很难保证数据的标准性、规范性。对于部分无法套录需要到馆后原编的图书，由于编目人员的专业程度不高，其书目数据更难保证质量。

书目数据出现的问题主要是：带有多余的字段、缺少一些必备的字段（比如著录必要的附注信息的三字段，著录丛书信息的两字段，著录其他题名信息，做必要检索点的五字段）、子字段著录不完整或著录错误、字段指示符错误等。

4.3.2 分类标引、主题标引不规范

由于书商的编目人员对标引专业知识的缺乏，所以他们一般不会查阅《中图法》、《中图分类主题词表》这些工具书，只会参照在版编目数据进行著录，所以分类及主题标引不规范。

4.3.3 馆藏信息录入不完整、不正确

馆藏信息的录入主要包括了批号、馆藏地点、复本数量、价格信息、装帧信息、馆藏条码等。

批号设置一般采用书商名称的大写字母加上年份及序号（如DY201101）。批号设置要有规律，方便统计以及打印书标。要避免出现因为漏设批号或批号错乱而造成无法提取书标的情况。

遇到精装的图书要注意修改装帧信息。图书的装帧信息一般分为平装及精装，默认的选择是平装，如遇到精装的图书则要求一一修改，往往会出现忘记修改的情况。建议将精装图书统一留到最后加工，此时只需将默认的选择设置为“精装”，就可省去一一修改的麻烦。

馆藏条码录入时也比较容易出错，会录入多余的字符或者少录，甚至把条码录入不相对应的书目数据下，而且错误比较隐蔽，在借阅时遇阻才会被发现。这就要求编目人员在录入扫描时要留意核对，决不能想当然。

4.3.4 索取号取号不符合中学图书馆的实际需求

书商的编目人员在录入905字段信息时，通常只是复制690字段的分类号，然后加“/”存盘生成种次号。但对于中学图书馆来说，这样取号未免太过详细，不利于排架、上架、找书等。

对于有多个分类号的情况，未能考虑珠海三中图书馆的专业特点、历史沿革、服务对象等实际情况，给出适当的选择。

4.3.5 查重不仔细导致的著录问题

由于书商的编目人员对珠海三中图书馆系统缺乏了解，同时又不注重查重，所以容易将不同时间到馆的丛书、多卷书分散著录，给出不同的分类号，甚至对同一种书的不同复本给出不同分类号的情况也时有发生。例如，珠海三中图书馆新购买了《藏地密码.10》，编目时如果直接取新的种次号是不对的，应该先用题名进行查重，查出《藏地密码.1 ~ 9》所用的索取号，在其后区分卷册号即可。在珠海三中图书馆《藏地密码.10》的索取号应为I247.56/31:10。

5．编目外包的质量控制策略

5.1 注重采购招标环节，选择有实力的书商

正所谓“采编”，两者经常合在一起说，可见“采”与“编”是密切关联的。采购招

标的质量以及采访质量将直接影响到编目外包的质量。

在制作招标文件时，应对书商提供的编目外包服务提出详尽而具体的要求，比如在其中加入“有编目专业人员资历证明”“套录数据要求国图或CALIS数据占90%以上”等条目，同时附上《物理加工细则》《三中图书馆编目规则》《索取号取号规则》《查重规则》等珠海三中图书馆制订的编目规则。

在评标时，不能只考虑折扣价格因素，应该同时考量书商的编目实力等因素，选择综合实力比较强的书商。

5.2　全程跟踪严密控制

由于书商的编目人员到馆加工的时间很短，少则一两天，多则一两周，所以要想保证编目外包的质量，图书馆编目员必须全程跟踪严密控制。

5.2.1　对书商编目人员进行培训

书商的编目人员到馆，一定要先进行培训，要让他们熟悉珠海三中图书馆系统使用方法，比如如何导入数据、如何查重、如何录入馆藏信息等。更重要的是，要让他们熟悉图书馆的各项编目加工规则，并且严格按照规则执行。

5.2.2　编目过程中进行实时监控

首先，现场监督很重要。在编目人员编目时，图书馆人员应在旁指导以及监督。

除了现场面对面的跟踪监督之外，珠海三中图书馆编目员还可以通过登录系统页面，通过批号逐条查看书目及馆藏数据，做到同步审查，严密控制，及时发现问题，及时更正。这样不但能够了解编目进度，同时能够将一些犯错的苗头扼杀掉，避免造成大面积犯错而带来的麻烦。

在图书上架之前，还要对加工好的图书进行抽查，核对书目数据信息是否与图书实体相符合、书标是否无误等。

5.3　建立完善的数据审校、维护制度

书商编目人员撤走以后，因为新书马上就要进入流通环节，所以图书馆编目员要及时对书目数据进行审校。此时可通过“审校数据批交送”的方式使书目数据迅速完成审校程序，可以上架流通。

之后要对数据进行定期修改维护。新书上架后的1~2周仍属于数据的维护期，需要逐条核对数据，发现问题及时解决。

对于在流通阶段发现的书目数据问题，要即时进行修改，不耽误图书的正常流通。

6. 结语

总之，通过认清编目外包在中学图书馆的应用中存在的问题，从而制订相应的控制策略。在编目前要注重采购招标环节，选择有实力的书商；在编目中要全程跟踪严密控制；在编目后要建立完善的数据审校、维护制度。只有全面把好质量关，才能使编目外包在中学图书馆顺利地开展。

[参考文献]

[1]张艳.图书馆编目外包的管理与实践[J].图书馆学刊，2013（1）：24-27.

[2]李松妹.现代图书馆管理概论[M].北京：北京图书馆出版社，2007.

[3]陶荣湘.试论图书馆编目外包的质量控制[J].情报探索，2009（7）：96.

新形势下中小学图书馆功能及服务的改革与创新*

摘要：本文基于中小学图书馆面临的网络信息技术、教育改革以及公共图书馆免费开放等新环境，对新形势下中小学图书馆功能及服务的改革与创新进行了一些思考，并结合珠海中小学图书馆的实践经验，探讨新形势下区域中小学图书馆整体发展的策略。

关键词：中小学图书馆；功能改革；服务创新；教育改革；CSLN“网图”

当今社会网络、通信等技术飞速发展，特别是Web 2.0、智能检索引擎、云计算、RDIF、3G以及数字电视等新兴技术的应用和普及，为图书馆事业带来了新的发展机遇。2003年教育部颁布《中小学图书馆（室）规程（修订）》，要求中小学图书馆实现计算机自动化管理，有条件的学校设置电子阅览室、电子资料室、多功能学术报告厅等。另外，图书馆要重视加强与校园网的结合，实现网上图书资源的共享。近几年，相当一部分的中小学图书馆得到了很大程度的发展，自动化管理设备应用水平得到进一步提升，数字化资源建设得到重视，网络化建设与网络化服务程度得到一定程度的改善。有一些地区甚至借助现代网络技术和资源共享理论，探索了馆馆之间、学校之间、资源之间的交互共享。本文基于中小学图书馆面临的网络环境以及其他环境的变化，对中小学图书馆功能及服务的改革与创新进行一些思考，并结合个别学校图书馆的实践经验，探讨区域内中小学图书馆的整体发展的策略。

1. 中小学图书馆发展面临的新环境

1.1 网络信息技术给中小学图书馆带来压力，也带来发展机会

互联网给我们的生活、工作和学习带来了颠覆性的影响，几乎彻底改变了我们的生活方式。随着互联网以及网络信息技术的不断发展，中小学图书馆的利用率有逐渐下降的趋势，师生读者到图书馆借阅图书、查找资料的概率减少，给中小学图书馆的发展带来了很大压力。另一方面，网络、通信等技术的发展，以及博客、微博等Web 2.0、云计算、RDIF、3G以及数字电视等新兴技术的应用和普及，为图书馆事业带来了新的发展机遇。

---

* 该论文由王鸿飞撰写，原载于《晋图学刊》2013年第7期。

1.2　教育改革规划纲要进一步明确了中小学图书馆的发展方向

《国家中长期教育改革和发展规划纲要（2010—2020年）》（以下简称《教育规划纲要》）明确指出要加强优质教育资源开发与应用。加强网络教学资源体系建设，引进国际优质数字化资源，开发网络学习课程，建立数字图书馆和虚拟实验室，建立开发灵活的教育资源公共服务平台，促进优质教育资源共享。[1]“构建先进、高效、实用的数字化教育基础设施，加快终端设施普及，推进数字化校园建设”“加快学校管理信息化进程，促进学校管理标准化、规范化”。从纲要的角度强调为实现城乡优质教学资源的普及共享，加大数字图书馆的建设，这是图书馆的总体发展趋势，对中小学图书馆的发展方向有指引作用。

1.3　公共图书馆免费开放，中小学图书馆面临的大环境有所变化

2011年2月10日，文化部、财政部联合发布《关于推进全国美术馆、公共图书馆、文化馆（站）免费开放工作的意见》（以下简称“两部委《意见》”），明确要求年底之前全国所有公共图书馆公共空间设施场地免费开放，基本文化服务项目健全并免费提供。两部委《意见》的发布，必然要加强基层图书馆设施建设，加快形成覆盖全社会的公共图书馆设施网络；积极开展延伸服务，加快形成覆盖全社会的公共图书馆服务网络。这些大环境的变化，也给中小学图书馆的发展带来了机遇。另外，2010年12月，国家图书馆启动了“数字图书馆推广工程”，工程将以国家数字图书馆为核心，全面整合各区域性、行业性数字图书馆系统的建设成果，统一建设标准，搭建全国性数字资源共建共享网络平台。[2]这些数字图书馆的发展，也必然对中小学图书馆产生一定程度的影响，促进中小学图书馆数字化、网络化发展。

2. 新形势下中小学图书馆功能及服务的改革与创新

2.1　加快推进图书馆的自动化、网络化建设，实现中小学图书馆现代化管理

新形势下，中小学图书馆要深入贯彻落实《中小学图书馆（室）规程（修订）》以及地方中小学图书馆（室）建设标准的相关指标，根据图书馆的实际，加快推进图书馆的自动化、网络化建设，并从硬件和软件两方面着手逐步实现中小学图书馆的现代化。另外，加大图书经费的投入，注重文献资源建设，引进纸质资源的同时，还要考虑引进电子图书、电子资源、数据库等数字资源，构建多元化的馆藏资源体系。

2.2　继续开展服务创新的实践与探索，提高图书馆的服务效益

在教育改革等新形势下，中小学图书馆应该继续开展服务创新的实践与探索，进一步掌握中小学图书馆的发展规律，拓展图书馆的服务功能和服务内容。以珠海三中图书馆来说，在图书馆功能与服务创新方面，做了一些有效的尝试。比如：加强图书宣传与读者教育工作；举办图书馆文化节，开展各种各样的读书活动；有效开展阅读课，充分挖掘语文阅读课和图书馆阅读指导课的潜力；引入电子资源数据库，并开展参考咨询服务；举办品牌讲座，开展个性化服务；等等。可以说，中小学图书馆要依据新形势发展的需要，不断在阅读指导、阅读推广方面多下功夫。特别要充分利用网络手段，如博客、微博等，宣传

图书馆的资源与服务，真正实现资源与服务的转型。

2.3 立足校本，整合教育教学资源，为教学教研提供更深入的服务

教科研兴校是重要的办学方略，教科研支持是图书馆价值所在，图书馆可以尝试借助馆员智力资源，利用馆员信息能力发挥馆员文献优势，实现研究共同发展。在教育改革的新形势下，中小学图书馆要立足校本实际，进一步做好教育信息开发工作，加强一次文献收集、二次文献编制、三次文献研发。重视校本信息积累，编制特色文献；重视特色信息收集，编制文献题录。要结合学校的教学要求，整合教育教学资源，建立语文、数学、英语等相关学科的学科网络导航，方便师生查找相应科目的网上信息资源。为师生做好相关学科的专题信息服务、网络参考咨询服务、个性化信息推送服务。另外，引进数据库，通过单独购买和联合购买的方式引进数据库，为教学教研提供更深入的服务。

2.4 注重网络化、数字化发展，探索中小学图书馆共建共享之路

根据华南师范大学经济与管理学院信息管理系主任高波教授的调查统计，中学对建立网络图书馆的意识并不十分强烈；中学网络图书馆建设普遍存在发展不平衡，城乡差别、区域差别明显突出的现象；经济及当地文化底蕴深深影响着当地中学网络图书馆事业的发展。然而我们要意识到网络图书馆能够极大地提高中学图书馆的工作效率，网络图书馆能更好地为学校的教学、科研和素质教育提供高质量的服务，通过网络，可以实现纵向和横向的信息资源共享。网络信息技术的发展还要求我们加快数字化发展，中小学图书馆要加快引进数字化资源或者自建立足校本的特色资源库，逐渐规范中小学数字图书馆建设，并积极探索中小学数字图书馆的共建共享之路。

2.5 中小学图书馆要融入图书馆事业的大环境，并积极参与社区服务

在当今社会，中小学图书馆要发展，必须加强与各类型图书馆的合作与交流，积极融入图书馆事业发展的大潮流中。在图书馆人员培训、自动化建设、网络化、数字化建设等各个领域争取得到更多的支持与帮助。在阅读推广、读书活动方面也要加强与公共图书馆的合作，共同为青少年读者打造一个优越的阅读环境。另外，在公共图书馆免费服务的新形势下，中小学图书馆还可以尝试与社区文化中心合作，加强宣传力度，首先利用社区街道的黑板报、宣传橱窗等向社区居民进行新书介绍、好书推荐等。或者通过读书活动、读书报告会、科普讲座等，为社区文化建设提供助力。另外在社区开办青少年学习中心、课后作业辅导班、读书会等，也有助于拓展中小学图书馆的服务功能。[3]

3. 新形势下区域内中小学图书馆的整体发展的策略

新形势下中小学图书馆功能及服务的改革与创新，单单依靠一所图书馆是达不到预期效果的，这需要绝大部分图书馆，甚至全部图书馆的努力。要做到这一点，需要站在更高的视角上，探索区域内中小学图书馆的整体发展。

3.1 建立区域中小学图书管理专业委员会等专业机构，统筹图书馆整体发展

在国内中小学图书馆发展的过程中，曾经很长一段时间都是各所学校自己发展，缺乏相关的监督或者指导，也缺乏相互交流的机会。近些年来，特别是进入21世纪以后，中小

学图书馆事业得到进一步重视，发展迅速。而且个别地区还建立了专业机构，统筹中小学图书馆的整体发展。就拿广东省来说，广州教育学会中学图书管理专业委员会、珠海市教育学会图书管理专业委员会、佛山教育学会图书管理专业委员会等图书管理专业委员会都在区域中小学图书馆的整体发展中发挥了很大的作用。特别是在人员培训、工作交流、图书采购、教研活动、课题研究等几个方面，作用尤其明显。

3.2 引进先进的图书馆管理系统，全面提高中小学图书馆自动化管理水平

在网络信息技术环境下，中小学图书馆自动化、网络化发展是必然趋势。在中小学图书馆自动化发展的进程中，应根据各校的校情、各馆的馆情，因地制宜，分层次地进行指导和促进。已经实现自动化管理的图书馆，要继续促使其进一步开发利用管理系统的功能，加快发展，摸索经验，寻找突破口，以实际效果来指导和带动其他馆建设。对尚处于手工阶段的中学图书馆，要加强组织与指导，借鉴成功图书馆的经验，结合实际，建立以实用为主的自动化建设思路，做好图书馆自动化建设规划，合理地使用资金，以求得到更大的收益。[4]

另外，为了区域内中小学图书馆的整体发展目标，中小学图书馆还要从全局出发，在教育装备信息部门以及图书管理专业委员会的统一领导下，加强交流与合作，集中力量，共同探讨图书馆自动化的建设与发展。以珠海市中小学图书馆为例，珠海市教育学会中小学图书管理专业委员会选择了CSLN“网图”图书馆管理系统，并对该系统近一年的反复试用与论证，对其功能模块、管理模式、拓展服务等进行了深入探讨，最终达成共识，在珠海市中小学校图书馆推广应用，力争在全市中小学图书馆间进行实时的共建共享，从而提高工作效率和图书资料的利用率。通过组织多次的培训，让更多图书馆了解“网图”图书馆管理系统的使用。尽管最后没能够集团采购，但多所学校仍然单独购买了该图书馆管理系统。比如，珠海一中、斗门一中、北师大（珠海）附中、珠海市技师学院等。这为今后全市推行共建共享奠定了基础。

3.3 倡导各中小学图书馆建设服务网站，并建立统一的文献信息网

在网络时代，中小学图书馆的管理系统要尽量符合标准化、网络化、智能感化、集成化、兼容性、适应性的要求，能够实现网络互联，实现编目、借阅、查询及管理自动化、网络化、信息资源数字化，为各校馆际互借、资源共享打下基础。另外要倡导各中小学图书馆尽早建设图书信息服务网站，并基于中小学图书馆的服务网站，建立区域内统一的文献信息网。目前，“新课程环境下珠海中学图书馆的服务创新”课题组已经为珠海市中学文献信息网做出了很多的努力，网站建设已经基本完成，努力为全市中小学图书馆教师提供进行信息交流、学术研讨的网络平台。

3.4 积极探索、统一规划、共建或者联合采购各种数字资源

随着数字图书馆的发展，中小学图书馆也在努力加强数字化资源建设。然而，受到资金、技术等条件的限制，一直以来进展并不顺利。新形势下中小学图书馆功能与服务的改革创新，特别是中小学图书馆整体发展需要我们积极摸索，尽快尽早开展电子资源建设的

统一规划与指导，采用全市布局、统一规划、分工负责、联合协作、集团作战的方式，在充分调研的基础上，引进电子图书、电子期刊、数据库、特色资源等电子资源，加强中学图书馆的电子资源建设。

3.5 通过加强课题研究及教研活动，推动中小学图书馆的整体发展

中小学图书馆工作是一项实践性很强的服务活动，通过课题研究，从新的角度去研究陈旧的问题，或者针对新生事物，大胆设想并用实际行动去实践，在课题探究过程中不断解决问题，形成一套行之有效的行为、制度等，为中小学图书馆的服务创新指明方向，提供依据，指导并促进图书馆的业务开展，推进中小学图书馆的服务创新。另外，要结合地区实际，打造区域内中小学图书管理员的交流平台，定期开展各种教研活动，相互探讨中小学图书馆的先进工作经验，交流心得，整体提高中小学图书管理员的从业素质，从而推动中小学图书馆的整体发展。

参考文献：

[1]《国家中长期教育改革和发展规划纲要（2010—2020年）》[M].北京：人民出版社，2010.

[2]周和平.以免费开放为契机，全面提升我国图书馆公益性服务水平[J].中国图书馆学报，2011（3）：4-6.

[3]高静.对中学图书馆完善服务社区措施的思考[J].图书馆工作与研究，2011（6）：111-112.

[4]王鸿飞.中学图书馆自动化建设刍议[J].山东图书馆学刊，2010（4）.

面向中学生的“微图书馆”建设探究*

——以珠海市第三中学图书馆为例

摘要：如何引导中学生走进图书馆、利用图书馆进行课外阅读，成为中学图书馆的一大难题。如何破解这一难题，珠海三中图书馆想到了“班级微图书馆”。本文详细介绍了“微图书馆”的实践探索、“微图书馆”的建设实践、“微图书馆”的建设成效以及“微图书馆”实践的思考。

关键词：“微图书馆”；班级图书角；中学生阅读；书香校园；学校图书馆

1. 引言

近年来，中国进入了“微”时代，“微”字如今正深刻地影响着中国人的日常生活和语言生活。“微”字出现在流行语中源于“微博”的诞生。与此同时，也产生了模仿“微博客”而形成的另一类“微××”词语。这类词语中的“微”仅仅继承了“微博客”中“微”字的含义，可以理解为“小的”“少的”，但所指代的对象、行为与“微博”已没有关系。比如“微电影”“微旅行”。而随着语言形式的突破创新，“微××”词语已经不仅仅表示与“微博”相关或者“小的”的含义，而且还可以表示一种新鲜事物或技术创新，用以激起人们的好奇心与兴趣。[1]当我们以班级为单位建设图书角时，借鉴了当今社会微博、微信等“微概念”，使用了“微图书馆”的概念，更多是出于创新的考虑，希望能够引起师生的好奇心与关注，概念上更倾向于“迷你图书馆”这层意思。“微图书馆”不仅体现出班级“微图书馆”与学校图书馆的密切联系，且有别于以往的“班级图书角”或“班级读书角”。珠海三中图书馆立足实际，创新推出了“班级微图书馆”建设，该项目从2012年初开始运作，经过3年的实践，取得了一定的经验以及成效。

2. “微图书馆”实践探索

2.1 “微图书馆”概况

2011年，珠海三中获得广东省“书香校园”的称号。接着，图书馆申报的“中学书香校园创新发展的研究”课题获得广东省德育科研课题立项。在课题研究过程中，提出了“班级微图书馆”的设想，并制订了《珠海三中“班级微图书馆”计划》，开展“微图

---

* 该论文由王鸿飞撰写，原载于《图书馆建设》2015年第12期。

书馆”的实践与探索。“微图书馆”的创意源于班级图书角，主要指在班级设立班级图书柜，放置一定数量的图书，设置“微图书馆”，以供班级师生阅读，从而营造书香氛围，建设书香班级。因此，“微图书馆”其实就是具有珠海三中特色的班级图书角，是以往班级图书角的创新。

“微图书馆”建设之初，珠海三中图书馆做了充分的调研，并根据教室位置空间设计了班级图书柜的方案，量身定做了48个班级图书柜。此外，图书馆制订了《“微图书馆”的班级团借规则》以及《“微图书馆”的管理借阅规则》，并且为每个班级办理了读书卡，规定每张班级读书卡的最大借阅限额是200本。“微图书馆”以学校图书馆为中心，并在班级设立微型的图书馆，搭建“学校图书馆——班级微图书馆”的两级阅读平台，从而把图书馆的图书资源、服务和读书活动延伸到班级，延伸到学生身边。

2.2 “微图书馆”的图书来源

按照《珠海三中“班级微图书馆”计划》的“微图书馆”设想，“微图书馆”最主要的图书来源是通过班级团借，利用班级读书卡向学校图书馆团借图书。每个班级可根据“微图书馆”建设需要以及学生阅读需求，向学校图书馆团借图书200册。班主任和科任教师可对“微图书馆”所借的图书加以监督和指导，推荐书目，进行导读。班级团借的图书，图书馆会通过管理系统及时反馈所借图书的目录，以便学生在班级借阅的时候进行登记。当然，“微图书馆”的图书来源还包括以下几方面：一是师生自筹图书，交换共享的好书。每个人都可以把自己手中一些好书拿出来，加以登记，放到“微图书馆”，进行交换阅读，做到图书资源的共享。二是图书漂流活动的图书杂志。在学校开展图书漂流活动期间，漂流的图书将在各个班级漂流，漂流图书就成为“微图书馆”的暂时性资源。三是班级订购的报刊。个别班级可以自己订购相关的报纸、杂志以及图书，丰富“微图书馆”的资源。

2.3 “微图书馆”的管理与评价

学校图书馆作为“微图书馆”建设的倡导者，为班级提供图书柜，办理班级读书卡，进行宣传推广以及培训工作，并且通过班级团借制度确保“微图书馆”建设的顺利进行。在“微图书馆”建设过程中，各班自行制订“微图书馆”的管理规则、借阅规则、管理人的责任制度，安排专人管理“微图书馆”，主要负责班级团借、班级图书柜的装饰美化、图书管理、班级借阅登记以及图书催还等。当然，提倡各班成立班级读书小组，利用课前或班会课等课余时间，开展读书活动，并积极参与学校图书馆组织的各项读书活动。

至于“微图书馆”的评价方面，我们提倡在“班风班貌检查”以及“美化教室”等评比中增加“微图书馆”的分值。条件成熟情况下，可以考虑开展“微图书馆”或书香班级评比活动。

2.4 “微图书馆”的经费保障

2012年“微图书馆”计划实施前期，学校投入近5万元，购置“微图书馆”的图书柜。从2008年珠海三中图书馆改造升级以后，除了相对稳定的报刊征订经费，每年都投入很多经费用于图书采购。其中，2008—2011年，图书经费平均达到30万元/年，生均图书更新5册以上；2012—2014年，图书经费平均达到10万元/年，生均图书更新1册以上。此外，在阅读环境营造、基础设施完善、阅读推广以及读书活动等方面也投入了很多经费。当然，每学期开展“微图书馆”建设的过程中，学校会给班级一定的补助，用于“微图书馆”布置与装饰。

3. “微图书馆”的建设实践

“微图书馆”是一种新的提法，一开始大家缺乏了解，建设起来比较难。2012年4月底全部班级图书柜到位，在图书馆的宣传与推动下，个别班级开始尝试“微图书馆”建设。至学期末一共有10个班级开展“微图书馆”的建设，借出图书755册。于是，图书馆申报了“‘班级微图书馆’的实践探索”的校级微课题，先后在开题报告会、中期报告会上给全校教师做了汇报，对“微图书馆”做了详细的介绍，也展示了前期的一些建设图片及数据。“微图书馆”慢慢得到了班主任和学科教师的认同和支持。目前，“微图书馆”已经经历了3个完整学年6个学期的建设实践，其中2012—2013学年度建设“微图书馆”36个，2013—2014学年度建设“微图书馆”30个，2014—2015学年度建设“微图书馆”41个。通过几年的实践，积累了很多经验，并形成“微图书馆”建设的一些主要步骤：

一是学期初图书馆为班级办理读书卡，并通过校讯通、宣传单等手段通知各班开展“微图书馆”建设。

二是各班对“微图书馆”进行美化。结合班级文化建设，参考“微图书馆”建设方案，对班级图书柜与背景墙进行装饰美化，精心布置“微图书馆”的阅读区域，给“微图书馆”一个比较特别的名字。

三是充分发挥班级读书卡的作用，挑选各种各样的书籍，丰富“班级微图书馆”。同学们可以咨询学科教师，了解一些图书目录，也可以通过班级调查，掌握学生的阅读兴趣，然后派代表到图书馆挑选图书。与此同时，班级还可以在图书馆拿到“微图书馆”所借图书的目录，目录清楚显示图书的名称、作者等信息，每本书后面还有借阅人签名的空格，以便在班级借阅的学生做好登记。

四是做好图书分类，安排专人管理，进行阅读推广。“微图书馆”的图书到位后，班级可以对图书进行重新分类。班级会安排专人负责管理，并根据班级情况，制订班级借书规则。班级图书管理员会采取一些措施向学生宣传“微图书馆”的图书，并且做好图书借阅的登记。

五是做好读书笔记，开展班级读书活动。班级可以充分利用“微图书馆”的背景墙，展示大家的读书心得。班级也可以准备阅读记录本，记录阅读的点点滴滴，分享阅读的收获。学科教师也可以结合教学内容，开展专题阅读活动，利用好“微图书馆”的书籍。

六是保持和学校图书馆联系，关注“微图书馆”有关信息。比如，“微图书馆”检查评比信息、图书团借信息、读书活动的信息、“微图书馆”催还单等。

4. “微图书馆”的建设成效

4.1 “微图书馆”美化了教室，提升了班级文化氛围及书香气息

清新田园风、古典书香风、创意动漫风……每个班级都根据自己的特色打造“微图书馆”，成为校园里一道道靓丽的风景线。得益于班主任和学生的集体智慧，很多班级的“微图书馆”装饰得很漂亮、很有创意。首先，“微图书馆”出现了各种各样的名字，如：藏书阁、读书角、尚文苑、悦书阁、书苑、梅香阁、纳川馆、煮书、心灵驿站、书香溢柜、图书角、诚信图书角等。其次，各个班级对“微图书馆”的装饰美化非常用心。结合班级文化建设，把“微图书馆”的美化装饰跟教室整体布置紧密结合，体现了班级特色与班级文化。于是，我们在“微图书馆”装饰上看到了埃菲尔铁塔、励志标语、心愿墙、阅读心得、光荣榜、心愿树、书法秀、笔尖上的躁动……此外，“微图书馆”经常收到图书馆的好书推荐、借阅排行榜、读者排行榜、读书海报等宣传资料，一时之间，班级充满书香气息，读书氛围日益浓厚。

4.2 “微图书馆”进一步激“活”图书馆资源，提高图书借阅量

从无人问津的藏书室到阅读环境优美、利用率不断攀升的图书馆，珠海三中图书馆付出了很多，得益于图书馆的各种服务创新与阅读推广。“微图书馆”正是其中一项比较有成效的服务创新。“微图书馆”建设活动得到很多班级的响应，营造了浓郁的读书氛围，吸引更多的读者走进图书馆，利用图书馆，进一步激“活”图书馆资源，从而提高了图书借阅量。根据班级团借记录统计，2011—2012学年度，开展“微图书馆”实践的班级有10个，借出图书755册；2012—2013学年度，开展“微图书馆”实践的班级有36个，借出图书8348册；2013—2014学年度，开展“微图书馆”实践的班级有30个，借出图书5884册；2014—2015学年度，开展“微图书馆”实践的班级有41个，借出图书4851册。当然，“微图书馆”更重要的是为师生搭建了利用图书馆的桥梁，宣传了图书馆的服务与资源，吸引学生走进图书馆、利用图书馆。据统计，珠海三中图书馆每年流通量接近8万册，外借量约4万册，生均年借阅量约17册（学生近2300人），其中“微图书馆”的班级团借约占图书馆总借阅量的13%。

4.3 “微图书馆”把图书馆的服务延伸到了学科教学及班级

“微图书馆”的理念提倡图书馆的服务应该延伸到学科教学及班级，通过“微图书馆”建设，把图书馆的图书资源与服务等推送给师生读者。例如，在“微图书馆”建设过程中，语文教师结合阅读指导课、课前演讲等，提供图书目录或范围，围绕教学需要开展“微图书馆”建设；美术教师可以结合绘画教学需要，提前让学生团借各种临摹的美术图书。另外，根据“微图书馆”需要，各班都设置了班级图书管理员，加强与图书馆的联系与沟通，“微图书馆”的班级团借与管理工作不断得到加强。大多的“微图书馆”都对图书进行了简单分类，如历史类、教辅类、名著类、英语类、小说类、工具书等。个别“微图书馆”还设置我推荐、漂流吧等栏目。看到“微图书馆”摆放的各种类型好书，学科教师、班主任都认可了图书馆的资源，改变了观念，鼓励学生多读书、读好书。

4.4 “微图书馆”提升了珠海三中图书馆的美誉度与影响力

“微图书馆”作为珠海三中图书馆非常重要的一部分，时刻向学生、教师，甚至家长展示图书馆的各种资源与服务，潜移默化中影响了大家对图书馆的认识，从而不断提升珠海三中图书馆的美誉度与影响力。短短几年，珠海三中图书馆从不起眼的图书室蜕变成颇具规模的图书馆，早上、中午、下午、课间甚至晚上的课余时间，图书馆人气很旺，流通书库、学生阅览室、电子阅览室，走廊的阅览桌椅等座位基本满席，期中、期末更是“一位难求”。图书馆逐渐成为学生生活中不可或缺的一部分，大多学生养成了到图书馆阅读、借还书、写作业、自习的习惯。珠海三中图书馆的办馆效益受到了关注与好评，不仅受到上级部门认可，还多次见诸报端。例如：2013年12月5日《珠江晚报》就以《投经费、设漂流、开微博、问需求……师生联手“击活”图书馆》为标题报道了我校图书馆以及“微图书馆”的建设与利用成效。[2]

5. 实践的思考

5.1 “微图书馆”以图书馆为主导、班级为建设主体、班主任与学科教师为重要推手

“微图书馆”的概念与创意是由图书馆提出来的，而且《珠海三中“班级微图书馆”计划》是由图书馆制订并实施的，在“微图书馆”的建设实践中，图书馆始终处于主导地位。图书馆为班级提供图书柜等设备，提供图书资源保障，制订管理方案及各项规则，办理班级团借手续并提供“微图书馆”图书目录，引导班级利用“微图书馆”开展各种阅读活动，后期还做好催还、建设成果展示等工作。当然，是否开展“微图书馆”建设意愿以及建设成效如何，则是由班级决定的，班级是“微图书馆”的建设主体与阅读主体。从过去几年的“微图书馆”建设实践中可以得出结论，如果班级能够发挥主观能动性，那么，在装饰美化、“微图书馆”名字、班级团借、管理手段、使用效果、图书归还等各个环节都会做得非常出色，建设成效就会更加明显。最后，“微图书馆”的建设实践中，班主任与学科教师是重要的推动力量。赞同“微图书馆”理念与实施方案的班主任会积极推动“微图书馆”建设。此外，一些需要利用图书资源开展专题阅读、课前演讲的学科教师也非常主动参与“微图书馆”建设，并且给予很多建议与指导。

5.2 “微图书馆”需要更多的评价与激励，才能调动学生的积极性

在应试教育的社会环境下，课外阅读不受重视，图书馆在学校里处于边缘地位，没有话语权，从图书馆角度去推动“微图书馆”，阻力比较大。由于都是自愿建设，平时忙于各种杂事的班主任教师积极性并不高，不能用心去建设“微图书馆”。因此，需要有学校层面的评价与激励手段，才能够激发学生的积极性。“微图书馆”建设实践中，学生处的“班风班貌检查”就增加“微图书馆”的分值。另外，学生处、团委制订的《珠海三中关于开展“美化教室”活动方案》中，要求“微图书馆”（班级图书角）书籍摆放齐整，有专人管理。并且强调作为广东省“书香校园”，“微图书馆”必须有！而且应该做出特色，加强管理！在各种评比的鞭策下，“微图书馆”建设成为班级文化建设的重要一环，班级团借热情顿时高涨。2015年开始，学生处规定，凡是开展“微图书馆”建设的班级，

可以得到一定金额的补贴，进一步推动了“微图书馆”建设。当然，如果有经费支持，我们还可以制订“微图书馆”建设标准，开展“微图书馆”建设评比、书香班级评比、阅读之星评比等各种活动。

5.3 “微图书馆”的理论支撑、管理手段需要进一步探究

为什么要建设“微图书馆”？目前来看，好像并没有比较合适的理论支撑。珠海三中图书馆开展“微图书馆”建设，主要是借鉴了书香校园的相关理论，并且作为一种阅读推广方式，希望通过把图书馆办到学校里的最基本单位——班级，做好班级的读书活动，引导学生喜欢上阅读。通过几年的实践与推广，从“微图书馆”建设成效及学校图书馆的使用效益来看，“微图书馆”不愧为中小学图书馆阅读推广的经典案例之一。当然，“微图书馆”的持续发展创新，需要寻求更多的理论支撑，并且可以应用现有的一些阅读理论，如分级阅读理论、阅读推广理论等。此外，“微图书馆”仅仅依靠系统打印出来的图书书目进行管理，存在一些不足。“微图书馆”的管理手段创新以及如何结合课堂教学，开展创新服务与读书活动，仍将是我们长期关注与思考的问题。

6. 结语

据了解，美国从幼儿园开始就设置图书角，且注重图书角的空间选择与环境创设。[3]国外还有Green Book Corner这样的项目，目的是鼓励学生阅读及与他人分享阅读。目前，国内有关班级图书角或读书角的介绍不少，但从大多文献来看，没有太多新意。而且据文安强调查，班级图书角存在各种不足，其中最主要的是图书保障及管理的问题。[4]“微图书馆”是珠海三中图书馆的新提法，是对班级图书角或读书角的一种创新，相比更具有可塑性和生命力。然而，“微图书馆”建设还需要注意以下问题：一是学校领导、图书馆管理者认同“微图书馆”的理念，并且确切了解“微图书馆”的实施细则及过程监控，懂得根据实践情况进行调整。二是要做好充分评估，包括对现有资源的评估、管理人员素质及能力评估、管理制度及管理手段的评估、师生阅读现状以及校园读书氛围的评估等，如果不具备一定条件，盲目进行“微图书馆”建设，最终会惨淡收场。三是“微图书馆”只是图书馆的一项服务创新，“微图书馆”建设得好坏是与图书馆整体服务水平、阅读推广息息相关的。“微图书馆”作为新事物，需要做好长期宣传推广的准备。例如，可考虑宣传海报、宣传橱窗、网站、广播、微博、微信、校讯通等多种手段进行宣传。此外，争取通过课题项目，丰富“微图书馆”理论，提升“微图书馆”地位。当然，学校图书馆如果可以借助公共图书馆、少年儿童图书馆等社会阅读机构的力量，得到图书资源以及专业管理等帮助，不管是“微图书馆”，还是班级图书角，或许都只是表述上、操作上的区别。把书香班级与书香校园建设纳入书香社区、书香城市的建设体系之中，将是未成年人的福音，有助于进一步推动未成年人的阅读服务。

参考文献：

[1]张舒.“微时代”的“微××”词语[J].咬文嚼字，2014（3）.

[2]投经费、设漂流、开微博、问需求…… 师生联手“击活”图书馆[EB/OL].[2013-12-05]. http://www.zjwb.com.cn/text.php? ud_key=48194&ud_date=2013-12-05.

[3]了解美国幼儿园的图书角[EB/OL].[2015-05-20].http://www.babycenter.cn/a5300022/tushujiao.

[4]文安强.建立和完善高中班级图书角之我见[J].广东教育，2010（12）.

刍议珠海市中小学图书馆与其他类型图书馆之合作*

摘要：本文分析了珠海市中小学图书馆、公共图书馆以及高校图书馆的发展现状，指出中小学图书馆与其他类型图书馆合作的必要性，并探讨了中小学图书馆与其他类型图书馆合作的途径与方式。

关键词：图书馆合作；中小学图书馆；公共图书馆；高校图书馆

2003年《中小学图书馆（室）规程（修订）》的出台以来，我国中小学图书馆事业取得了很大的进步，图书馆在软硬件方面的建设都取得了很快的发展。从珠海市来看，《珠海市城市总体规划（2010—2030）》提出了打造"文化珠海"，建设高品位城市的目标。"珠三角改革发展规划纲要"对珠海作为珠江口西岸核心城市的重新定位，给珠海图书馆事业迎来了前所未有的发展机遇。与此同时，随着《国家中长期教育改革和发展规划纲要（2010—2020年）》等文件的相继出台，对珠海市中小学图书馆提出了更高的要求。如何认清形势，进一步认识中小学图书馆与其他类型图书馆合作的必要性，并探索中小学图书馆与公共图书馆、高校图书馆的合作途径及方法，显得日益重要。

1. 珠海市中小学图书馆的现状与发展障碍

近年，珠海市教育学会中小学图书管理专业委员会对珠海市中学图书馆进行了比较详细的调查，对各所图书馆的基本情况、管理人员素质现状、购书经费以及现代化、自动化等情况做了简单的统计。从35所学校的反馈情况看出，珠海市中小学图书馆的现状不容乐观。

1.1 文献信息储量少，馆藏质量差

35所中学图书馆中，生均藏书最多的37.97册，最少的1.16册；生均藏书30册以上的有5所，20~30册的有13所，10~20册的有11所，不足10册的有6所；只有3所图书馆的藏书量略高于相关文件规定的藏书量标准，其余的全部不达标 。[1]另外，绝大部分中学图书馆的馆藏质量都很差，"应急书"大量存在。学校为了应付检查的需要，大量购买小册子书、

* 该论文由王鸿飞撰写，原载于《公共图书馆》2014年第2期。

书店滞销书等，有的套书数量达到两百多册。

1.2 馆员队伍专业素养参差不齐

珠海市中小学图书馆工作人员的馆均编制低，在编专职图书馆员数量少，以调查的35所中学图书馆为例，馆均在编人数1.75人；本科以上学历28人，大专以下学历35人，特别是中专以下学历还有16人，本科以上学历的图书馆员比例偏低。此外，图书馆学、情报学专业的人才偏少，图情专业本科以上毕业才10人，占14.5%。另外，队伍相对老化，新生力量比例小，专业结构不尽合理，整体素质不高。[2]

1.3 图书馆的条件保障较差

珠海市中小学图书馆在硬件的建设上显得比较薄弱，学校藏书不足和校舍整体配置欠缺情况普遍存在。在馆舍保障方面，绝大多数图书馆都没有足够的空间保障，图书馆功能室的设置与布局不尽合理，做到全开架借阅的图书馆不多。另外，图书馆阅读环境以及读者阅览座位还无法完全满足读者阅读需要。图书馆的设施设备、供读者使用的计算机数量、自动化程度等条件保障仍然比较薄弱。

1.4 图书购置经费严重不足

据笔者的调查了解，珠海中小学图书馆也存在图书购置经费严重不足的问题。在各种评估工作的前后，学校往往会投入大量经费，突击采购足够数量的图书。然而，在没有评估检查任务的年头，图书馆得到的图书购置经费很少，根本无法满足年生均购买图书1册的要求。

1.5 图书馆的现代化基础比较薄弱，自动化、数字化、网络化程度不高

以调查的35所中学图书馆为例，21所实现了计算机管理，比例为58.33%，但仍有15所学校处于手工管理状态。从数量上看，大部分图书馆已经走上了计算机管理的道路，但图书馆管理系统相对比较落后。[3]另外，13所中学图书馆曾经购买过电子图书，16所图书馆建设了电子阅览室，总共拥有近1000台电脑。另外，电子期刊或数据库资源建设是中小学图书馆一项艰巨的任务。总而言之，珠海中小学图书馆的自动化、数字化、网络化程度不高。

2. 珠海市公共图书馆与高校图书馆的发展现状

2.1 珠海市公共图书馆的发展现状

珠海市目前有两所公共图书馆，按全市145.44万常住人口计算（珠海市2007年国民经济和社会发展统计公报），平均一所公共图书馆服务70多万人，人均拥有藏书仅约0.34册，与国际标准相距甚远，也远远低于全国47.34万人拥有一所公共图书馆的平均水平。另外，调查数据显示，在公共图书馆发展的基础上，珠海已建有区镇街道办图书馆26所，社区图书馆（室）71所，其中10万册图书以下的有15所，5000册图书以上的有13所，5000册图书以下的有43所。[4]公共图书馆网点少，覆盖率低，市民利用图书馆难。作为珠江口西岸的“核心城市”，图书馆与其城市定位难以相符。

2.2 珠海市高校图书馆的基本情况

珠海市目前有中山大学、暨南大学、遵义医学院、北京师范大学珠海学院等近10所高

校。根据公开数据粗略统计，各大学图书馆的藏书总量有520多万册，并且还有优越的阅读平台和最先进的电子图书设备。然而，如此庞大的文化资源却一直未被校外读者有效利用。有关调查显示，到高校图书馆阅读的珠海市民人次，不足阅读人数的1%。[5]据北京师范大学珠海学院图书馆张晓峰馆长介绍，珠海图书馆合作比较少，没有类似“深圳文献港”的平台，而目前北京师范大学珠海学院正在牵头，整合联合国际学院（UIC）、北京师范大学珠海学院、北京理工大学珠海学院三所学校的图书资源，建立一个“高新区科技图书馆”平台，为高新区各个公司及政府机关服务。

3. 中小学图书馆与其他类型图书馆合作的必要性

3.1 图书馆合作是现代图书馆发展的趋势

近年来，国内外许多大型公共图书馆之间、大型公共图书馆与小型的社区图书馆纷纷开展各种合作，实现共享资源、通借通还服务。实践证明，图书馆的合作共享，不仅丰富了某一图书馆的图书信息资源，而且极大地拓展了服务领域，扩大了图书馆的服务影响。在此背景下，中小学图书馆如果不顺应时代发展的潮流，继续沿袭独立、封闭的办馆模式，必将难以满足中小学师生的需求。[6]

3.2 合作使中小学图书馆走出困境

据统计，全国中小学图书馆（室）有20多万所，馆藏文献26亿多册。[7]中小学图书馆是我国建馆数最多、藏书量最大的图书馆系统之一，但是，图书馆利用率低、闲置期长、文献资源浪费极大。而且，中小学图书馆的建设发展也很不平衡，城乡、区域差别明显，应付检查、后续动力不足。[8]因此，在当前形势下，中小学图书馆与各类型图书馆的合作，能够在一定程度上缓解中小学图书馆的各种矛盾，比如经费不足、馆藏资源有限等，从而提高服务质量，提高借阅率和书刊资料的利用率，使中小学图书馆走出发展困境。

3.3 合作是珠海市各类型图书馆共建共享共赢必走之路

美国图书馆事业之所以发展迅猛，它的成功经验就在于首先强调合作。美国一般公共图书馆下面都设有分馆，少则十几个，多则几十个，这些图书馆往往参加各种协作组织，实行藏书、技术设备、人力资源的共享。这样，每所图书馆都能共享到比自己馆藏多几百倍乃至几千倍的信息资源。[9]以广东省图书馆为例，深圳市的“图书馆之城”、东莞市的总分馆制图书馆集群网络、佛山市的联合图书馆等，都是珠海学习借鉴的榜样。

4. 中小学图书馆与其他类型图书馆合作的途径与方式

珠海市中小学图书馆与公共图书馆、高校图书馆的合作开展得并不顺利，一直处于尝试与摸索阶段。从短期合作与中长期合作来看，中小学图书馆可以从图书馆员教育与培训、资源共享、技术支持、阅读活动等方面寻求与其他类型图书馆合作的机会，为读者争取更好的阅读环境，提供更丰富、更便捷的服务。

4.1 开展中小学图书馆管理人员培训以及继续教育，提升队伍素质

公共图书馆利用自身优越的条件，有组织、分层次地实施培训计划，能够从整体上提高中小学图书馆员的业务能力。例如，珠海市图书馆每年都组织一些相关的培训班或报告

会，这些都是中小学图书馆管理人员学习培训的好机会。

此外，根据珠海市大学与中学联盟学校合作与交流协议书，中学可以得到大学师资培训的支持，高校可以派专家学者给中小学图书馆管理人员做培训讲座，也可以开展继续教育，为中小学图书馆员提供继续深造的机会。

4.2 支持中小学图书馆的用户教育与阅读指导，提高中小学读者的信息素养

面向中小学生，开展如何利用图书馆的丰富文献查找资料、如何选择书籍、如何进行网络信息资源利用与检索等内容的用户教育与阅读指导，显得特别重要。公共图书馆、高校图书馆在这些方面有着成功的经验和丰富的资源，可以支持中小学图书馆的用户教育与阅读指导工作。通过走进中小学开展图书馆利用与阅读方法的讲座，支持中小学图书馆开展新生入馆培训，推荐学生阅读好书，指导学生的网络阅读与电子阅读等方式，提高中小学读者的信息素养。

4.3 中小学图书馆现代化建设的技术支持与业务指导

公共图书馆，特别是高校图书馆的数字化、网络化建设已经比较成熟，很值得中小学图书馆学习借鉴。首先，在自动化建设方面，中小学图书馆可以寻求其他类型图书馆的技术力量支撑，对中小学图书馆员进行技术方面的指导与培训。其次，在数字图书馆建设方面，随着电子图书、电子期刊、全文数据库的大量出现，中小学图书馆应和公共图书馆、高校图书馆合作，建设符合中小学教育教学需要的数字图书馆，同时能够通过资源共建共享协议，争取得到更多资源共享的实惠，实现网络化联合，统一规范编目，实现学校馆际互借，资源共享。

此外，公共图书馆、高校图书馆还可以在业务方面给予相关指导。特别是馆藏资源的招标采购以及图书采编方面，比如图书招标采购、图书编目等，如果得到相关的指导，中小学的馆藏资源建设就会更加合理、更加完美。

4.4 合作开展读书活动，进一步开展阅读推广活动以及社会化服务

不管是中小学图书馆还是公共图书馆、高校图书馆，读书活动都开展得红红火火，效果也非常明显。相对于中小学图书馆，后两者无疑拥有更加丰富的资源，活动形式也更加精彩。以珠海图书馆为例，珠海市图书馆每个月都举行涉及文化、经济、教育等方面的展览活动。另外，作为一个重要的公共阅读场所，作为保证公民信息权利和信息公平的社会机构，公共图书馆应是促进儿童阅读的一个重要支点。在台湾的儿童阅读运动中，公共图书馆担任了中流砥柱的任务；在大陆，这也将是图书馆未来应该扮演的角色。[10]此外，中小学图书馆还可以与公共图书馆合作，尝试开展社会化服务。

4.5 探索中小学图书馆与各类型图书馆的合作模式，逐步实现资源共建共享共赢

珠海市中小学图书馆要发挥最大限度的作用，必须与各类型图书馆开展深层次的合作，充分融入珠海图书馆事业这个大集体中。换一个角度来说，就是各类型图书馆要探索出符合珠海实际情况的图书馆合作模式，也就是“珠海模式”。作为重新定位的珠江口西岸“核心城市”的珠海，如何整合各类型图书馆资源，建立“珠海模式”，逐步实现资源

共建共享共赢，促进珠海文化盛市，将是未来一段时间珠海图书馆界重要的研究课题。

4.6 搭建交流平台，合作开展科研项目，督促中小学图书馆规范化、标准化建设

要改变中小学图书馆闭门造车，不被外界所关注的现状，就务必搭建合作交流的平台，保障沟通顺畅。近年来，中小学图书馆管理队伍素质不断提高，开展学术研究的需求不断增强，但是由于中小学图书馆学术氛围不高，年轻人缺乏相关的研究经验，无法开展相关的课题研究。高校图书馆以及公共图书馆可以利用自身的优势，指导中小学图书馆开展科研课题。条件允许的情况下，甚至可以合作开展科研项目，让更多中小学图书馆与图书馆工作人员参与各种科研项目中，增强中小学图书馆员的科学研究能力。[11]

参考文献：

[1]谢惠华.论珠海市公共图书馆与中学图书馆合作发展策略[J].山东图书馆学刊，2010（3）：76–78，99.

[2]王鸿飞.珠海市中学图书馆人员素质现状与教育培训[J].图书馆论坛，2009（5）：65–68.

[3]王鸿飞.中学图书馆自动化建设刍议[J].山东图书馆学刊，2010（4）：58–60.

[4]吕珩.珠海社区图书馆建设现状调查分析与发展思考[J].图书馆论坛，2009（4）：49–52.

[5]姜平，李楠.馆藏图书天量，社会读者寥寥[N].珠海特区报，2010–12–06（10）.

[6]林佩玲.宁波大学园区图书馆与中小学图书馆合作的实践与思考[J].宁波教育学院学报，2009（12）：99–101.

[7]中国图书馆学会.中国图书馆事业报告2007[M].北京：北京图书馆出版社，2008，4–4.

[8]傅曦.试论公共图书馆与中小学图书馆之合作[J].图书馆论坛，2009（1）：23–25.

[9]李秀芝.刍议中小学图书馆与公共图书馆的合作与发展[J].农业图书情报学刊，2006（9）：93–94，141.

[10]朱淑华.公共图书馆与儿童阅读推广[J].图书馆建设，2008（10）：61–65.

[11]张海燕.刍议科学专业图书馆、公共图书馆的合作与共享[J].四川图书馆学报，2008（1）：20–23.

以读书活动为载体，创新图书馆服务*

摘要：本文介绍了开展读书活动的背景，并以珠海市第二中学、珠海市第三中学开展的读书活动为例，分析珠海市中小学图书馆开展读书活动的一些具体做法。最后，谈了开展读书活动的一些想法。

关键词：图书馆；读书活动；世界读书日；读者服务

《中小学图书馆（室）规程（修订）》第十五条明确规定“图书馆要配合学科教师组织形式多样的读书活动”。而且在教育部印发的通知中强调“各地要采取有效措施，积极开展各种读书活动，鼓励各地中小学图书馆（室）对社区、学生业余时间开放，提高图书的借阅率、使用率，充分发挥中小学图书馆（室）的使用效益”。这给中小学图书馆开展读书活动提供了政策支持。读书活动是指中小学图书馆有组织地开展以读书为主要内容的活动，其目的是：大力宣传和倡导学生好读书、读好书，推动创建学习型校园。大力组织和开展校园读书活动，是创新图书馆服务内容、活跃校园文化生活的最佳途径。[1]

然而，读书活动作为阅读的一种实现形式，长期以来没有得到重视。对于发展落后的中小学图书馆来说，尽管开展读书活动是新课程改革环境下图书馆工作的内在要求，是图书馆深化改革的一个重要措施，然而中小学读书活动的现状不容乐观，主要表现在对读书活动的意义与作用认识不够，读书活动的形式缺乏创新，缺少典型的做法与借鉴的经验等。2009年6月18日，“新课程环境下珠海市中学图书馆创新服务研究”课题组召开了“珠海市中学图书馆创新服务研讨会”，其中的一项，就是根据课题组前期调查情况，结合近几年世界读书日期间珠海市中学图书馆开展读书活动的成功案例，对读书活动的意义，读书活动兴起的背景，读书活动的形式以及读书活动的基本做法、成功经验等进行了一番交流与探讨。

1. 中小学图书馆开展读书活动是大势所趋

1.1 世界读书日，读书活动日益火爆

1972年，联合国教科文组织向全世界发出“走向阅读社会”的召唤，要求社会成员人人读书，图书成为生活的必需品，读书成为每个人日常生活不可或缺的一部分。1995年，

---

* 该论文由王鸿飞撰写，原载于《图书馆界》2010年第2期。

联合国教科文组织宣布4月23日为“世界读书日”。自世界读书日宣布以来，已有超过100个国家和地区参与此项活动。每年的读书日，各国把读书的宣传活动变成一场热热闹闹的欢乐节庆。[2]今年的世界读书日，中共广东省委宣传部、广东省精神文明建设委员会办公室、广东省教育厅、广东省新闻出版局等八个部门和单位《关于印发〈2009“书香岭南”全民读书活动方案〉的通知》（粤宣通〔2009〕16号）就要求开展书香岭南全民读书系列活动。《2009年广东省“书香校园”评选活动实施方案》也强调“举办书香校园系列活动”。因此，中小学开展读书活动，不仅是世界读书日的号召，也是营造书香校园的必要措施之一。

1.2　开展读书活动是实施“知识工程”方案的根本要求

1997年，由中宣部、文化部等9个部门共同组织实施的知识工程，倡导全民读书，建设阅读社会。“知识工程”是以发展图书馆事业为手段，以倡导读书、传播知识、推动社会文明与进步为目的的一项社会文化系统工程，是社会主义精神文明建设的重要组成部分。“知识工程”实施的一个主要目标就是在2010年之前，在全社会形成爱书、读书、利用图书馆的良好风尚，大力开展丰富多彩的读书活动。[3]2000年，“全国知识工程领导小组”把每年的12月定为“全民读书月”。2006年4月，中共中央宣传部、教育部等11个部门团体联合发出《关于开展全民阅读活动的倡议书》，倡议积极开展全民阅读活动。2006 年11 月发表的《关于全民阅读的深圳宣言》以及2007年4月在中山大学举行的“第一届全民阅读论坛”，进一步引导和推动全民阅读。[4]由此可见，随着“知识工程”的不断推进，开展读书活动已经成为图书馆读者服务工作的重要内容，也是中小学图书馆努力的方向。

2. 珠海市中学图书馆读书活动的实例分析

近几年，珠海市中学图书馆积极响应《中小学图书馆（室）规程（修订）》的关于开展读书活动的要求，根据图书馆的实际情况，在“4·23世界读书日”期间开展了形式多样的读书活动。比如，珠海一中的图书漂流活动，紫荆中学的阅读指导活动，拱北中学的图书阅读节、使我印象最深刻的一本书读后感以及向图书馆捐书活动，珠海三中的图书馆文化节等。各种主题、各种形式的读书活动，很好地宣传了图书馆存在的意义、读书阅读的意义，营造了浓郁的读书氛围。以今年的世界读书日为例，珠海二中、珠海三中开展的读书活动效果良好，值得借鉴推广。

2.1　珠海市第二中学的读书节活动

2.1.1　缘起

为纪念“4·23世界读书日”，围绕“倡导全民阅读，培养读书意识”主题，结合珠海二中图书馆的实际，希望通过开展一系列文化活动，以构造一个和谐、健康向上的人文环境，在全校形成读书求知的浓厚风气，激发全校师生的读书热情，吸引全校师生多读书、读好书。没有书香的人生是可怕的，拥有书香的人生是温馨的。通过开展读书活动，大力营造知书达礼、好学求进的校园书香氛围，为教师专业发展、学生健康成长提供精神动力和智力支持。4月28—29日，珠海二中图书馆举办了“第14届世界读书日暨珠海市第二中学首届读书日”活动，开展了读书有奖知识竞猜活动和图书交换跳蚤市场活动。[5]

2.1.2 做法

（1）读书有奖知识竞猜活动。结合中学生语文学习的特点，图书馆教师分工合作，首先准备足够多的文学常识题目，然后确定知识竞猜设文学常识130条，通俗易懂、难度适宜，写到彩色的纸条上，并且安排编号贴于阅览室的绳子上。事先准备好一些奖品，比如糖果、文具，同时做好宣传工作。4月28日，读书有奖竞猜活动正式拉开序幕，参加文学常识有奖竞猜活动的学生到图书馆来，根据自己的知识储备，进行现场答题。猜对一条获得一份奖品，吸引了许多学生参加，很受学生的欢迎。

（2）图书交换跳蚤市场。图书交换跳蚤市场以“珍惜书籍，节约资源”为主题，活动本着“您的多余，我的需要”，鼓励每位学生将自己已经看过或存放已久，但仍保存较好的书籍拿出数本来，放到图书交换跳蚤市场中，与同学们共享好书，开展图书交换。通过这样的活动，分享知识，做到好书的重新利用，提高图书的使用价值。

2.1.3 效果

在世界读书日期间，举办读书节活动，让全校师生充分认识到阅读的重要性、读书的好处，也使“4·23世界读书日”深入人心。文学常识有奖竞猜活动的开展，吸引了大批读者走进图书馆，读者到馆率比平时有明显的增长。此外，通过读书活动的成功举办，极大地宣传了图书馆，扩大了图书馆的影响力，让更多的师生亲近图书馆，走向图书馆，图书馆的利用率逐步提高。

2.2 珠海三中纪念第14届世界读书日·首届图书馆文化节活动

2.2.1 缘起

为迎接并纪念“4·23世界读书日”，为在全校师生中形成读书求知的浓厚风气，激发广大学生的读书热情，吸引学生走进图书馆来，展卷一读，多读书、读好书，也为了建设读书的校园，谈书的校园，书香四溢的校园，围绕书香校园系列活动的要求，珠海三中图书馆举办了珠海三中首届图书馆文化节，开展了“读史·书香·人生”专题报告会、“共享知识、传承感动”图书漂流活动、“认识珠海、热爱珠海”读书征文比赛、“品读好书，感悟人生”读书札记征集活动以及“2009我的目标”心意贴活动等系列活动。

2.2.2 做法

（1）“读史·书香·人生”专题报告会。2009年4月28日，珠海三中图书馆邀请珠海市图书馆的王彪馆长到珠海三中给高一全体学生（800多人）做“读史·书香·人生”专题报告会。围绕“读史·书香·人生”的主题，王彪馆长结合自身的经历，分别从读史、书香、人生这三个方面谈了他关于历史、关于读书、关于人生的看法。报告会反应热烈，效果明显。

（2）“共享知识、传承感动”图书漂流活动。为了建设书香校园，使整个校园成为一所开放的天然图书馆，让校园传递书香、传递诚信、传递和谐。珠海三中图书馆举办了以“共享知识、传承感动”为主题的图书漂流活动。在图书馆、教学楼、楼梯口、公共平台等场所设置了8个图书漂流点，安排了8辆漂流书车，一共漂流图书1000册，漂流时间从4月到6月，持续了近两个月时间。全校师生参与的积极性非常高，漂流书车的图书一扫而空，取得了很好的宣传效果。

（3）“认识珠海、热爱珠海”读书征文比赛。在世界读书日来临之际，图书馆与海韵文学社举办了“认识珠海、热爱珠海”读书征文活动，希望通过读书征文比赛进一步了解同学们的读书见解，浓厚同学们的读书兴趣，交流读书心得，分享好书，评价好书，以营造良好的读书氛围，建设书香校园。本次活动得到语文科组以及全校师生的支持与配合，并积极参与其中。最后一共评出一等奖、二等奖、三等奖以及优秀奖35名，其中一等奖3名，二等奖5名，三等奖10名，优秀奖17名。部分校内获奖的作品参加由珠海市委宣传部、珠海市文化广电新闻出版局、珠海市教育局联合主办，珠海市图书馆承办的2009“认识珠海、热爱珠海”读书征文活动取得优异成绩。全市共设一等奖1篇、二等奖3篇、三等奖5篇、优秀奖9篇，陈玥琳同学的作品《站在时代边缘的那座城》获得二等奖，邓雅丽同学的作品《我眼中的珠海》获得优秀奖。此外，因在本次读书征文活动中组织工作表现出色，珠海三中还获得珠海市委宣传部、珠海市文化广电新闻出版局、珠海市教育局授予的组织奖。[6]

（4）“品读好书，感悟人生”读书札记征集活动。同学们把在读书过程中对自己产生思想影响或从中受到启发、得到感悟的精彩的一句话或一段话摘录下来，并写出感想和推荐理由，跟大家一起来分享阅读带给我们的思想启迪，交流读书体会。

（5）“2009我的目标”心意贴活动。图书馆，是汇聚着思想的智慧殿堂，是汇聚着宁静的美好港湾，我们还希望她能成为汇聚愿望的心灵家园。在这个以梦想和激情作为标签的2009年，来图书馆贴出你的目标，从这里开始起跑吧！

2.2.3 效果

围绕创建书香校园这个主题开展的珠海三中纪念第14届世界读书日·首届图书馆文化节系列活动在校园形成一道亮丽的风景线。在活动的筹划准备阶段，做了充分的思想动员，通过活动预告海报、图书漂流倡议书海报，对活动做了充分宣传，发动全校师生参与各项活动中，全校师生参与的积极性非常高，创设了浓郁的读书环境与氛围。整体上达到了活动的目的，宣传了读书、阅读的重要性，诠释了图书馆存在的重要意义。陈少敏校长呼吁全校师生要“多读书、好读书、善读书”，并且经常写读书札记。一个学期下来，根据读者借阅排行榜显示，部分同学从图书馆借阅的图书已经达到70多本或80多本，阅读量逐渐增加，逐渐形成浓厚的读书学习氛围。

3. 启示

3.1 以图书馆为中心开展读书活动，能提高图书馆各种资源的利用率

开展各种读书活动是图书馆的职能所在，是加强图书馆宣传的重要手段之一。以图书馆为中心开展读书活动，宣传图书馆的资源与服务，让图书馆主动向师生读者靠拢，能够

加强图书馆的知名度，树立良好的形象，会吸引更多的读者到图书馆来，引领读者多读书、好读书，为构建学习型的校园营造浓厚的氛围，让爱读书、好读书成为风尚，能够提高图书馆的利用率。[7]

3.2 要加强读书活动的组织领导、策划工作，做好读书活动的宣传工作

开展读书活动要加强组织领导，争取得到学校领导的支持，成立读书活动领导小组，领导小组以校长等主要领导为组长，成员应包括学校教务处、学生处、团委、办公室的领导以及图书馆的教师。活动领导小组要做好调研工作，注重读书活动的策划工作，统筹规划好读书活动的整体方案。对于图书馆读书活动，要做好宣传工作，[8]利用升旗仪式领导讲话时间，宣读读书活动的倡议书以及活动安排。同时，要设计活动海报以及标语、口号，进行多轮次的宣传。

3.3 要确定好读书活动的主题，联系学科教学，选择好读书活动的方式

读书活动的主题非常重要，是贯穿整个活动的灵魂。要紧密结合社会形势的发展状况，关注社会热点、焦点问题，以及学校发展计划，确定活动主题。考虑到中学图书馆的特色性，还需把读书活动与大阅读教学有机结合，把读书活动内容渗透于学科的教育教学之中。各所学校可以根据自己图书馆的情况，选择好读书活动的方式，除了征文比赛、知识有奖竞猜等之外，可以不断进行创新。

3.4 中学图书馆开展读书活动，要加强与公共图书馆合作，寻求各种资源与帮助

中学图书馆由于资源相对缺乏，开展读书活动会感到比较吃力。如果要真正突出读书活动的影响力与效果，树立读书活动的品牌，在做好分内工作的同时，还需要加强与公共图书馆的合作，寻求更多的资源与帮助。每年的世界读书日，公共图书馆都会举办主题读书活动，开展各种形式的读书活动。就算平时，为了宣传图书馆资源与服务，公共图书馆也会开展一些读书活动。其中有很多读书活动是面对中小学生的，我们可以加以关注，寻求合作的机会，使读书活动能够成为一种载体，创新中学图书馆的服务。

4. 展望

中小学图书馆作为学校教育教学的重要组成部分，是学校的书刊资料信息中心，是为学校教育、教学和教育科学研究服务的机构。要实现中小学图书馆的职能与任务，必须抓住“4·23世界读书日”以及每年12月的 “全民读书月”的契机，开展各种各样的读书活动，以读书活动为载体，拓展中小学图书馆的服务内容，实现中小学图书馆的服务创新。阅读是美丽的，阅读是美好的。我们有理由相信，中小学图书馆正在逐渐踏上“读书活动”这块沃土，去开创属于自己的一片新天地。

参考文献：

[1]江苏省教育装备与勤工俭学管理中心.中小学图书馆管理与服务[M].北京：北京图书馆出版社，2007：290.

[2]李庆忠.大阅读背景下中小学图书馆的应对[J].中小学图书情报世界，2008（10）：4-8.

[3]黄兴港.大力开展读书活动　拓展读者服务工作[J].图书馆建设，2003（3）：74-75.

[4]庞建民.创新读书活动　引领全民阅读[J].图书馆建设，2008（6）：14-18.

[5]我校举办“第14届世界读书日暨珠海市第二中学首届读书日”活动[EB/OL].[2009-05-04]. http://10.21.24.2/ReadNews.asp? TypeID=16&NewsID=1863.

[6]2009年“认识珠海、热爱珠海”读书征文获奖作品揭晓[EB/OL].[2009-06-19]. http://www.zhlib.com.cn/shownews.asp? id=79.

[7]高惠娟.读书活动：引领国民阅读的有效方式[J].图书馆，2007（4）：96-98 .

[8]黄娅.中专学校图书馆开展读书活动之我见[J].图书馆论坛，2004（10）：206-207.

“班级微图书馆”：班级图书角的优化与创新*

摘要：本文分析了班级图书角的不足，并提出班级图书角的优化与创新形式——“班级微图书馆”。对“班级微图书馆”的特点进行分析，并总结了珠海三中“班级微图书馆”的实践探索与经验，展望了“班级微图书馆”的应用前景。

关键词：“班级微图书馆”；班级图书角；特点；阅读推广；书香校园

古人云：“开卷有益。”“立身以立学为先，立学以读书为本。”“读书破万卷，下笔如有神。”书籍在人的成长过程中扮演着重要角色，是人走向未来的基石。[1]目前，大多数有条件的学校都建立了图书馆，一些图书馆在阅读推广方面做了很多努力。但是，由于各种原因，图书馆的利用率并不理想，师生很少到图书馆借书，图书馆也不经常开放。另外，我们也看到很多学校建立了班级图书角，形式各样，煞是吸引人眼球。但是，长期下来，问题却不断显现。有的班级开始有较完善的管理制度，但后期管理松懈，最后管理制度只是纸上谈兵，有点虎头蛇尾。而另一部分班级由于没有建立规范的借阅制度，放任自流，图书流转速度慢，图书角慢慢成为一种摆设。[2]据文安强调查，班级图书角还存在以下几方面的问题：一是各班级图书角的管理水平参差不齐；二是图书的种类和数量参差不齐，没有得到合理的开发利用；三是图书流失严重，而补充较少；四是书柜的式样各异，没有统一摆放和规划，甚至有些杂乱；五是相当部分班级都建成了基本的图书角，但都缺乏后期指导和充分利用。[3]近年来，笔者所在的学校积极开展书香校园的实践与研究工作，在书香校园、书香班级、图书馆建设等方面进行了相关的探索，提出“班级微图书馆”的设想，并进行了有效的实践探索。“班级微图书馆”对班级图书角进行了优化与创新，为班级图书角的建设提供了新的思路 。

1. “班级微图书馆”的特点分析

1.1 以学校图书馆为中心，“班级微图书馆”为节点，建设“总馆—分馆”微体系

“班级微图书馆”是从图书馆的角度进行的界定，相对于学校图书馆而言，“班级微图书馆”是相对微型的图书馆。跟以往的班级读书角或班级图书角相比，“班级微图书馆”通过在各个班级建设微型图书馆，形成以学校图书馆为中心，“班级微图书馆”

---

* 该论文由王鸿飞撰写，原载于《河南图书馆学刊》2015年第10期。

为节点的图书馆微体系。类似公共图书馆的“总馆—分馆”体系。在校园搭建基于“学校图书馆—班级微图书馆”的阅读平台。

1.2　班级图书柜量身设计，统一美观

过去一些学校提出建设班级图书角，但是没有统一打造班级图书柜，导致书柜的式样各异。后来个别学校才慢慢出现统一的班级图书柜。“班级微图书馆”建设之初，图书馆深入班级进行了多次调研，根据教室位置量身设计了班级图书柜，并统一为每个班级配置了班级图书柜，构建了实用美观的阅读平台。

1.3　图书来源多样化，图书流通快、更新及时

以往班级图书角的图书来源主要是学校统一购买或教师、学生的捐赠，图书质量参差不齐，图书更新不及时，甚至没有更新。而“班级微图书馆”作为学校图书馆的一部分，图书的主要来源是学校图书馆。图书馆为每个班级开通一个读书卡，图书借阅权限（最大量）为200本，通过班级团借的方式给“班级微图书馆”提供源源不断的图书资源。由于这些图书是可以随时更换的，图书可以根据需要及时更新。另外，“班级微图书馆”还是学校图书馆的图书漂流站，是学校漂流活动的节点，接收图书漂流活动的图书。当然，师生自筹图书、捐赠图书、学校专款购买的图书以及班级订购的书刊都是“班级微图书馆”的图书来源。

1.4　“班级微图书馆”由图书馆统一管理，有统一的规章制度

在“班级微图书馆”的建设与利用过程中，学校图书馆不仅为“班级微图书馆”配备书柜、提供图书保障，还制订了统一的规章制度，统一对“微图书馆”进行管理。例如：有统一的建设方案，有统一的班级团借规则，有格式统一的“微图书馆”图书目录。还要求班级安排专人配合 “班级微图书馆”的管理，做好“班级微图书馆”图书的管理、借阅以及使用登记。

2. “班级微图书馆”的实践探索——以珠海三中为例

2.1　图书馆制订实施计划，设计美观实用的班级图书柜

为了探索书香校园、书香班级的建设，营造浓郁的读书氛围，我们提出了“班级微图书馆”的设想，并制订了《珠海三中“班级微图书馆”计划》，对“班级微图书馆”的建设目标、建设规划、书刊来源、管理方式以及后期检查评估等做了规划。此外，多番调研，立足实际，设计了专门的班级图书柜，为“班级微图书馆”的建设打下良好基础。

2.2　图书馆制订规章制度和管理方案，开展班级团借服务

“班级微图书馆”以学校图书馆为中心，具有丰富的图书资源保证。由学校图书馆制订统一的管理方案和班级团借制度，如：《“班级微图书馆”班级团借的规则》《“班级微图书馆”的管理借阅规则》等。此外，图书馆为每个班级开通班级读书卡，通过班级团借的方式向“班级微图书馆”提供图书资源。图书馆开展班级团借的服务，每次团借后都能够及时打印出班级团借的图书目录，反馈给班级，以便做好图书的借阅登记、统计，做到有序管理。

2.3 “班级微图书馆”建设与利用的实践

2.3.1 对“班级微图书馆”进行美化

各班按照《珠海三中“班级微图书馆”计划》的建设方案，对班级图书柜与背景墙进行装饰美化。得益于班主任和学生的集体智慧，很多班级的“微图书馆”的美化装饰很到位，而且把图书角的美化装饰跟教室整体布置紧密结合，跟绿色校园建设结合起来，体现了班级特色与班级文化。

2.3.2 给“班级微图书馆”一个有特点的名字

同学们在精心布置“班级微图书馆”阅读区域的时候，还喜欢给“班级微图书馆”取一个自己喜欢的名字。比如“图书角”“尚文苑”“SEVEN”“书苑”“心灵驿站”“纳川馆”“书香苑”“梅香阁”“书香溢柜”“悦书阁”等。

2.3.3 充分发挥班级读书卡的作用，挑选各种各样的书籍，丰富“班级微图书馆”

同学们可以咨询班主任、图书馆教师或语文、英语等学科教师，了解一些图书目录，也可以通过班级调查，掌握同学们的阅读兴趣，然后派代表到图书馆挑选图书。通过向图书馆班级团借，这些图书就成为“班级微图书馆”的图书资源。与此同时，班级还可以在图书馆拿到“班级微图书馆”所借图书的目录，目录清楚显示图书的名称、作者、出版社等信息，每本书后面还有很多借阅人签名的空格，以便在班级借阅的同学做好登记。

2.3.4 做好图书分类，安排专人管理，进行阅读推广

“微图书馆”的图书到位后，班级可以对图书进行重新分类，例如历史类、教辅类、名著类、英语类、小说类、工具书、参考书、综合类等。班级也会安排专人负责管理，并根据班级情况，制订班级借书规则。“班级微图书馆”的管理员会采取一些措施向同学宣传“微图书馆”的图书。例如制作我推荐的栏目、利用课前演讲介绍好书。有漂流图书的时候，班级还可以设立漂流吧栏目，引导同学阅读漂流图书。

2.3.5 做好读书笔记，开展班级读书活动

“班级微图书馆”注重收集同学的读书笔记和阅读心得。班级可以充分利用“班级微图书馆”的背景墙，展示大家的读书心得、读书笔记。比如把好书推荐、好句摘抄、读书心得写在便利贴或纸条上，粘贴到背景墙上；或选择部分好的读书心得，字迹工整地写到彩色纸上，粘贴到背景墙展示。另外，还有班级准备了阅读记录本，记录阅读的点点滴滴，分享阅读的收获。学科教师也可以结合教学内容，开展专题阅读活动，充分利用好“班级微图书馆”的书籍。

2.3.6 配合学校图书馆文化节，积极参与学校开展的读书活动

学校图书馆每年都会举办图书馆文化节，开展各种各样的读书活动。例如图书漂流活动、读书征文活动、图书捐赠活动、游园猜谜活动、心意贴活动、微书摘活动、语文阅读指导课、“你选书，我买单”书展活动等。作为学校图书馆的一部分，“班级微图书馆”是所有读书活动的宣传载体，活动的宣传和海报会粘贴到“班级微图书馆”。另外，“微图书馆”是图书漂流活动的漂流站，捐书活动的捐书点，开展征文活动的时候，征文活动

推荐书目上的一些图书也会在“微图书馆”进行展示，以供大家选择。

2.3.7 保持和学校图书馆联系，关注“微图书馆”信息

每学期，图书馆都会通过校讯通、微博、微信、广播站、宣传单等方式向班级发布“班级微图书馆”建设的信息。这些信息包括：开展班级团借，建设“班级微图书馆”的通知；班级图书管理员培训与交流的信息；图书馆文化节读书活动的信息；“班级微图书馆”借书排行榜；期中“班级微图书馆”检查评比信息；期末“班级微图书馆”图书归还信息；“微图书馆”未还图书目录等。所有“班级微图书馆”都严格按照学校图书馆的统一安排，才能保障“微图书馆”建设的有序进行，也能保障图书财产的安全。

2.4 注重班级图书管理员的培训与经验交流

在“班级微图书馆”建设中，有两支学生队伍发挥着重要作用。第一支队伍是图书馆的学生助理（义工）队伍，不仅在日常的图书馆工作中，帮忙图书上架、图书宣传等，在“班级微图书馆”的宣传推广中，一直在图书馆与班级之间起到桥梁作用。第二支队伍是每个班级负责图书角的班级图书管理员，是班主任指定的负责人，负责班级团借、图书角建设、图书管理以及使用登记等。班级图书管理员是否喜欢阅读、是否了解图书、是否用心管理、是否细心服务，影响着“班级微图书馆”的管理与服务的好坏。因此，班主任要尽量选择有责任心、喜欢阅读的学生。此外，图书馆也要注意对班级图书管理员的培训与指导，耐心跟他们介绍“班级微图书馆”建设的一些事项。定期召开班级图书管理员的培训会议，介绍“班级微图书馆”建设与管理的成功经验，开展经验交流，树立典型。通过这种交流，相互学习、相互借鉴、相互影响，促进“班级微图书馆”的发展与完善。

2.5 加强检查与评比，树立典型，展示建设成果

“班级微图书馆”的建设工作没有强制性，主要靠班主任与学生管理员的自觉。尽管大多班级都开展了建设，也取得很好的效果，但是离“班级微图书馆”的建设设想还有一定的距离。如果能够开展班级图书馆（角）的建设评估，加强监督检查与评比，通过各种手段，树立典型，展示建设成果，更能激励班级的建设热情。如在班风班貌检查指标中，加入了班级图书角建设这一项，跟其他指标一起，占有相当的分数比例。还可以制订《关于开展“美化教室”活动方案》，并开展“美在教室”评比活动。在方案中涉及“班级微图书馆”的内容，要求专人负责班级图书角的建设与管理，并且尽量体现班级文化，做出特色。此外，有条件时候还可以开展书香班级以及阅读之星评比等。

3．“班级微图书馆”的应用成效与前景展望

基于“学校图书馆—班级微图书馆”的阅读平台，图书馆在阅读推广上下了很多功夫，并连续开展了6届图书馆文化节读书活动。清新田园风、古典书香风、创意动漫风……每个班级都根据自己的特色打造“微图书馆”，成为校园里一道道靓丽的风景线。学校图书馆从不起眼的图书室蜕变成颇具规模的图书馆，中午、下午放学时间，图书馆内人气很旺，流通书库（藏书室）、学生阅览室、电子阅览室，甚至户外的阅览桌椅等200多个座位基本满席，期中、期末更是“一位难求”，经常出现“占座”的行为。图书馆逐渐成为

师生生活中不可或缺的一部分，大多同学养成了到图书馆阅读、借还书、写作业、自习的好习惯。据图书馆管理系统显示，2013年图书流通总量达到79 957册，其中借出图书40 404册，还回图书39 553册，按照全校2500人算，学生的年均借书量16册左右。图书馆还以微博、微信等网络手段向读者推荐好书，受到了关注与好评。2013年12月5日《珠江晚报》就以《投经费、设漂流、开微博、问需求……师生联手"击活"图书馆》为标题报道了我校图书馆（含"班级微图书馆"）的建设与利用成效。[4]

班级是学校里的基本单位，做好班级的读书活动，对建设书香校园、学习型校园具有推动作用。如果"班级微图书馆"能够与课堂教学结合、与班级读书结合、与班会课结合、与班级文化融合，并且尝试探究分级阅读理论以及"师生共读""亲子阅读"等阅读方式的应用，必然能够为班级图书角提供新的思路，具有很好的推广价值与应用价值。但是，"班级微图书馆"是否具有生命力和持续力，是否能够发挥出真正的作用，还需要中小学校根据实际，进行更加深入的实践与探索。

参考文献：

[1]王静.书香溢满班级　阅读滋润人生——谈书香班级建设的几点做法[J].语文教学.

[2]王亮.关注校园文化新的增长点——论小学班级图书角建设[J].课外阅读.

[3]文安强.建立和完善高中班级图书角之我见[J].广东教育，2010（12）：30-31.

[4]投经费、设漂流、开微博、问需求……师生联手"击活"图书馆[EB/OL].[2013-12-05]. http://www.zjwb.com.cn/text.php? ud_key=48194&ud_date=2013-12-05.

书香校园创建活动的实践与思考*

摘要：本文根据珠海三中书香校园创建活动的实践情况，谈了创建书香校园的一些努力与做法。比如加强组织领导、加强图书馆建设、开展读书活动等。

关键词：书香校园；读书活动；经验交流；实践与思考

1. 引言

苏霍姆林斯基曾经说过：“学校应当成为书籍的王国。”“要天天看书，终生以书籍为友，这是一天也不断流的潺潺小溪，它充实着思想的江河。” “无限相信书籍的力量，是我们教育信仰的真谛之一。”新教育实验的倡导者朱永新教授认为：“理想的德育应该重视让学生与书本为友，与大师对话，在人类优秀文化遗产中净化自己的灵魂，升华自己的人格。实施有效的道德教育，一定要建立起‘书香社会’‘书香学校’，让学生养成热爱读书的习惯。”

什么是书香校园？朱永新教授这样定义：“通过创设浓郁的读书环境与氛围，推荐优秀的阅读书目，开展形式多样的阅读活动，培养师生强烈的阅读兴趣和阅读习惯，使阅读成为伴随人终生的生活方式，从而为建设书香社会奠定基础。”建设书香校园的目的在于通过倡导师生读书，把师生培养成为书香校园里的文化人，让师生沐浴在书香里、浸润在文化中。[1]《2009年广东省“书香校园”评选活动实施方案》指出，在全省中小学开展“书香校园”评选活动，旨在倡导读书学习的文明风尚，培养广大师生“爱读书、读好书”的良好习惯，大力营造知书达礼、好学求进的校园书香氛围，为教师专业发展、学生健康成长提供精神动力和智力支持。开展书香校园活动有利于构建温馨和谐的校园文化氛围，促进学生健全人格的形成。[2]可见，书香校园的创建活动具有非常重要的意义。然而，我们应该怎么样去创建书香校园，应该以什么样的标准来衡量创建书香校园活动。在本次书香校园评选活动之际，本文参照2009年广东省“书香校园”评选指导体系，结合珠海三中书香校园创建活动的实践，谈谈我校的一些主要做法，希望通过这些思考与交流，能够对书香校园的创建活动有更加深入的认识。

* 该论文由王鸿飞撰写，原载于《中小学图书情报世界》2009年第9期。

2. 主要做法

2.1 转变观念，加大重视力度，加强组织领导

近年来，学校领导从科学发展观的角度出发，解放思想，转变观念，充分意识到要大力营造知书达礼、好学求进的校园书香氛围，加大了创建书香校园的投入力度。主要体现在两个方面：一是加强校园文化氛围、书香氛围的建设。在教学楼的板报墙上，增添了很多与读书相关的版画，比如，勤：书山有路勤为径，学海无涯苦作舟。学：玉不琢不成器；人不学，不知义。另外，在校园以及课室还增添了很多读书励志的图像、格言和标语，使校园洋溢着浓厚文化的氛围。二是进行图书馆的扩建工作，优化了图书馆的阅读环境，丰富了图书馆的馆藏资源。

开展书香校园读书活动，还成立了书香校园创建活动、读书活动的领导小组。其中校长为组长，副校长为副组长，领导小组还包括教务处、教研处、学生处、团委、图书馆的领导和教师以及语文科组、全体班主任等成员。在学期初，活动领导小组就制订了《珠海市第三中学纪念第14届世界读书日·首届图书馆文化节活动方案》，对活动的指导思想、活动主题、活动内容等都做了具体安排与详细说明。

2.2 进行图书馆现代化建设，优化阅读环境，丰富图书资源，开展各种形式的服务

我校图书馆这两年进行了全面扩建工作，扩大了图书馆的馆舍面积，为读者营造宽敞的馆舍环境；购置了新的书架、期刊架、阅览桌椅等图书馆家具；引进了图书馆现代化、自动化管理的软硬件；完成了图书馆电子阅览室的建设等，为全校师生创设了良好的读书环境。同时，不断加强馆藏资源建设，近两年已引进图书2.7万册，今年还将采购新书1万册以上，极大地丰富了图书资源。目前，学校共有图书5万多册，学校藏书人均拥有量已达到23册以上。图书馆充分利用现有的图书资源，开展了各种各样的服务。通过ILASⅡ 2.0附带的网上图书馆功能、图书借阅排行榜、读者借阅排行榜等进行图书馆利用宣传。利用图书馆信息栏与展板，开展新书通报、新书推荐、推荐书目、荐购活动等服务。此外，图书馆还开设了校本课程、阅读指导课，利用图书馆的资源配合语文科组上好语文阅读课。

自从图书馆引进图书馆管理系统ILASⅡ2.0，对新书旧书进行了编目加工，建设了图书馆的书目数据库，注入了现代化的管理理念，实现了计算机自动化管理以来，图书馆的利用率直线上升。以2009年3月到5月举办读书活动期间为例，图书馆流通书库一共开放天数58天，借出图书9282册，平均每天借出图书160册，每天的到馆读者近200人次。此外，学生阅览室、电子阅览室等功能室的使用效果良好。

2.3 根据书香校园系列活动的要求，举办了珠海三中纪念第14届世界读书日·首届图书馆文化节系列活动

为迎接并纪念“4·23世界读书日”，为在全校师生中形成读书求知的浓厚风气，激发广大学生的读书热情，吸引学生走进图书馆来，展卷一读，多读书、读好书，也为把我们的校园建设成读书的校园，谈书的校园，书香四溢的校园，围绕书香校园系列活动的要

求，我校图书馆举办了珠海三中首届图书馆文化节，开展了“读史·书香·人生”专题报告会、“共享知识、传承感动”图书漂流活动、“认识珠海、热爱珠海”读书征文比赛、“品读好书，感悟人生”读书札记征集活动以及“2009我的目标”心意贴活动等系列活动。学校团委、学生会举办了“活力四射”活动月，开展了辩论赛、主持人大赛、学生才艺比赛、校园十大歌手大赛、环保服装设计大赛等活动。文学社以及语文科组举办了诗歌朗诵比赛等读书活动。

2.3.1　“读史·书香·人生”专题报告会

2009年4月28日，我校图书馆邀请珠海市图书馆的王彪馆长到我校给高一全体学生（800多人）做“读史·书香·人生”专题报告会。围绕“读史·书香·人生”的主题，王彪馆长结合自身的经历，分别从读史、书香、人生这三个方面谈了他关于历史、关于读书、关于人生的看法。报告会反应热烈，效果明显。

2.3.2　“共享知识、传承感动”图书漂流活动

为了建设书香校园，使我们的校园成为一所开放的天然图书馆，让校园传递书香、传递诚信、传递和谐。我校图书馆举办了以“共享知识、传承感动”为主题的图书漂流活动。在图书馆、教学楼、楼梯口、公共平台等场所设置了8个图书漂流点，安排了8辆漂流书车，一共漂流图书1000册，漂流时间从4月到6月，持续了近2个月时间。全校师生参与的积极性非常高，漂流书车的图书一扫而空，取得了很好的宣传效果。

2.3.3　“认识珠海、热爱珠海”读书征文比赛

在世界读书日来临之际，图书馆与海韵文学社举办了“认识珠海、热爱珠海”读书征文活动，希望通过读书征文比赛进一步了解同学们的读书见解，浓厚同学们的读书兴趣，交流读书心得，分享好书，评价好书，以营造良好的读书氛围，建设书香校园。本次活动得到语文科组以及全校师生的支持与配合，并积极参与其中。最后一共评出一等奖、二等奖、三等奖以及优秀奖35名，其中一等奖3名，二等奖5名，三等奖10名，优秀奖17名。部分校内获奖的作品参加由珠海市委宣传部、珠海市文化广电新闻出版局、珠海市教育局联合主办，珠海市图书馆承办的2009“认识珠海、热爱珠海”读书征文活动取得优异成绩。全市共设一等奖1篇、二等奖3篇、三等奖5篇、优秀奖9篇，我校陈玥琳同学的作品《站在时代边缘的那座城》获得二等奖，邓雅丽同学的作品《我眼中的珠海》获得优秀奖。此外，因在本次读书征文活动中组织工作表现出色，我校还获得组织奖的奖项。[3]

2.3.4　“品读好书，感悟人生”读书札记征集活动

同学们把在读书过程中对自己产生思想影响或从中受到启发、得到感悟的精彩的一句话或一段话摘录下来，并写出感想和推荐理由，跟大家一起来分享阅读带给我们的思想启迪，交流读书体会。

2.3.5　“2009我的目标”心意贴活动

图书馆，是汇聚着思想的智慧殿堂，是汇聚着宁静的美好港湾，我们还希望她能成为汇聚愿望的心灵家园。在这个以梦想和激情作为标签的2009年，来图书馆贴出你的目标，

从这里开始起跑吧！

2.3.6 “活力四射”活动月系列活动

为迎接学校教学水平的评估，建设讲文明、树新风的和谐校园，丰富校园文化生活，学校在全校师生中组织开展了迎评估盛会，塑文明新风“活力四射”系列活动。开展了辩论赛、主持人大赛、学生才艺比赛、校园十大歌手大赛、环保服装设计大赛等系列活动，极大程度丰富了校园文化生活，营造了浓厚的校园文娱气氛，培养学生的高尚品德，促进校园的精神文明建设，是学校文化建设的重大举措之一，也推动了我校创建书香校园活动的进程，为创建书香校园增添了砝码。

3. 效果与启示

3.1 书香校园系列活动效果显著，逐渐形成浓厚的读书学习氛围

围绕创建书香校园这个主题开展的珠海三中纪念第14届世界读书日·首届图书馆文化节系列活动以及“活力四射”活动月系列活动在我校校园形成一道道亮丽的风景线。在活动的筹划准备阶段，做了充分的思想动员与活动宣传，发动全校师生参与各项活动中，全校师生参与的积极性非常高，创设了浓郁的读书环境与氛围。整体上达到了活动的目的，宣传了读书、阅读的重要性，诠释了图书馆存在的重要意义。陈少敏校长呼吁全校师生要“多读书、好读书、善读书”，并且经常写读书札记。一个学期下来，根据读者借阅排行榜显示，部分同学从图书馆借阅的图书已经达到70多本或80多本，阅读量逐渐增加，逐渐形成浓厚的读书学习氛围。

3.2 书香校园创建活动要以图书馆为中心，最大限度发挥图书馆作用

苏霍姆林斯基说过：一所学校可以什么也没有，但只要有图书馆，就可以称之为学校。建设书香校园要正确定位学校图书馆的位置，图书馆在书香校园创建活动中，要作为核心部门之一，是书香校园文化建设的源头活水，要成为建设书香校园的排头兵，要肩负起主力军的作用。[4]图书馆要创造良好的阅读环境，营造书香四溢的读书氛围，通过开展各种服务及各种读书活动，最大限度发挥在书香校园建设活动中应有的作用。

4. 结语

书香校园的创建需要全体师生的共同付出，需要学校长期的努力，没有终点，只有起点。书香校园的建设工作已经在全国各地铺开，书香校园评选表彰活动也将持续上演。让我们感到欣慰的是，珠海三中已经站在书香校园创建活动这条跑道的起跑线上。我们要紧紧抓住书香校园创建活动的契机，营造书香校园，让孩子们在书的世界里，和教师们一同去阅读经典、阅读思想、阅读文化、阅读精神；通过阅读，让教师和学生与知识为友，与大师为友，与真理为友，夯实自己比天空更广阔的心灵，享受阅读的乐趣。

参考文献：

[1]林建华. 建设书香校园　提升办学品位[J]. 现代校长，2007（10）：43.

[2]2009年广东省“书香校园”评选活动实施方案[EB/OL].[2009-06-11].http://www.gdhed.

edu.cn/Attachment/sszz-64.doc.

[3]2009年“认识珠海、热爱珠海”读书征文获奖作品揭晓[EB/OL].[2009-06-19].http://www.zhlib.com.cn/shownews.asp? id=79.

[4]张桃珍.中学图书馆与书香校园文化建设[J].中小学图书情报世界，2008（5）.

营造阅读氛围　创建书香校园*

——珠海市第三中学创建书香校园的实践与思考

摘要：书香校园建设具有重要的意义。本文从注重软硬件建设、打造校园阅读文化氛围，开展形式多样、丰富多彩的校园文化活动，活动效果显著、读书氛围浓厚等方面介绍了珠海三中创建书香校园活动的实践。

关键词：书香校园；阅读；校园文化建设；读书活动；读书效果

著名学者、教育家朱永新说过："阅读对人成长的影响是巨大的，一本好书往往能改变人的一生。人的精神发育史，应该是他本人的阅读史；而一个民族的精神境界，在很大程度上取决于全民族的阅读水平。一个没有阅读的学校，永远不可能有真正的教育。"[1]2008年以来，按照广东省委宣传部关于开展"书香岭南"全民阅读活动的统一部署，省教育厅立足教育特色、着眼学生发展，在全省各地中小学广泛组织开展书香校园创建工作和书香校园评比活动。[2]珠海三中致力于创设一种师生主动学习、自由发展的人文环境，成立创建书香校园的领导小组，加强校园阅读软硬件建设，挖掘校本资源，开展丰富多彩的校园读书活动，营造阅读氛围，创建具有特色的书香校园。

1. 注重软硬件建设，打造校园阅读文化氛围

1.1　营造良好书香静态环境

结合我校"求真　崇善　尚美"的校训，学校浓墨重彩打造校园读书文化景观：（1）校内的校道有一道很长的文化墙——文明之旅，通过一些石头雕塑重现人类文明演化历程。（2）在教学楼的板报墙上，增添了很多名人画像或者与读书相关的壁画，比如孔子、陶行知等教育家的画像与读书名言。勤：书山有路勤为径，学海无涯苦作舟。学：人不学不知道，玉不琢不成器；人不学，不知义等。（3）校道与走廊上，挂满了读书人物画像以及读书名言以及师生的美术作品，文化氛围与艺术氛围共存。

1.2　注重图书馆建设，打造多元化的馆藏资源体系

学校图书馆采用"藏、借、阅、查"一体化布局，实行全天候、全开架开放。建立和

* 该论文由王鸿飞撰写，原载于《广东省中小学德育》2012年第6期。

健全图书馆各种阅读场所，本着为师生读者创造优美阅读环境的原则，进行图书馆室内环境装饰设计，增添了植物树、花草等绿色装饰，增添了《中图法》、图书索引牌、招贴画、温馨提示等标识标语，开辟了图书馆信息栏、图书馆公告栏等宣传橱窗。并且及时更新馆藏图书，根据学校特色以及师生的阅读需求，购买优质的图书报刊、电子资源库以及教学教育光盘，打造多元化的馆藏资源体系。

1.3 设立班级图书柜，建设书香班级

以营造书香校园为出发点，倡导图书进教室，学校为每个班级设立了班级图书柜，打造“班级微图书馆”，建设书香班级。通过努力营造班级读书氛围，激发学生读书兴趣。学校图书馆给每个班级办理班级读书卡，每张班级读书卡最大借书量是200册。班级可通过班级团借的方式，向学校图书馆借阅图书，用于充实“班级微图书馆”。与此同时，也可以通过师生共享交换好书、班级订购报刊或者参与学校图书漂流活动等方式，开展班级读书活动，建设书香班级，打造具有班级特色的班级文化。

1.4 借助学校宣传橱窗、广播台或微博等新媒介，开展阅读推广活动

在书香校园建设过程中，学校非常注重阅读推广与图书宣传。图书馆定期制作新书通报，并在图书馆设立新书推荐书架，进行图书推介。在图书馆文化节读书活动期间，还通过学校宣传橱窗，进行阅读宣传。如：“播撒阅读种子、营造书香校园；开展阅读疗法，建设和谐校园。”展板内容包括：学校书香校园建设情况介绍，阅读推广、阅读指导以及读书活动情况展示，阅读疗法的理论以及青少年常见心理困扰对症书目等。此外，为了营造浓郁的阅读氛围，学校还充分利用广播台或微博等新媒介，进行好书推荐。如：开通了“珠海三中图书馆”的新浪微博，坚持不懈地向读者推荐图书馆的图书以及读书活动的信息，取得很好的成效。

2. 开展形式多样、丰富多彩的校园文化活动

2.1 举办珠海三中图书馆文化节，开展各种各样的读书活动

结合书香校园系列活动的要求，学校连续举办了四届图书馆文化节，主题分别为：“共享知识、传承感动”“阅读·悦读”“阅读丰富生活”“幸福阅读，书香三中”。到目前为止，开展了“共享知识、传承感动”图书漂流活动、主题读书征文比赛、书评比赛、“读史·书香·人生”专题报告会、曹文轩门道作文讲座、“你选书，我买单”书展活动、科学图谱展览活动、“快乐阅读，书香三中”游园猜谜活动、“共读·共享·共赛”数字阅读活动、图书捐赠活动、“我的目标”心意贴活动以及图书馆利用技能大赛等读书活动。[3]

2.2 围绕社会热点不定期开展各种主题征文活动

利用“学习雷锋活动”“科技周”“儿童节”“全国科普日”“国庆节”等节假日及热点事件，集中开展多种形式的主题征文活动。如语文科组的现场作文比赛、创新作文竞赛、新概念作文比赛等。又如学生处、团委举办的国庆征文活动、环保征文活动、感恩征文活动、禁毒征文活动等。

2.3 开展丰富多彩的语文实践活动

结合语文课堂教学，语文科组、备课组开展了演讲比赛、诗歌朗诵会，以及“校长杯”戏剧节、“古韵金声”经典诗文吟诵会、硬笔书法比赛等一系列语文实践活动。语文教学，从室内到室外，从讲台到舞台，超越了语文教学的时间和空间。从经典戏剧表演到“古韵金声”经典诗文吟诵会，为同学们营造了一个开放、自主的学习空间和舞台。教师们把语文课堂教学与中华优秀文化教育结合起来。开展语文教学创新和探索，打造语文学科特色。以吟诵会的形式来表达经典内容的教学方法，将竞赛与表演合二为一，让同学们在课外下功夫熟记中学阶段的经典诗词名篇名句，并且巧妙利用舞台表演方式，给同学们留下美好的回忆。

2.4 开展语文阅读课，演讲与辩论等读书活动

每个学期，非毕业班都开展了语文阅读课，两周一节，充分利用图书馆的场地资源和图书资源，拓宽了学生的阅读视野，保证了学生的阅读时间。语文课堂还开展课前3分钟演讲活动，开展“我向大家推荐一本好书”的演讲活动，收到了很好的效果。坚持开展了以班级为单位的“晨读、午读”活动。各班认真抓好早读、午读，上好读书课，学校处处都能听到琅琅书声。另外还通过讲故事、演讲、座谈、讨论、辩论等活动，努力营造浓厚的班级读书氛围，扎实开展书香班级创建活动。

2.5 经营好校报校刊、文学社《海韵》园地，打造宣传与读书交流平台

学校创办了《珠海三中》的校报，对读书征文的获奖作品以及其他作品进行刊登，给师生打造了很好的交流平台。文学社编印的《海韵》年级报和《海韵专版》刊登了文学社活动动态和社员优秀文章，积极鼓励同学们投稿。

2.6 开展学科讲座以及学科竞赛活动，提高学科内涵

学校鼓励各个学科有组织、有计划地开展各种学科竞赛活动。除语文科组之外，英语科组、音乐科组等科组也都开展了讲座或者学科竞赛活动。如：平和英语讲座、英语歌曲大赛、国庆合唱比赛、学生钢琴独奏、音乐教师个人专场音乐会等。

2.7 开展教师读书活动，每学期要上交读书札记、教学论文

教研室明确提出要加大校本培训的力度，以教师自我学习为主体，依托科组、备课组开展“五个一”：读一本好书、写一篇有质量的教学论文、上一堂高效课、选一个教学观察与研究小专题、开展一次学法辅导。青年教师每学期还要上交一篇读书札记。

2.8 “活力四射”活动月系列活动

为了丰富校园文化生活，学校连续几年开展树文明新风的“活力四射”系列活动。开展了辩论赛、主持人大赛、学生才艺比赛、校园十大歌手大赛、环保服装设计大赛等系列活动，极大程度丰富了校园文化生活，营造了浓厚的校园文娱气氛，培养学生的高尚品德，促进校园的精神文明建设，是学校文化建设的重大举措之一，也推动了我校创建书香校园的进程，为创建书香校园增添了砝码。

3. 逐渐形成浓郁的阅读氛围，读书氛围日益浓厚

书香校园创建活动系列读书活动的开展在我校校园形成一道亮丽的风景线。全校师生参与的积极性非常高，创设了浓郁的读书环境与氛围，整体上达到了活动的目的，宣传了读书、阅读的重要性。校长呼吁全校师生要“多读书、好读书、善读书”，并且经常写读书札记。学生的阅读量逐渐增加，逐渐形成浓厚的读书学习氛围。图书馆的图书利用率逐年提高，图书的年流通量达到8万册以上。学生课余生活以图书馆为中心，慢慢养成来图书馆学习、自习、阅读的良好习惯。学生“读书”活动硕果累累，教师“读书”活动成效显著。

4. 结语

打造书香校园，是学校的理想追求。我们要让读书、思考成为校园的一道风景。与经典同行，为生命阅读。[4]我们要紧紧抓住书香校园创建活动的契机，营造书香校园，让孩子们在书的世界里，和教师们一同去阅读经典、阅读思想、阅读文化、阅读精神；通过阅读，让教师和学生与知识为友，与大师为友，与真理为友，夯实自己比天空更广阔的心灵，享受阅读的乐趣。[5]

参考文献：

[1]丁林兴.读书论：“营造书香校园”的理论与实践研究[M].苏州：苏州大学出版社，2011.

[2]2011年广东省“千万少年快乐阅读”系列活动通知[EB/OL].[2012-04-20].http://www.xiaohb.cn/content/2011-10/10/content_62510.htm.

[3]王鸿飞.以读书活动为载体，创新图书馆服务[J].图书馆界，2010（2）：69-71.

[4]黄明东.打造书香校园　构筑悦读理念[J].中国教育技术装备，2011（11）：61-63.

[5]王鸿飞.书香校园建设的实践与思考[J].中小学图书情报世界，2009（9）：30-32.

浅议“书香校园”时代中小学图书馆的工作策略*

摘要：本文论述了书香校园建设给中小学图书馆所带来的机遇与挑战，并提出书香校园时代中小学图书馆的工作策略，最后指出书香校园评选活动仍然需要进一步深化与规范。

关键词：中小学图书馆；书香校园；书香校园评比；工作策略

近年来，以“营造书香校园”为基础的“新教育实验”正在全国22个省市的200多所学校轰轰烈烈地进行。连续几年，中共广东省委宣传部、广东省教育厅等九部门联合下发《关于印发〈2009“书香岭南”全民读书活动方案〉的通知》（粤宣通〔2009〕16号）、《关于印发〈2010“书香岭南”全民读书活动工作方案〉的通知》（粤宣通〔2010〕17号）等文件，对开展“书香岭南”全民读书系列活动做了具体的要求。其中在学校阅读活动方面，要求开展书香校园评选、阅读之星评选等系列阅读活动。与此同时，《2009年广东省“书香校园”评选活动实施方案》提出：书香校园评选活动是“书香岭南”全民读书系列活动的重要内容之一。在全省中小学校（含中职学校）开展“书香校园”评选活动，旨在倡导读书学习的文明风尚，培养广大师生“爱读书、读好书”的良好习惯，大力营造知书达礼、好学求进的校园书香氛围，为教师专业发展、学生健康成长提供精神动力和智力支持。[1]由此可以看出，中小学校书香校园建设不仅不可阻挡，而且有愈演愈烈之势。因此，在书香校园建设这个背景下，中小学图书馆界做何应对，很值得大家进行一番探讨。

1. 书香校园建设对中小学图书馆来说是机遇也是挑战

1.1 书香校园建设倡导多读书、读好书，给图书馆带来了发展的契机

2002年底，在“营造书香校园”研讨会上，专家组提出了开展“营造书香校园” 的若干活动原则，并且在推进策略方面，给出了几方面的建议。[2]其中，创设环境方面提到：加强学校图书馆、阅览室建设，倡导在学校建立开放式的图书广场、图书架进班级，阅览室全天开放。要求学校提供专门的、保量的阅读时间给师生，并呼吁列入课程实施计划。整合资源方面提到：呼吁尽可能多地加大政府和学校的图书投入，建议设立专项的经费制度。接受民间团体、个人的捐助，倡导家庭与社区共建学校图书馆，学校图书馆向家

* 该论文由王鸿飞撰写，原载于《广东省中小学图书馆（室）建设工作优秀论文集》（广东人民出版社），2011年。

庭和社区开放。建立校际图书交流制度，开展校际合作。重视超文本图书馆的建设，研究利用网络开展阅读。创设环境和整合资源，简单来说，就是加强图书馆阅读环境的建设，创设浓郁、优越的读书环境；加强馆藏资源建设，多方投入，建设多元化的馆藏资源。所以说，书香校园建设对中小学图书馆来说，是一次重要的发展机遇。

1.2 书香校园建设对图书馆提出了更高的要求，是一场大挑战

目前，“营造书香校园”活动在全国范围内轰轰烈烈地开展起来了，“营造书香校园”已经成为中小学竞相开展的活动。然而，书香校园建设的热潮对中小学图书馆并非完全好消息，书香校园建设对图书馆提出了更高的要求，是一场大挑战，不容中小学图书馆人盲目乐观。首先，由于历史原因，图书馆的藏书量普遍不足，无法满足书香校园建设对图书的需求，馆藏文献保障率不高。[3]其次，书香校园建设需要开展各种读书活动，其中涉及的人力、物力、财力等活动条件图书馆都不具备，往往导致图书馆的读书活动开展起来举步维艰。再次，一直以来，图书馆的服务内容比较单一，服务手段相对落后，到馆率低，图书利用率低，远远无法满足学校教育教学的需求。

1.3 积极参与书香校园建设，不断实践探索，并加强理论研究

书香校园建设对中小学图书馆来说是机遇也是挑战，如何把握机遇，促使中小学图书馆的科学、可持续发展，是中小学图书馆人员必须认真思考的课题。

首先，要明确图书馆在书香校园建设中的地位与作用，图书馆人要积极参与书香校园建设活动之中，通过充分发挥图书馆的功能，营造良好的书香校园氛围，避免少数学校只是图一时热闹，搞了一些形式，没有认真做好相关的工作，使书香校园活动流于表面形式。[4]同时也防止书香校园建设变成与图书馆无关的事情，杜绝被彻底边缘化的现象。

其次，要结合实践，加强书香校园相关的理论研究。一个新事物、新概念的产生，总是需要经过一个不断探索、不断发展的过程。书香校园从开始的提出，到现在已经过去了七八个年头。然而，查阅相关的文献发现，书香校园研究的论文并不多，且论文大多囿于工作层面的描述，鲜有对书香校园活动开展的模式、理论基础与活动效能的深入研究。而且，大多数的文章发表的期刊层次都很低，影响力还不够。因此，为了更好地推广书香校园建设，必须加强对书香校园的理论、模式、效能等深层次的研究，厘清中小学图书馆在书香校园时代的发展定位与战略。

2. 书香校园时代中小学图书馆的工作策略

2.1 不断更新观念、主动出击

中小学图书馆要想在书香校园时代发挥更大的作用，就必须与时俱进，学习实践科学发展观，不断更新观念。图书馆是一个生长着的有机体，每一个阶段的形态、任务、作用、服务内容都各不相同，作为一名图书馆员，必须时刻关注现阶段图书馆的主要任务和主要作用。在平时的工作中，要采取积极的态度，主动出击，尊重图书馆发展规律，重视每一个读者，重视学校教师、重视学校领导，想方设法为学校的教育教学提供尽可能多的

服务，主动参与书香校园建设的工作以及各种读书活动中。

2.2 加大宣传力度，拓展宣传内容与方式

在实际工作中，图书馆的宣传工作具有非常重要的作用，要有意识地去开展各种宣传工作。这些宣传涉及图书馆意识的宣传，馆藏资源的宣传（图书宣传及电子资源宣传），读者培训与用户教育等。第一，图书馆意识的宣传。中小学的师生对图书馆这个概念是比较陌生的，而且由于课程安排、时间安排等原因，接触图书馆的机会不多，往往没有意识到图书馆的重要性，或者过去没有从图书馆的服务中得到实惠。要改变这种现状，必须加大对图书馆意识的宣传力度，转变他们的观念。第二，馆藏资源的宣传。采取各种宣传方式向读者推荐图书。比如，新书通报、新书推荐、新书展览、专题展览、橱窗宣传、编制书目索引、图书借阅排行榜、图书讨论会、读书沙龙等，有目的、有计划地推荐优秀图书。第三，开展读者培训、用户教育与导读服务。比如：高一、初一新生入学以后，开展新生入馆培训；对招聘的学生管理员进行利用图书馆、图书馆工作的相关培训；开展阅读指导课服务，提供阅读的场所与资源，并进行相关的阅读指导。

2.3 继续加强馆藏资源建设

馆藏资源是图书馆开展各种服务及读书活动的保障，馆藏资源建设工作始终是重点工作之一。要不断探索各种形态资源的引进、采购方式与手段，根据学校图书馆的实际需求情况，按适当的比例引进图书资源、电子资源等资源建设，加强优质馆藏资源建设，构建多元化的馆藏资源体系，为教育教学服务和书香校园建设提供保证。

2.4 围绕教育教学，不断拓展创新服务项目

书香校园时代，在做好阅览、外借工作的同时，图书馆还需要不断拓展创新服务项目，围绕教育教学改革和书香校园建设的需要，探索出更多的服务内容和服务手段。比如：（1）尝试开展研究性学习课程、图书馆活动课程、阅读指导课程、图书馆知识教育课程。（2）引入电子资源数据库，并深化参考咨询服务。（3）有效开展阅读课，充分挖掘语文阅读课和图书馆阅读指导课的潜力。（4）与公共图书馆服务合作，开展各种展览服务。（5）开展品牌讲座，向公共图书馆讲座服务学习。（6）建设特色资源、校本资源库等，开展个性化服务。

2.5 开展各种读书活动

《中小学图书馆（室）规程（修订）》第十五条明确规定“图书馆要配合学科教师组织形式多样的读书活动”。而且在教育部印发的通知中强调“各地要采取有效措施，积极开展各种读书活动，鼓励各地中小学图书馆（室）对社区、学生业余时间开放，提高图书的借阅率、使用率，充分发挥中小学图书馆（室）的使用效益”。“书香校园工程”要求营建良好的书香校园环境和开展丰富多彩的读书活动。其中包括：争当阅读之星活动，“书香校园读书论坛”活动，书香校园读书征文活动，“我向大家推荐一本好书”活动，“书香校园”读书交流活动等。因此，书香校园时代，图书馆要把传统的读书活动（如：“4·23世界读书日”活动、阅读月活动）和书香校园系列活动结合起来，通过各种读书

活动，宣传阅读的重要性，宣传读书的意义，宣传好书，培养广大师生“爱读书、读好书”的良好习惯，大力营造知书达礼、好学求进的校园书香氛围，为教师专业发展、学生健康成长提供精神动力和智力支持。[5]

3. 书香校园评选活动仍然需要进一步深化、规范

书香校园概念提出之初，有关专家就指出要重视评估，引入国外民间评估机构的做法，研究尝试对书香校园进行认证评估。[6]最近几年，中小学书香校园评选表彰活动在全国各地开展得热热闹闹，一批又一批的学校被评为书香校园。从2009年、2010年广东省“书香校园”评选指标体系来看，评选的指标、权重分数等设计都比较合理。整个指标体系包括四个A级指标，分别是组织领导、环境设施、书香校园系列活动以及活动效果；另外，还有十九个B级指标，每个B级指标都有详细的权重以及评选说明。然而，由于书香校园建设与书香校园评选活动还处于初级阶段，我们还需要继续加强书香校园评选活动的研究与探索，对评选条件、评选方法、指标体系等进行深入研究，反复论证，最终形成“公正、公平、公开”的书香校园评价体系。另外，随着“书香校园”评选活动的进一步完善，主办部门宜成立书香校园评比小组，负责对候选单位进行考察和调研，这样不仅能够真正实现评选指标体系的要求，也有利于收集相关的资料，总结经验。

4. 展望

书香校园的建设工作已经在全国各地铺开，书香校园评选表彰活动也将持续上演。让我们感到欣慰的是，很多学校已经站在书香校园创建活动这条跑道的起跑线上。我们要紧紧抓住书香校园创建活动的契机，营造书香校园，让孩子们在书的世界里，和教师们一同去阅读经典、阅读思想、阅读文化、阅读精神；通过阅读，让教师和学生与知识为友，与大师为友，与真理为友，夯实自己比天空更广阔的心灵，享受阅读的乐趣。[7]

参考文献：

[1]2009年广东省“书香校园”评选活动实施方案.[2010-06-11].http://www.gdhed.edu.cn/Attachment/sszz-64.doc.

[2][6]朱永新.营造书香校园　重塑书香民族[J].新世纪图书馆，2004（6）：11-14.

[3]王富.我国中小学图书馆发展新趋势[J].中小学图书情报世界，2008（1）：4-7.

[4]陆胜利.书香校园活动中的问题与对策.教学与管理[J]，2009（10）：9-10.

[5]王鸿飞.以读书活动为载体，创新图书馆服务[J].图书馆界，2010（2）：69-71.

[7]王鸿飞.书香校园建设的实践与思考[J].中小学图书情报世界，2009（9）：30-32.

青少年阅读推广的实践与策略研究*

——以中小学图书馆的阅读推广活动为例

摘要：本文尝试在分析青少年阅读推广现状基础上，归纳近年来中小学图书馆阅读推广活动类型，列举典型活动案例与经验，并探究学校图书馆阅读推广的策略，探讨青少年阅读推广活动的前景。

关键词：阅读推广；图书馆；青少年阅读；阅读指导；中小学图书馆

1. 引言

近年来，我国政府积极响应联合国教科文组织向全世界发出的“走向阅读社会”的号召，图书馆、出版社等各界都在致力于推动阅读社会的建设。[1]2009年，中国图书馆学会把该年度图书馆阅读推广活动定为“儿童阅读年”，2010年定为 “亲子阅读年”，就是为了帮助少年儿童养成良好的阅读习惯，培养他们快乐阅读的学习方式，推动我国的全民阅读活动。[2]王余光教授也曾在访谈中提过，阅读推广活动，特别是少儿阅读推广活动，能够有效地提高社会对阅读重要性的认知和认可，从而提高国民的阅读时间和阅读质量。[3]与此同时，我们看到，公共图书馆、少儿图书馆、中小学图书馆都纷纷展开了各自的青少年阅读研究、阅读引导和阅读推广活动，青少年阅读推广的实践与研究热潮迅速在全国图书馆界蔓延。

本文尝试在分析青少年阅读推广现状基础上，归纳近年来中小学图书馆阅读推广活动类型，列举典型活动案例与经验，并探究学校图书馆开展青少年阅读推广的策略，探讨青少年阅读推广活动的前景。

2. 青少年阅读推广的现状分析

2.1 国外青少年阅读推广的现状

国外一直以来都非常重视全民阅读推广，而且很多阅读推广计划都是针对青少年这个阅读群体。美国先后启动过“美国阅读挑战”“阅读优先”和“暑假阅读之乐”等社会

* 该论文由王鸿飞撰写，原载于《播撒阅读守望少儿幸福——青少年阅读推广理论与实践》（中国国家图书馆出版社），2012年。

行动，还自发地增加了旨在鼓励全美儿童和青年多去阅读和学习的每年3月2日的“阅读遍及全美日”。[4]而日本颁布了针对中小学的《学校图书馆法》，日本国会还将2000年定为“儿童读书年”，并于2001年12月公布和实施了《儿童读书活动推进法》，[5]开展了各种各样的青少年阅读推广活动。英国提出了“举国皆为读书人”的目标和口号，进行阅读推广，也非常重视中小学图书馆的建设。俄国2006年出台了一个“培养读者兴趣，鼓励年轻人读书”的国家项目。德国更是从来就有刻意培养儿童阅读习惯的优秀家教传统，孩子一出生，就会得到图书馆赠送的“阅读礼包”。[6]

2.2　港、澳、台地区青少年阅读推广的现状

港、澳特区政府非常重视在全社会推进阅读推广活动，重视塑造良好的阅读环境，培养市民的阅读风气，尤其是极为重视儿童早期阅读培养。香港公共图书馆与教育统筹局等部门一起联手推行了多项儿童阅读计划。如儿童及青少年阅读计划、儿童图书推介计划等，专门为儿童和青少年设置了好书推介栏目，还为4~17岁的青少年儿童分别设立了家庭读书会和青少年读书会。每年暑假举行“阅读缤纷月”活动，让家长和青少年儿童度过一个充满阅读气氛的假期。[7]在澳门地区，每年都会定期举办“书香文化节”“阅读文化节”“图书馆周”“终身学习周”“终身学习推广日”等阅读推广活动。澳门教育暨青年局在全澳中小学全面开展“学校阅读优化计划”，协助中小学改善校内图书馆的阅读环境。以推广阅读为目的的澳门“图书馆周”活动，每年都会围绕不同主题开展活动，在澳门播种阅读的种子，开展青少年的阅读推广。[8]在台湾地区，“教育部”自2004年起每年都举办“阅读教育终身学习列车”系列活动，举办了诸如“悦读阅有趣拓展小区阅读计划”“喜阅家庭乐读推动计划”和“亲子阅读推广计划”等阅读推广活动。台湾还把4月2日定为“儿童阅读日”，并先后推出了“全国儿童阅读运动实施计划”“焦点三百——国民小学儿童阅读推动计划”和“儿童深耕阅读计划”等青少年阅读推广计划。[9]通过绘本阅读、亲子阅读、故事会等激发青少年的阅读兴趣。

2.3　大陆地区青少年阅读推广的现状

2006年4月，中宣部等11个部门联合发出《关于开展全民阅读活动的倡议书》，首次将“世界阅读日”和全民阅读活动联合起来宣传。全民阅读的重点是青少年阅读，在阅读群体中，处于学习阶段的青少年占了很大的比例。2006年，中国图书馆学会增设“科普与阅读指导委员会”，2009年更名为“阅读推广委员会”，下设秘书处和15个专业委员会，包括青少年阅读推广委员会、经典阅读推广委员会、阅读与心理健康委员会等。“阅读推广委员会”自成立以来，主办了“全民阅读论坛”及各种学术会议，建设了全民阅读网，开展了丰富多彩的阅读推广活动，还编辑了各类文献，如《书香社会》《亲子阅读》《绘本阅读》《爱上阅读》等，为全民阅读以及青少年阅读推广做出了有益的探索。[10]特别是由徐雁教授主编的《全民阅读推广手册》和《全民阅读参考读本》的问世，给阅读推广的实践指明了方向。在中小学图书馆界，青少年阅读推广、阅读指导的实践与探索，也取得了很多经验与成效。

3. 中小学图书馆阅读推广活动的实践

据统计，至2006年，我国共有独立建制的少儿图书馆 92所，另有各级公共图书馆附设的少儿图书馆（室）1700 多所，还有一些省市级公共图书馆在新馆建成后将旧馆改造成为少儿分馆，乡镇社区等其他类型的少年儿童图书馆。[11]而全国中小学图书馆（室）有20多万所，分布范围更广，与青少年学生读者的关系更密切。因此，归纳近年来中小学图书馆阅读推广活动类型，列举典型活动案例，共享阅读推广的经验，对于青少年的阅读推广意义重大。

3.1 新书推荐与图书宣传

中小学图书馆工作的重点在于加强对图书馆藏书的宣传，告知师生读者有何种图书供人阅读，充分发挥收藏图书的价值，提高图书馆的利用率。因此，中小学图书馆阅读推广最重要的一步就是做好新书推荐与图书宣传。一些中小学图书馆在馆内设立了新书推荐书架，及时向读者推荐新书。还有的图书馆在图书馆网站或者学校网站上设立了新书推荐之类的栏目，将本馆新到馆、新上架的图书通过网站告知读者。这些栏目的新书信息包括书籍的题名、著者、出版者、封面、内容简介以及图书馆的索书号等。另外，制作形式多样的新书通报，包括目录形式或者图文并茂形式，并通过图书馆信息栏、网上图书馆、图书馆馆刊、新书通报小册子等载体，展现给师生读者，为师生推荐新书好书。此外，还根据社会热点，设置专题书架，开展专题图书宣传，进行图书推介。

3.2 图书漂流活动

自从图书漂流活动传入中国以来，个别中小学图书馆借鉴高校图书馆、公共图书馆的实践经验，在中小学校园掀起了一股图书漂流的热潮。图书漂流运动主旨在于知识共享、文明传播。中小学通过开展图书漂流运动，传播知识共享的精神内涵，营造快乐阅读的氛围，使整个校园成为一所开放的天然图书馆，让校园传递书香、传递诚信、传递和谐。以笔者所在的珠海市为例，珠海一中、珠海二中、珠海三中、北师大（珠海）附中等多所中小学校都开展了图书漂流活动。通过在图书馆、教学楼、宿舍等场所设立图书漂流点，放置漂流书车、漂流书架的方式，长期开展图书漂流活动，营造了浓郁的阅读氛围，提高了图书馆的利用率。在图书漂流活动过程中，一些中小学图书馆还探索了立体阅读体系的构建、班级图书角的建设、漂流图书的管理方式。如泰州市城东中心小学漂流图书的管理从全开放、半开放，到班级管理、自主管理，在探索中不断完善活动模式。[12]此外，中小学图书馆还开展了图书交换、图书交换跳蚤市场等的活动。

3.3 阅读指导课

一直以来，广大图书馆工作者，特别是中小学图书馆工作者都在不同程度上以不同的方式进行阅读指导的探索和实践。例如，华南师大附中图书馆常年不懈地坚持多种形式的阅读指导活动，并编著了《图书馆导读方法与策略》一书。北京156中学进行的中学生“图书馆利用指导课”的教学探索，激活了图书馆，既为读书活动创造了必要的条件，又有效地提高了学生学习的主动性和创造性。江苏省张家港高级中学把图书馆“搬”进语文课堂的行动，创造性地将图书馆丰富的阅读材料，自由的阅读方式渗透进语文课堂。这些成功的实践说明，阅读指导课已经得到了中小学图书馆界的认可，是中小学图书馆进行阅读推广的重要突破口和主要手段。目前来说，大多数的阅读指导课是语文阅读指导课的形式，由图书馆与语文科组合作，图书馆为语文阅读课提供资源、场所以及利用图书馆的初步指导，语文教师布置阅读任务，并指导学生的阅读。为了配合阅读指导课，一些图书馆还专门开辟了主题阅读专区，设立了主题阅读书架。至于阅读指导课的成效，文献[13]指出，通过阅读辅导课的开展，图书馆迅速在教师和学生中确立了地位，学生的写作能力得到提高，学生阅读能力突飞猛进，图书馆地位得到提高，图书馆的利用率和图书流通量都得到明显提高。

3.4　建立读书社团或学生管理团队，开展读书活动

中小学图书馆馆均编制低，在编专职图书馆员数量少，大多数图书馆都是1~2人。要做好图书馆的建设与服务，并且积极开展阅读推广活动，仅靠图书馆管理员是远远不够的。因此，很多中小学图书馆尝试借助学生的力量，通过建立读书社团、阅读社团、学生管理团队等组织，既在一定程度上缓解人手不足的矛盾，也架起图书馆与读者之间的桥梁。这些读书社团或学生管理团队在图书馆服务以及阅读推广活动中都起到了非常重要的作用。有条件的中小学图书馆还抓住各种热点，开展读书活动。多年来，珠海市各中小学图书馆利用“4·23世界读书日”的契机，开展了丰富多彩的读书活动。例如：珠海三中图书馆连续举办了四届图书馆文化节，开展了读书征文、图书漂流活动、专家讲座、“你选书，我买单”书展活动、心意贴活动、科学图谱展览、游园猜谜活动、数字阅读活动、图书捐赠活动等读书活动。珠海市技师学院图书馆也举办了三届读书节，开展了书展、展览等读书活动。此外，珠海二中图书馆每年都举办世界读书日活动，开展了书签设计、读书有奖知识竞猜活动、书展、图书交换跳蚤市场等读书活动。[14]

3.5　新生入馆培训与读者教育

中小学图书馆实行“藏、借、阅、查”一体化的全开架开放以后，学生读者可以在图书馆自由、自主地查找书籍。为了做好导读工作，一些中小学图书馆也开展了新生入馆培训活动。在每年9月份新生入校的时候，对高一、初一的新生进行入馆培训。培训的内容主要包括图书馆概况、图书馆的资源与服务、如何利用图书馆、《中图法》、图书馆的读书活动、读书社团或学生管理员团队的介绍等。培训的形式有集中报告讲座、深入班级互动交流、参观图书馆等。在日常的工作中，图书馆还对读书社团或学生管理员进行各种各样的培训教育，提高学生的图书馆意识与利用图书馆的技能。华南师大附中图书馆的林运卓、林翠贤老师还主编出版了图书馆利用教育与阅读推广活动用书《图书馆利用技能与实务》。

此外，一些中学图书馆借鉴公共图书馆开展品牌讲座的成功经验，结合学校的实际，开展讲座服务。如：广雅中学图书馆通过打造“广雅大讲堂”的平台，邀请赵长天、赵少敏、郁雨露等名人名家开展讲座活动，倡导名师指导，推动师生共读，创新了图书馆的服务。又如，合肥一中从2004年开始成立“百家讲坛”，由图书馆主办，邀请国内外专家、

学者到学校做专题讲座，5年开展讲座27场，取得很好的成效。[15]

3.6 书香校园创建活动，营造阅读氛围

近年来，很多中小学积极开展书香校园创建活动，中小学校书香校园建设有愈演愈烈之势。2008年以来，按照广东省委宣传部关于开展“书香岭南”全民阅读活动的统一部署，省教育厅立足教育特色、着眼学生发展，在全省各地中小学广泛组织开展书香校园创建工作和书香校园评比活动，目前已经有3批一共有459所中小学校获得广东省“书香校园”的称号。书香校园建设对图书馆提出了更高的要求，是一场大挑战。与此同时，书香校园建设倡导多读书、读好书，给图书馆带来了发展的契机。书香校园创建过程中，很多中小学明显加强图书馆阅读环境的建设，创设浓郁、优越的读书环境；加强馆藏资源建设，多方投入，建设多元化的馆藏资源；注重对图书馆资源的宣传，开展了各种各样的阅读推广活动和读书活动。如：读书征文、专家专题报告、争当阅读之星、经典诵读、课本剧表演等活动。

3.7 发挥网络优势，加强网络导读

在网络时代，中小学图书馆的阅读推广工作还需要发挥网络优势，加强网络宣传与网络导读。华南师大附中图书馆的网站就设置了服务指南、网络资源导航、数字资源、书海导航、图书馆利用法、研究性学习指引等栏目。[16]发布内容包括：图书馆利用教育、阅读方法辅导、新书信息速递、在线书评导向、图书馆活动预告等。此外，还有一些中小学图书馆开通了图书馆博客和微博，利用博客和微博等新兴的媒介进行图书推介，发布图书馆的各种信息。佛山一中图书馆、珠海三中图书馆、福州格致中学图书馆、华南师大附中汕尾学校图书馆、厦门双十中学图书馆、广州第八十中学图书馆、广州二中图书馆、北京第八十中学图书馆等都开通了新浪微博，并且能够做到经常更新。

4. 中小学图书馆阅读推广的策略探究

4.1 氛围营造策略

中小学图书馆面向青少年学生的阅读推广，首先要打造优质的阅读环境，营造浓郁的阅读氛围。中小学图书馆基础薄弱，需要加强图书馆自身建设，建设舒适优良的馆舍环境和阅读环境，打造典雅借阅环境，构筑温馨精神家园。加强图书馆的自动化、网络化、数字化建设，提升图书馆的软硬件水平，丰富馆藏资源建设，建设符合校情的多元化馆藏体系。主动关注社会的全民阅读推广活动，从学校实际出发，全力去推动阅读推广活动的开展。另外，借助中小学校书香校园创建活动以及书香校园评比活动的热潮，积极营造书香校园，并开展书香班级建设，在班级文化建设、校园文化建设中融入书香元素，为阅读推广提供良好的氛围。良好的环境是图书馆阅读推广的外在动力和保证，中小学图书馆要坚持以人为本的理念，营造良好的氛围。这既是提升图书馆办馆效益，吸引更多读者走进图书馆的重要途径，也是图书馆的文化内涵和人性化服务的价值所在。

4.2 图书推介策略

阅读的对象主要是文献（图书），因此，阅读推广从一定意义上讲，也可以说是文献

（图书）的推广。目前，中小学图书馆的馆藏资源主要是纸质的图书资源，中小学图书馆的阅读推广最常用的形式就是图书推介。图书馆需要广泛收集读者的需求，开展图书荐购活动，通过各种手段，掌握读者的阅读倾向。对于最新上架的图书，要及时做好宣传，设立新书推荐书架，制作形式多样的新书通报。另外，还可以通过设立各类型特色书架，如“好书推荐书架”“专题推荐书架”“主题阅读书架”等，也可以配合学科教学以及学科研究性学习，将优秀书刊直观地呈现在读者眼前。[17]值得注意的是，面向青少年的图书推介要选择青少年学生感兴趣或者符合其需求的图书。要多做阅读调查，了解他们的兴趣爱好，关注热点等，依据青少年的爱好总结出几个相应的主题，再根据这些主题选择推荐的图书。[18]

4.3 读书活动策略

《中小学图书馆（室）规程（修订）》第十五条明确规定，“图书馆要配合学科教师组织形式多样的读书活动”。而且在教育部印发的通知中强调“各地要采取有效措施，积极开展各种读书活动，鼓励各地中小学图书馆（室）对社区、学生业余时间开放，提高图书的借阅率、使用率，充分发挥中小学图书馆（室）的使用效益”。这给中小学图书馆（室）开展读书活动提供了政策支持，也给青少年的阅读推广工作指明了方向。以广东省2011年为例，为贯彻落实省委宣传部等九部门和单位《关于印发〈2011“书香岭南”全民阅读活动工作方案〉的通知》（粤宣通〔2011〕15号）和省委宣传部、省教育厅《关于深入推进“书香校园”创建工作的实施意见》（粤教思〔2011〕3号）精神，进一步营造知书达礼、好学求进的南粤校园书香氛围，2011年省委宣传部、省教育厅等部门决定继续组织开展“千万少年快乐阅读”系列活动。[19]这些通知或方案中包括了各种各样的读书活动。如果各中小学能够积极响应，结合学校实际，开展丰富多彩的读书活动，对于促使阅读成为学生终身受益的生活方式和行为习惯，促进学生成长、教师发展和学校内涵提升，推动建设学习型学校和学习型社会，具有十分重要的意义。

4.4 课程推进策略

根据新课程改革精神，学校可以根据自身的特点和学生发展的需要，自主开发、实施和管理课程，即应加强校本课程的建设。[20]这给中小学的阅读课程建设提供了良好契机。中小学图书馆的阅读推广，可以采取课程推进的策略，从培养学生的阅读习惯与阅读能力出发，立足校本，挖掘资源，开发一些阅读的校本教材，开设校本课程。如丁林兴先生的《读书论：“营造书香校园”的理论与实践研究》所提到的阅读课程的编制应该包括课程目标、课程内容、基本要求等，其中课程内容可以包括阅读方法、名篇选读、校本阅读等模块。当然，基于图书馆阅读推广目的的阅读课程建设可以适当加入一些图书馆知识、图书馆利用技能以及图书推荐等方面内容。

4.5 社团推进策略

学生是学校图书馆读者群的主体，是图书馆的各项资源的主要利用者。吸收组织学生参与图书馆的管理，既是普通中学图书馆管理的要求，也是图书馆发挥教育职能，提高服务效益的一种有效形式，又能满足学生参与社会实践活动的需要。[21]因此，很多中小学图书馆都建立了读书社团、阅读社团、学生管理团队等组织，并通过学生图书管理员，建立读者网络，举办学生图书管理员联谊活吸引读者参与管理，举办读书活动，编辑新书通报，宣传、普及图书知识及荐购图书等。通过参与图书馆的建设与服务，在学校图书馆的阅读推广活动中发挥重要的作用。此外，文学社、读书俱乐部等学校社团也积极开展读书征文、演讲比赛、读书沙龙等活动，如果能够加强与图书馆的合作，互惠互利，既可以保证社团活动的顺利开展，也能够提高图书馆资源的利用率。

5. 结语：青少年阅读推广的前景

青少年时期是人生的黄金时期，它将对人的一生价值观、世界观的形成产生深远影响。通过阅读，书籍能够给人提供多种选择：生命的选择、思想的选择、生活的选择。书籍里有各种各样的人生。[22]因此，针对青少年的阅读推广，任何时候都不能懈怠。从中小学图书馆角度来看，必须采取有效措施，对中小学生阅读进行正确引导。学校应逐年组织制订科学合理、符合中小学生阅读实际的阅读推广书目，让学校的阅读推广在有序、有效中进行。只有树立积极的阅读指导理念，时时关心、处处关爱学生的阅读，阅读才能有效促进。[23]从图书馆的大环境看，目前，全民阅读活动正在全社会如火如荼地进行着，各类型图书馆都加大了阅读推广的力度。可以预想的是，青少年的阅读推广必将随着全民阅读推广活动得到进一步的加强。另外，随着信息技术和网络技术的发展，Web 2.0时代的到来，阅读推广的手段与方式也在慢慢发生变化。从互联网，到博客、微博，或者未来不可预知的新媒介，都会跟青少年的阅读推广联系起来。

参考文献：

[1]张风仙.2010年我国全民阅读推广活动现状的分析与研究[J].当代图书馆，2010（3）：12-16.

[2]李怡梅.我馆少儿阅读推广活动的探讨与思考[J].图书与情报，2010（4）：104-107.

[3][10][11]丁文祎.中国少儿阅读现状及公共图书馆少儿阅读推广策略研究[J]. 图书与情报，2011（2）：16-21，56.

[4][6]徐雁，陈亮.全民阅读参考读本[M].深圳：海天出版社，2011：10-11.

[5]吕学财.图书馆的阅读推广活动研究[D].吉林：吉林大学，2011：3-4.

[7]梁培之.穗港公共图书馆阅读推广活动调查分析[J].中山大学研究生学刊，2007（2）：103-114.

[8]师丽娟.港澳地区阅读推广活动介绍及启示[J].图书馆杂志，2007（5）：61-63，41.

[9]曹桂平.关于台湾地区阅读推广活动的思考[J].图书馆建设，2010（3）：78-82.

[10]徐雁.全民阅读推广手册[M].深圳：海天出版社，2011：280-282.

[12]陈红芳，陈 岚.让图书的阅读生命永远“漂流”下去[J]. 江苏教育通讯.

[13]许苑.浅谈如何利用中学图书馆开展阅读辅导[J].图书与情报，2009（6）：157-159，170.

[14]王鸿飞.以读书活动为载体，创新图书馆服务[J].图书馆界，2010（2）：69-71.

[15]郭缨.中学图书馆开设公益讲座的实践与探索[J].中小学图书情报世界，2009（11）：27-28.

[16]华南师大附中图书馆[EB/OL].[2012-04-20].http://library.hsfz.net.cn/index.htm.

[17]林翠贤. 青少年阅读推广实践研究[J]. 图书馆论坛，2011（4）：70-72.

[18]孟华.青少年阅读推广服务与个性化阅读服务探讨[J].内蒙古科技与经济，2011（14）：140-143.

[19]2011年广东省“千万少年快乐阅读”系列活动通知[EB/OL].[2012-04-20].http://www.xiaohb.cn/content/2011-10/10/content_62510.htm.

[20]丁林兴.读书论：“营造书香校园”的理论与实践研究[M].苏州：苏州大学出版社，2011：268-270.

[21]郭金萍.论学生参与图书馆管理的价值体现[J].图书馆界，2009（2）：31-32，36.

[22]沈小丁，郑辉.论阅读[J].图书馆，2007（6）.

[23]谢晗.中学生阅读推广探究[J].图书馆论坛，2011（2）：123-125.

试谈公共文化服务体系下未成年人阅读服务的策略*

摘要：本文阐述了公共文化服务体系下未成年人阅读服务的理论支撑，并且提出了公共文化服务体系下未成年人阅读服务的一些策略。

关键词：未成年人阅读；阅读推广；公共文化服务；服务策略

从20世纪初留学归国人士引进西方图书馆学以来，图书馆少年儿童的服务就成为图书馆界研究的主题，[1]而且新的理论研究和服务实践不断涌现。未成年人读者跟成年人读者一样，具备获得信息资源和文化教育服务的权利。[2]在推行“文化强国”政策和倡导“全民阅读”理念的大背景下，中共中央办公厅、国务院办公厅《关于加快构建现代公共文化服务体系的意见》（中办发〔2015〕2号，以下简称《意见》）出台，《意见》中明确要求“保障特殊群体基本文化权益，将未成年人、农村留守妇女儿童……作为公共文化服务的重点对象”，并且提出“开展学龄前儿童基础阅读促进工作和向中小学生推荐优秀出版物、影片、戏曲工作”。[3]那么，在公共文化服务体系构建和发展过程中，如何做好未成年人的阅读服务，值得我们深入思考和研究。本文拟对这一问题进行探讨。

1. 国内外未成年人阅读服务的研究现状

未成年人阅读是近年的研究热点，相关的研究成果很多。冯睿对近20年中国图书馆未成年人阅读研究成果进行统计归纳，从未成年人阅读理论、图书馆与未成年人阅读指导、图书馆与未成年人阅读服务、未成年人阅读推广实践、国外及港台地区未成年人阅读等方面对论文进行了主题分析。[4]范并思教授认为应进一步拓展未成年人阅读服务，使公共图书馆的未成年人阅读服务能够真正面向所有未成年人，并建议拓展阅读服务的地域范围、拓展阅读服务的年龄层次以及探索为各类特殊人群服务。[5]范并思教授还分析了图书馆服务中的儿童权利原则，如：图书馆服务中儿童的平等权利、图书馆服务中的儿童优先、对所有未成年人平等服务。[6]而国外关于未成年人阅读服务的研究已经形成比较成熟稳定的理论体系。张文彦、王丽从未成年人服务的历史回顾、图书馆未成年人具体服务项目研

* 该论文由王鸿飞撰写，原载于《图书馆研究》2015年第5期。

究、未成年人个体阅读认知规律和对应策略研究、中小学图书馆对学生的整体性影响研究、中小学图书馆与相关个体和机构的协作研究、图书馆未成年人服务质量的评价研究等主题综述和分析发达国家未成年人服务研究的各项内容，并得出结论：国外的未成年人阅读服务的研究已形成“观念重视—研究方式科学—研究成果令人信服—研究与实践的支持力度大—成效显著”的良性循环。[7]

2. 公共文化服务体系下未成年人阅读服务的理论支撑

2.1 《3~6岁儿童学习与发展指南》的幼儿阅读要求

教育部2012年颁发的《3~6岁儿童学习与发展指南》提出在幼儿阅读与书写准备的发展目标是：喜欢听故事，看图书；具有初步的阅读理解能力；具有书面表达的愿望和初步技能。另外，在教育部建议中提出“为幼儿提供良好的阅读环境和条件”“激发幼儿的阅读兴趣，培养阅读习惯”“经常和幼儿一起阅读，在阅读中发展幼儿的想象和创造能力”等建议。[8]《3~6岁儿童学习与发展指南》为幼儿阅读服务提供了理论依据，因为《3~6岁儿童学习与发展指南》不仅对幼儿阅读提出了目标要求，而且还给出了相应的教育建议，能帮助图书馆工作人员以及学科教师正确认识图书阅读的价值，明确自主阅读的内涵，科学地组织幼儿图书阅读。[9]

2.2 儿童优先原则

儿童优先原则实际上是儿童利益最大化的具体体现，要求在制订法律法规、政策规划和配置公共资源等方面优先考虑儿童的利益和需求。[10]联合国《儿童权利公约》和《中华人民共和国未成年人保护法》都规定未成年人享有生存权、发展权、受保护权、参与权等权利。《中国儿童发展纲要（2011—2020）》指出：“坚持儿童优先原则，保障儿童生存、发展、受保护和参与的权利。”[11]“儿童优先”原则从而成为图书馆的服务理念以及重要的服务原则。“儿童优先”是依据服务对象来界定的，它是指儿童在使用图书馆的过程中，其权利应该受到尊重和保护。[12]“儿童优先”的原则，是公共文化服务体系下未成年人阅读服务的重要依据。

2.3 国内外图书馆有关未成年人阅读的指导性文件

IFLA曾经颁布了多部专门或部分针对未成年人阅读服务的文件，是各国图书馆开展未成年人阅读服务的主要依据。如：《公共图书馆宣言》强调“提升儿童及青少年的阅读品味”，将未成年人阅读服务提到非常重要的位置；《学校图书馆宣言》奠定了中小学图书馆开展工作的各项基本原则；另外，《婴幼儿图书馆服务指南》《儿童图书馆服务指南》《青少年图书馆服务指南》《IFLA公共图书馆服务指南》等同样是未成年人阅读服务的重要指南。[13]在国内，2010年文化部颁发了《文化部关于进一步加强少年儿童图书馆建设工作的意见》[14]，这是指导我国图书馆未成年人服务工作的纲领性文件，进一步明确了未成年人阅读推广的紧迫性与重要性。此外，《广州市公共图书馆条例》《北京市图书馆条例实施办法》《上海市公共图书馆管理办法》等个别省市的公共图书馆管理条例都有少年儿童图书馆建设与服务的要求。如《广州市公共图书馆条例》提到，“面向社会公众、重点面向少年儿童和青年倡导、推广阅读。”“少年儿童图书馆应当推进与中小学校图书馆的合作，通过流动站、流动车等方式向中小学生提供服务。”[15]

3. 公共文化服务体系下未成年人阅读服务的策略

3.1 抓住各种发展契机，为未成年人提供良好的阅读环境

目前独立建制的少儿图书馆仅仅100家左右，但越来越多的公共图书馆意识到未成年人阅读服务的重要性，大多设置少年儿童阅览室（区），开展面向未成年人的阅读服务。早在2003年5月1日开始实施的《北京市图书馆条例实施办法》就对少年儿童图书馆建筑面积和座位数量做了规定，“单独设立的区县少年儿童图书馆建筑面积应当达到2000平方米以上，阅览座位应当达到150席以上；附设在区县公共图书馆或者其他少年儿童活动场所的区县少年儿童图书馆建筑面积应当达到1000平方米以上，阅览座位应达到100席以上。”[16]目前，《意见》要求整合利用闲置学校等现有城乡公共设施，依托城乡社区综合服务设施，加强城市社区和农村文化设施建设；同时以县级文化馆、图书馆为中心推进总—分馆制建设，加强对“农家书屋”的统筹管理，实现农村、城市社区公共文化服务资源整合和互联互通。[17]此外，《中小学图书馆（室）规程（修订）》《广东省中小学图书馆（室）建设标准》等是中小学图书馆的建设与管理的指导性文件，不断推进中小学图书馆的建设与发展。[18]所以，在公共文化服务体系下，公共图书馆（少儿图书馆）、县级图书馆（文化馆）、社区（乡镇）图书馆、农家书屋、中小学图书馆等各级各类的图书馆或文化馆要抓住各种发展机遇，提升未成年人阅读服务的设施建设、管理和服务水平，为未成年人提供良好的阅读环境。

3.2 根据未成年人的年龄特点和阅读需求提供各种阅读资源

《中国儿童发展纲要（2011—2020年）》的儿童最大利益原则要求从儿童身心发展特点和利益出发处理与儿童相关的具体事务，保障儿童利益最大化。在儿童阅读指导策略方面提出“向儿童群体推广面向儿童的图书分级制，为儿童提供适合其年龄特点的图书，同时指导儿童家长选择图书”。[19]“接力儿童分级阅读研究中心”2010年颁布的《中国儿童分级阅读指导手册（2010版）》对0~3岁、4~6岁、7~8岁、9~10岁、11~12岁儿童的一般性心智发展和相关的阅读建议做了比较详细的介绍。[20]在公共文化服务体系下，要鼓励和支持根据未成年人的年龄特点进行优秀儿童图书的创作、生产和发行。作为服务机构的图书馆、文化馆等相关机构要为未成年人提供童谣、故事和诗歌等不同体裁的儿童文学作品以及有利于青少年身心健康的影视、歌曲、童谣、舞蹈、戏剧、游戏等资源，确保有足够丰富的阅读资源。此外，在数字化时代，要注重建设适合未成年人年龄特点的数字化资源。

3.3 发挥各类型图书馆的服务功能，开展多种形式的未成年人阅读服务

据赖彤、王平基于网络内容的分析，美国公共图书馆儿童服务内容包括：一是儿童阅读基础服务，如暑假阅读项目、好书推荐、获奖图书、书籍检索、专业馆员制作的适合儿童阅读的书籍列表等；二是儿童实践及培训活动，如讲故事、积木游戏、培训课程、儿童图书作家到访图书馆、音乐会等；三是家庭作业帮助服务；四是电子资源提供和数据库网

络链接；五是为家长和教师提供辅助教育资源；六是特殊儿童教育资源。[21]日本国立国会图书馆国际儿童图书馆除了提供儿童故事会、“儿童故事会”体验会、科学兴趣班等服务之外，还对学校和学校图书馆提供服务，如：“学校图书馆整套借阅”事业、参考咨询服务、参观见学、与学校图书馆合作的“学习支援项目”。[22]国内图书馆面向未成年人阅读的服务实践也非常多，如：中山市图书馆的“童心故事会”、广州图书馆的绘本阅读、广州少年儿童图书馆的未成年人阅读服务、佛山图书馆的“阅读夏令营”、东莞图书馆的动漫阅读以及各少儿馆都普遍开展的亲子阅读、分级阅读指导等。此外，少儿图书馆还可以与成人服务紧密结合，开展心理调节类的专题书目推荐、读书沙龙、专题讲座、团体辅导课等。[23]据调查，国内公共图书馆少年儿童服务内容包括：一是基础的儿童阅读服务，如书目检索、图书续借、新书推荐、好书推荐等；二是提供在线可获取的电子资源；三是丰富多样的儿童阅读实践活动，如主题读书会、生活体验课堂、动画电影放映等；四是少年儿童中弱势群体的专门服务，如少儿视障阅览区、心理咨询室、有声图书馆等；另外还有阅读激励政策、网络安全教育等服务。[24]中小学校的图书馆则可以面向中小学生开展新书推荐与图书宣传、图书漂流、阅读指导课、班级图书角、读书社团、新生入馆培训与读者教育、网络导读、书香校园营造等服务实践，通过氛围营造策略、图书推介策略、读书活动策略、课程推进策略、社团推进策略开展多种形式的未成年人阅读服务。[25]随着公共服务体系不断完善，社区图书馆、乡镇图书馆以及“农家书屋”设施建设、阅读环境、阅读资源及各种活动将得到保障，这样更能保证未成年人阅读服务延伸到落后地区、边远农村、民族地区、边疆地区。

3.4　面向未成年人群体开展不同年龄段的书目推荐

按照《中国儿童分级阅读参考书目》关于0~12岁儿童阅读主体的细分，我们暂且把未成年人细分为0~3岁、4~6岁、7~8岁、9~10岁、11~12岁以及13~15岁（初中段）、16~18岁（高中段）7个年龄段。因此，开展未成年人阅读服务，就是做好这7个年龄段孩子的阅读服务。在向这7个年龄段的未成年人开展阅读服务时，可以充分考虑应用分级阅读理论的研究成果，进行书目推荐。在国外，美国威斯康星州麦迪逊市公共图书馆就开展按年龄段的书目推荐服务，如面向儿童和青少年的推荐书目分为获奖图书、儿童和青少年杂志、细分年龄段的阅读推荐、图书讨论套装。其中，细分年龄段的阅读推荐具体分为学前儿童和图画书、小学/中学推荐书目、青少年推荐书目、所有年龄段儿童推荐书目四类。[26]除了《中国儿童分级阅读参考书目》，国内图书馆界已有的少儿阅读推荐书目包括《亲子阅读推荐书目》《100本适合少年儿童阅读的好书》《新中国60年影响三代人的优秀儿童读物书目》《2013年全国少年儿童阅读年推荐书目》等。[27]新阅读研究所自2010年组织专家研制针对未成年人的基础阅读书目，其中细分为幼儿、小学生、初中生、高中生的基础阅读书目，分别是：《中国幼儿基础阅读书目》《中国小学生基础阅读书目》《中国初中生基础阅读书目》《中国高中生基础阅读书目》。[28]此外，我们还看到教育部基础教育课程教材发展中心、一些省市装备中心等编制的面向中小学图书馆的《中小学图书馆（室）推荐书目》[29]（主要供中小学图书馆采购参考）。尽管推荐书目也不少，但是现有的一些推荐书目也许并不完全适合未成年人阅读推广，需要专家、学者以及一线服务实践者继续开展推荐书目的研究。

3.5 整合各种活动资源，开展未成年人读书活动

《中国儿童发展纲要（2011—2020年）》提出“广泛开展图书阅读活动，鼓励和引导儿童主动读书”。《中小学图书馆（室）规程（修订）》规定“图书馆要配合学科教师组织形式多样的读书活动”。《关于进一步加强少年儿童图书馆建设工作的意见》指出，少年儿童图书馆要积极与中小学校开展合作，共同开展阅读指导、信息素养教育……吸引未成年人走进图书馆、利用图书馆。[30]中国图书馆学会自2009年开始举办“全国少年儿童阅读年”系列活动，开展了全国创意漫画大赛、全国少年儿童书法、绘画比赛、阅读嘉年华活动等活动。[31]“2013全国少年儿童阅读年”的活动包括：全国少年儿童主题征文比赛、少年儿童主题摄影比赛、全国中小学校园阅读季、全国家庭亲子阅读推广月等。[32]“2015全国少年儿童阅读年”以“经典阅读——弘扬优秀传统文化”为主题，开展“我给孩子讲故事”大赛、“亲子绘本阅读推广月”活动、“寻找最美读书故事”征文大赛、少年儿童中华经典讲读大赛、全国少年儿童绘本创作大赛、少年儿童名著新编短剧大赛、图书馆未成年人服务案例征集评选活动等一共15项活动，[33]活动内容更丰富，活动形式更多样，是公共图书馆、少年儿童图书馆针对未成年人的读书活动。此外，我们也看到，中小学图书馆积极响应全民阅读、书香校园建设的号召，面向中小学生开展了读书征文、图书漂流、图书交换、图书跳蚤市场、讲座、图书捐赠等系列读书活动。[34]在公共文化服务体系下，将有更多的公共文化设施以及公共文化资源可供整合与利用，面向未成年人的活动资源、活动载体将更加立体化，需要开展未成年人阅读服务的图书馆等相关机构精心谋划，树立读书活动品牌，积累读书活动典型案例。

3.6 培育未成年人阅读推广队伍及志愿者队伍

目前，未成年人阅读服务主要依靠公共图书馆（少儿图书馆）、中小学图书馆、县级图书馆、社区乡镇文化馆、农家书屋等服务机构，但是有一些机构的人员现状并不容乐观。以珠海市为例，中小学图书馆人员编制比较低，专职图书管理员编制不足2人，而且高学历人才相对缺乏，专业结构不尽合理，从教学岗位退下来的学科教师占了相当大比例，新生力量比例小，影响了中小学图书馆的服务水平。[35]据前些年调查，一些少年儿童图书馆人员总体学历水平较高，但专业人才匮乏，队伍素质有待提高。[36]基层图书馆方面，一些县级公共图书馆人员配置数量少，整体素质低，专业人才严重缺乏的情况令人担忧。[37]长期以来，乡镇图书馆管理员很大一部分是合同工或聘用工，工资无保障，造成了管理员队伍的不稳定性。[38]《意见》中关于基层文化队伍建设提出了要求，如：“完善选人用人机制，培养一批具有现代意识、创新意识的基层公共文化服务人才队伍”；同时倡导“大力推进文化志愿服务”。[39]因此，在公共文化服务体系完善过程中，提供未成年人阅读服务相关机构要特别重视人员队伍建设，培育一批未成年人阅读推广的馆员队伍及志

愿者队伍。在志愿者队伍建设方面，很多图书馆已经积累了丰富的经验，探索出一套比较有效的模式。目前来说，在培育未成年人阅读推广队伍具体措施方面，从2012年开始在全国范围内实施的“全国图书馆未成年人服务提升计划”旨在向图书馆未成年人服务工作者宣传图书馆未成年人服务新理念、新方法、新思维以及成功案例，[40]能够有效帮助全国图书馆未成年人服务工作者。另外，中国图书馆学会的“阅读推广人”培育行动的培训内容也有涉及少儿阅读、未成年人阅读推广的内容，希望在未来有更多的未成年人阅读服务工作者能够参与这一项培育行动中来。

4. 结语

目前来说，不管是公共图书馆的发展，还是未成年人的阅读服务，区域、城乡不均衡发展趋势越来越严重。我们看到，上海以及广东的广州、深圳等大城市，公共图书馆、少年儿童图书馆的规模以及服务都走在世界前列，可以说一所所图书馆都是“高大上”。但是，广大农村地区、边远山区的乡镇图书馆以及一些县级图书馆的发展现状堪忧，全国大多数中小学图书馆由于缺乏经费和专业人员，管理方式落后，也没能够很好解决在校的未成年人阅读问题。而在现实中，恰恰是这些乡镇图书馆、县级图书馆以及中小学图书馆，更加接近未成年人的学习、生活，更迫切需要开展未成年人的阅读服务。可惜的是，由于这些图书馆的发展相对落后，远远无法满足未成年人的阅读需求，影响了未成年人的整体阅读服务水平。因此，《关于加快构建现代公共文化服务体系的意见》让我们备受鼓舞，如果文件的出台真的能够促进基本公共文化服务标准化、均等化，可以预见乡镇图书馆、县级图书馆以及中小学图书馆等基层图书馆将迎来发展的一次大机遇。在这样的大背景下，我们去思考或者重新探讨未成年人的阅读服务策略，无疑更具有现实的意义。当然，由于思考角度以及关注问题不同，笔者所谈到的未成年人阅读服务策略也许不值一提。但是公共文化服务体系下未成年人阅读服务很值得大家关注与思考，希望有更多人投入未成年人阅读的实践与研究中。

参考文献：

[1][10][30]李林华.新世纪我国儿童图书馆学理论与实践研究述评[J].图书馆工作与研究，2014（12）：112-116.

[2]张文彦，戎军涛.国内图书馆未成年人服务已有研究综述[J].图书馆工作与研究，2015（2）：95-101.

[3][17][39]中共中央办公厅、国务院办公厅印发《关于加快构建现代公共文化服务体系的意见》[EB/OL].[2015-01-14]http://www.gov.cn/xinwen/2015-01/14/content_2804250.htm.

[4]冯睿.近20年我国图书馆未成年人阅读研究综述[J].图书馆学刊，2015（1）：131-135.

[5]范并思.拓展图书馆未成年人阅读服务[J].图书与情报，2013（2）：2-5.

[6]范并思.图书馆服务中儿童权利原则研究[J].中国图书馆学报，2012（6）：38-46.

[7]张文彦，王丽. 发达国家图书馆未成年人服务研究综述[J].图书情报工作，2014（12）：

136−143.

[8]教育部关于印发《3~6岁儿童学习与发展指南》的通知[EB/OL].[2012−10−16].http://news.xinhuanet.com/edu/2012−10/16/c_123826089.htm.

[9]徐慧聪.用《3~6岁儿童学习与发展指南》指导幼儿图书阅读教学[J].江苏教育宣传，2013（3）：48.

[11]王志庚，李俊国.坚持儿童优先原则开创图书馆未成年人服务工作新局面[J].图书馆工作与研究，2013（3）：110−112.

[12]薛天.图书馆“儿童优先”原则探究[J].图书馆杂志，2014（5）：23−28.

[13]王自洋，李怡梅.IFLA与未成年人阅读服务[J].图书与情报，2013（2）：6−10.

[14]文化部关于进一步加强少年儿童图书馆建设工作的意见[EB/OL].[2013−07−09].http://59.252.212.17:7070/search/snapshot.jsp？dbname=webdata2&key=133917.

[15]广州市公共图书馆条例[EB/OL].[2015−02−04].http://blog.sina.com.cn/s/blog_4978019f0102vi6f.html.

[16]北京市图书馆条例实施办法[EB/OL].[2010−06−03].http://www.bplisn.net.cn/ProclaimDetail.aspx？id=7.

[18]中小学图书馆（室）规程（修订）[EB/OL].[2014−09−16].http://www.gztsxh.com/article/fuwuzn/2014916213340.htm.

[19]中国儿童发展纲要（2011—2020年）[EB/OL].[2012−08−16].http://www.ccc.org.cn/html/Home/report/1076−1.htm.

[20]徐雁.全民阅读推广手册[M].深圳：海天出版社，2011：41−44.

[21]赖彤，王平.美国公共图书馆儿童服务实践——基于网络内容的分析[J].国家图书馆学刊，2015（1）：64−69.

[22]崔健.浅议日本的少儿阅读推广活动——以日本国立国会图书馆国际儿童图书馆为例[J].山东图书馆学刊，2014（1）：55−58.

[23]李新娥.少年儿童图书馆开展未成年人服务的实践与探索——以丹东市少年儿童图书馆为例[J].图书馆工作与研究，2014（5）：101−103.

[24]赖彤. 国内公共图书馆少年儿童服务现状分析与思考[J].河南图书馆学刊，2014（5）：120−122.

[25]王鸿飞.青少年阅读推广的实践与策略研究[A].中国图书馆学会青少年阅读推广委员会.播撒阅读守望少儿幸福——青少年阅读推广理论与实践[C].北京：国家图书馆出版社，2012：158−163.

[26]张慧丽.儿童早期阅读推荐书目研究[J].图书与情报，2012（3）：53−57.

[27]万仁莉.基于少儿阅读推荐书目的图书馆阅读推广研究[J].图书馆工作与研究，2015（2）：102−105.

[28]2014年版中国中学生基础阅读书目[EB/OL].[2014−09−28].http://blog.sina.com.cn/s/

blog_4b8baa010102v78q.html.

[29]关于印发《2014—2015年广东省中小学图书馆（室）推荐书目》的通知[EB/OL].[2014-09-12].http://www.gdedu.gov.cn/publicfiles/business/htmlfiles/gdjyt/tzgg/201409/479343.html.

[31]2009全国少年儿童阅读年启动[EB/OL].[2009-04-23].http://www.lsc.org.cn/c/cn/news/2009-04/23/news_3025.html.

[32]“2013全国少年儿童阅读年”活动的安排[EB/OL].[2013-06-14].http://www.lsc.org.cn/c/cn/news/2013-07/03/news_6400.html.

[33]中国图书馆学会关于开展“2015全国少年儿童阅读年”系列活动的通知[EB/OL].[2015-03-26]. http://www.lsc.org.cn/c/cn/news/2015-03/26/news_7852.html.

[34]王鸿飞.以读书活动为载体，创新图书馆服务[J].图书馆界，2010（2）：69-71.

[35]王鸿飞.珠海市中学图书馆人员素质现状与教育培训[J].图书馆论坛，2009（5）：65-68.

[36]陈方权，匡红鹰.湖北省少年儿童图书馆建设与发展调研报告[J].图书情报论坛，2011（6）：9-12.

[37]钟海珍，程结晶.贵州省基层公共图书馆从业人员现状的调查与分析[J].国家图书馆学刊，2010（4）：69-72.

[38]杨之光.乡镇图书馆服务模式探究[J].图书与情报，2007（5）：123-125.

[40]全国图书馆未成年人服务提升计划启动仪式暨2012牵手贫困地区少年儿童阅读行动在天津市举办[EB/OL].[2012-04-24].http://www.lsc.org.cn/c/cn/news/2012-04/24/news_5982.html.

全媒体时代青少年阅读推广实践与创新的探索研究*

摘要：本文分析了全媒体时代下青少年的阅读特点，以及针对青少年的阅读推广形式，探讨了图书馆针对青少年阅读推广实践与创新的发展策略。

关键词：全媒体时代；青少年；阅读推广；图书馆

1. 引言

阅读是人们获取知识和信息的重要手段，在全媒体时代，实现了任何人、任何时间、任何地点、以任何终端获得任何想要的信息。全媒体时代深刻地改变了大众的阅读方式和习惯，使得人们随时随地的阅读成为可能，也让阅读变得更加数字化、轻微化和碎片化。

阅读推广作为图书馆的常态性工作，在推广全民阅读、建设学习型“书香社会”中起着至关重要的作用。全媒体时代大众获取信息和阅读方式的改变，对图书馆的阅读推广工作带来了深刻的影响，也提出了更高的挑战。青少年是国家和社会的未来，青少年时期是养成良好阅读习惯的最佳时期。全媒体时代下青少年的阅读行为也在逐步发生改变，针对青少年的阅读推广、引导青少年养成良好的阅读习惯应该得到高度的重视。

2. 全媒体时代青少年阅读特点分析

德国教育专家研究表明，一个人在13~15岁之前还没有养成阅读的习惯，那么他今后将很难从阅读中找到乐趣。青少年时期是一个可塑性非常强的时期，是培养良好阅读习惯、独立思考和独立人格的关键时期。随着信息技术和互联网技术的高速发展，以及智能手机等移动终端的普及，青少年的阅读兴趣和阅读方式正在逐渐改变，了解和掌握青少年的阅读特点，是图书馆开展具有针对性和引导性的青少年阅读推广的基础。

2.1 阅读目的和阅读内容

据调查，青少年的课外阅读目的主要可以归为以下三类：一是为了开拓知识视野，积累文化知识，提升个人文化素养；二是契合个人兴趣爱好或辅助学业的有选择性的专项阅读；三是以放松娱乐、猎奇为目的的休闲阅读。而从各地图书馆以及书店的调查结

---

* 该论文由郑惜莲撰写，原载于《图书馆界》2015年第3期。

果看，大部分青少年在阅读内容选择上还是倾向于选择科幻、恐怖、悬疑、推理以及畅销网络青春爱情类作品，在这一类作品受到热捧的阅读潮流下，相对严肃的经典文学、哲学和历史类等作品则显得“备受冷落”。有专家分析，比起经典名著，如今的青少年更加钟爱娱乐化的幽默搞怪、成长中的暧昧早恋，还有恐怖的暴力悬疑内容，这样的课外书具备快、浅、刺激的特点，很好地抓住了他们猎奇的眼球，也迎合了学生们对“快餐文化”的喜好。

2.2　阅读时间和阅读来源

青少年正处在初高中的学习阶段，升学考试的压力、繁重的功课学习占用了大部分的时间，加上各种休闲娱乐的需求，课外阅读的时间已经被挤压得所剩无几。2014年第十一次全国国民阅读调查报告中显示：2013年9~13周岁少年儿童图书阅读率为93.5%，较2012年的96.5%下降了3.0个百分点，人均课外图书阅读量为8.26本；14~17周岁青少年图书阅读率为79.1%，较2012年的80.5%下降了1.4个百分点，人均课外图书阅读量为8.97本。从人均阅读量可见我国青少年花在课外阅读上的时间是比较少的。除了课内阅读，青少年的课外阅读来源主要有三种：一种是到图书馆借阅，一种是自己购买书刊以及同学间互相借阅，还有一种是通过电脑或者手机等上网浏览或下载阅读资料。

2.3　影响青少年阅读的因素

青少年阅读兴趣和阅读能力的培养以及对阅读内容的选择等均受到多方面因素的影响，家庭阅读氛围的熏陶、学校教师对阅读能力的训练和阅读内容选择的指导、中学图书馆以及公共图书馆等针对青少年开展的阅读推广等。更重要的是在全媒体时代，网络已成为青少年学习知识、交流思想、休闲娱乐的重要平台。青少年的成长已经离不开互联网。在现在的“00”后当中，电脑、电视、手机、ipad已伴随这一代成长起来了，改变这一代年轻人的阅读习惯已经成为不争的事实，现在的他们更习惯于手机和网络等更为便捷的阅读方式，而当今网络中的玄幻、穿越、游戏等文学题材，也似乎更加符合这一代青少年的阅读习惯。[1]

3. 全媒体时代青少年阅读推广形式

国际图联儿童和青少年图书馆部在《面向青少年的图书馆服务指南》中，将青少年定义为儿童和成人之间年龄的一个群体，他们正完成从儿童到成人的转型，这一时期是通过阅读积累文化知识的重要时期。[2]青少年是最容易被影响和塑造的群体，图书馆应该积极开展具有针对性和引导性的阅读推广活动，凭借自身特有的资源和环境帮助青少年完成智力、情感及社会交往的转变。

青少年大部分的时间是在校园中度过，中学图书馆作为校内阅读推广的主要力量，承担着为学生提供阅读服务的重任，在掌握青少年阅读特点的基础上，应该积极开展各种形式的阅读推广，为培养善于阅读的青少年发挥积极作用。

3.1　常规阅读推广形式

图书馆的资源建设，是开展阅读推广活动的基础，丰富的馆藏资源、优美的阅读环境、充足的开馆时间，是吸引读者到馆阅读的前提。立足于资源建设，围绕读者服务开展阅读推广，常规的推广形式有以下几种。

3.1.1 新生入馆培训

针对新生的图书馆宣传和入馆培训，是让学生了解图书馆资源的良好时机，通过入馆培训，加深学生对图书馆的了解，宣传图书馆资源，培养他们利用图书馆的技能，激发入馆阅读的兴趣。

3.1.2 图书推荐与阅读宣传

设置新书推荐、好书推荐、主题阅读等专区，向读者宣传新书、好书。定期更新新书通告与借阅排行榜，通过显眼位置的宣传，让入馆读者能及时接收图书馆的推广信息，激发阅读的欲望，引导阅读品位。由于学生到馆时间有限，图书馆应该加强全校范围内的阅读宣传和推广，充分利用校园宣传栏、校园广播等及时宣传图书馆开展的各类读书活动，推广图书馆资源。加强班级图书角的建设，将好书推送到学生身边，营造良好的书香班级氛围，方便学生阅读利用。

3.1.3 各种读书活动

为了更加深入开展阅读推广，图书馆围绕“4·23世界读书日”、图书馆服务周等契机开展一系列的读书文化节活动，包括读书征文、专题讲座与科普展览、图书捐赠与漂流、阅读之星评比等。读书活动不仅丰富了图书馆阅读推广的形式，更提高了学生读者的参与度，扩大阅读推广的覆盖面，增强阅读推广效果。

3.2 创新阅读推广形式

全媒体时代阅读渠道的多样化，对图书馆在阅读推广中担当的角色提出更高的要求[3]。除了传统的阅读推广形式，图书馆应该紧跟信息技术发展的潮流，契合全媒体时代下青少年的阅读特点和追求新鲜的心理需求，丰富和创新阅读推广的形式，实现多渠道交叉宣传，强化阅读推广效应。

3.2.1 网络阅读推广

网络已经成为青少年获取信息、交流娱乐的重要平台，青少年的成长离不开互联网的影响，图书馆应加强对互联网的应用，开拓阅读推广新门户。包括图书馆网站建设、微博、微信公众平台等新兴媒介的应用。突破图书馆读者服务在时间和空间上的限制，将图书馆资源、最新动态、活动宣传与图书推荐等信息直接推送到读者手上，让读者享受无处不在的图书馆服务，使推广信息的传播更加迅速、覆盖面更广，符合青少年通过网络接收新资讯的习惯。

3.2.2 搭建读书交流平台

传统的读书社团、读书沙龙、阅读指导等读书交流活动经常受到时间和场地等客观因素的限制。在各种社交网站和即时通信工具十分发达的时代，图书馆应积极搭建网上交流平台，可通过组建QQ群、微博微信交流群、豆瓣小组等，实现图书馆员与读者间的实时交流，提供咨询服务与指导，鼓励读者间分享读书心得、交流讨论读书见解等。通过线下的活动以及线上的交流相结合，倡导阅读与分享，从而实现推广阅读的目的。

3.2.3 新颖读书活动

举办各种读书活动是图书馆开展阅读推广经常采用的方法，但是活动要常办常新，否则就失去了吸引力。近年来兴起的“真人图书”项目，是一种非常新颖的阅读形式，通过与“真人书”面对面的交流，分享不同领域的知识、经验、人生故事等，这种读书形式以其直观、亲密、真切的特点受到广大读者的喜爱和欢迎。图书馆可尝试与其他机构合作或面向社会招募“真人书”，将“真人图书”项目引入校园，与青少年亲密接触，既能以其新奇的读书形式吸引眼球，又能满足青少年了解社会各行各业以及人生百态的好奇心。

4. 青少年阅读推广发展策略

青少年群体是阅读推广活动的重点也是难点，一方面由于应试教育背景下青少年的学业压力非常大，没有更多的时间参与图书馆的活动，另一方面是图书馆的推广形式没有足够的吸引力和创新性。[4]针对这一现实以及全媒体时代下的青少年阅读特点，中学图书馆作为青少年阅读推广的主要平台，应该以阅读推广为图书馆工作的永恒主题，不断创新推广形式，“以学生为本”将阅读推广延伸到学习生活的各个领域，不断拓宽阅读存在的空间，把现代青少年培养成好读书、读好书，具有独立人格和独立思考能力的青年。[5]

4.1 推广活动品牌化与创新性

针对青少年的阅读推广活动，必须尊重学生在阅读过程中的主体地位，注重推广内容的质量，迎合青少年阅读兴趣的同时要加以引导，逐步提升学生的阅读品位。推广活动要注重持续性与创新性，长期坚持才能形成品牌，注重创新才能保持吸引力。如珠海三中的官方微博，在所有中学图书馆微博中首个申请了官方认证，并持续更新至今，不间断发布好书推荐、最新公告、馆内活动宣传、关注热点资讯等，利用微博平台开展微征文、微书摘、微书评等创新读书活动，已经形成了一定的粉丝规模和影响力，成为珠海三中图书馆的一个重要阅读推广品牌。随着微信的兴起，广州大学附属中学图书馆开通了微信公众平台，开展“悦读”品牌的活动宣传、周末读诗特辑、好书美文推荐等。广州大学附属中学图书馆的微信推广形式既追随了时下使用微信的潮流，内容更新应时应景，而且推广信息的到达率和阅读率都非常高。以上两个阅读推广品牌在学生读者和同行中都具有了一定的知名度和美誉度，它们的创建与运营都非常值得借鉴与推广。

4.2 发挥读书社团义工团队的推广作用

创建读书社团和义工团队，是缓解图书馆开展服务与推广活动人手不足的有效方法。动员读书社团和义工团队参与阅读推广活动的策划、宣传和组织，吸收采纳学生的新鲜创意，让推广活动更具创新性和吸引力。阅读主体变为阅读推广人，这一变化，满足了青少年群体阅读、表达、交流、传播的需求。[6]充分发挥他们在班级同学中的推广作用，起到以点带面的效应，架起图书馆与学生读者之间的沟通桥梁。

4.3 多方协作开展阅读推广

在校园中，图书馆是开展阅读推广的主力，同时也要注意与其他组织的协作，拓展阅读推广平台。例如与书商协作在校园内举办书展，让学生直接参与图书采购，真正选他们爱读的书。在青少年的课内学习中，语文课是最好的阅读推广和阅读指导课，图书馆可与语文科组共同开展阅读指导课、读书征文、汉字书写、经典诵读等活动。珠海三中每年举办的“古韵今声”经典古诗文诵读，就是一个推广经典阅读的重要平台。还可与公益团体合作，在校内举办志愿活动、专题讲座等，或尝试开展“真人图书馆”项目等。多方协作开展阅读推广，才能更好地为青少年营造一个浓厚的阅读氛围。

4.4 强化馆员业务能力

图书馆员是阅读推广活动的主导者，全媒体时代下需要复合型的阅读推广人才，要求馆员不仅要具有良好的推广意识和互动意识，更要掌握多种媒介知识，开展多元化的阅读推广和服务，有效吸引读者，提高馆藏资源利用率。图书馆员要加强自身的学习，参加专业培训，更新服务理念，提高专业素养，重视各馆间的学习交流与阅读推广合作，通过借鉴和创新阅读推广方式更好地开展青少年阅读推广工作。

5. 展望

阅读推广是一项系统工程，需要政府、学校、图书馆、家长等社会各方的共同努力，各职能部门通力合作。[7]推广全民阅读，建设书香社会，提高全民素质，不能忽略了青少年这样一个非常重要的群体。青少年是国家的未来，我们要主动了解和切实把握学生的不同阅读特点，不断调整和创新服务推广策略，构建全媒体环境下的阅读推广机制，培养学生读者的良好阅读习惯。[8]关注青少年阅读，只有培养乐于阅读、善于阅读的青少年一代，才能推动整个社会阅读的进步。

参考文献：

[1]张世强.青少年阅读推广的理论和实践[J].图书馆论坛，2013（9）：116.

[2]潘兵，张丽，李燕博.公共图书馆的未成年人服务研究[M].北京：国际图书馆出版社，2011.

[3]张淼，韩宇.全媒体时代高校图书馆信息服务的现状与发展——基于网站的内容分析[J].图书馆论坛，2014（7）：74-78.

[4][6]徐晓霞，金德政，张岚.品牌化与创新：图书馆读者活动的着力点——苏州图书馆阅读推广案例分享[J].新世纪图书馆，2014（1）：19-28.

[5]吴锦冲.香港青少年阅读研究与阅读推广分析及启示[J].图书馆工作与研究，2014（6）：104-107.

[7]刘学燕.韩国儿童青少年阅读推广现状及启示[J].山东图书馆学刊，2013（2）：101-104.

[8]刘小娜.全媒体时代高校图书馆阅读推广探究[J].图书馆研究，2014（1）：56-59.

普通高中教师读书现状的调查分析及建议
——以一份教师读书问卷调查为例

内容提要：本文立足于一份教师读书现状的问卷调查，简单介绍了调查背景、调查方法与内容，并详细分析了调查的数据与结果。另外，基于调查结果与问题分析，提出教师读书的几点建议。

关键词：教师读书；问卷调查；调查分析；教师专业发展；普通高中

1. 调查背景

学校是一个专门的读书场所，不仅学生要读书，教师更应成为读书的模范。苏霍姆林斯基说过："真正的教师必须是读书爱好者，读书乃教师发展的有效途径。"朱永新先生也说过："一个人的精神发育史实质上就是一个人的阅读史，而一个民族的精神境界，在很大程度上取决于一个民族的阅读水平。"近年来，我校积极营造读书氛围，建设书香校园。学校呼吁教师要多读书、好读书、读好书。此外，还利用中层会议、党员会议、教职工大会的时间开展教师读书报告会，交流读书心得。那么，教师读书的现状如何呢？教师都有什么样的阅读需求呢？于是学校制订了"教师读书现状的调查问卷"，对教师的读书现状进行了调查。本文介绍了调查方法与内容，并详细分析了调查的数据与结果。另外，基于调查结果与分析，提出关于教师读书的几点建议。

2. 调查方法和内容

本次调查采用问卷调查的形式，一共向全校教职工发放了调查问卷大约190份。最后回收了问卷130份，其中有效问卷123份。

在问卷内容的设计方面，问卷一共包括16道题目。其中，1～3题是教师基本信息的调查，4～14题集中调查了教师喜欢读书的程度、读书的原因、读书的时间、阅读量、阅读来源、阅读内容、阅读反馈等。15～16题是主观题，了解教师对学校图书馆的建议以及学校组织教师读书活动的建议。以下是具体的数据。

3. 调查结果与分析

本次调查一共回收问卷130份，其中有效问卷123份。通过对123份有效问卷进行统计，男教师有52人，占了42.28%；女教师71人，占了57.72%。从工作年限进行统计，比例最大的是工作20年以上的教师，有46人之多，占了37.4%；其次是工作5～10年的教师，有

24人，占19.51%；而工作3～5年以及10～20年的教师分别有20人，各占16.26%。工作1~2年的教师有13人，占10.57%，比例最小。

另外，从学科的角度进行统计，123份问卷中，语文17份，数学14份，外语18份，物理6份，化学4份，生物8份，政治9份，历史8份，地理8份，美术2份，音乐4份，体育7份，信息技术3份，行政领导和教辅等15份。

3.1 喜欢读书的程度

当问到喜欢读书的程度如何时，有71.54%的教师选择了“喜欢”，还有1.63%的教师选择了“酷爱”。25.2%教师对读书的态度是“一般”。但是，仍然有1.63%教师是不喜欢读书的。从调查问卷反馈的情况看，教师对读书态度还是比较理想的。

3.2 教师读书的原因

教师为什么要读书，读书原因都有哪些呢？根据调查反馈，68.29%的教师认为“纯粹是爱好，喜欢读书”而已，占了最大比例。其次，39.84%的教师认为读书是“为了专业发展与个人成长”。再次，31.71%的教师觉得读书是因为“教育教学遇到难题需要求助各类书籍去解决”。此外，20.33%教师“由于工作的压力必须读书充实自我”，9.76%的教师是根据学校的安排去读书。另外，还有12.22%的教师觉得读书是因为其他各种原因。

此外，在问到“您觉得读书对您的教育教学有帮助吗”的时候，绝大多数的教师觉得读书对教育教学是有帮助的。20%的教师觉得读书对教育教学的帮助非常大，46%的教师觉得读书对教育教学有很大的帮助，还有32%的教师觉得读书对教育教学有一点帮助。只有2%的教师认为读书对教育教学没有一点帮助。

3.3 读书的时间

为了进一步了解教师读书情况，问卷调查了教师每天用于读书的时间。在被调查的123位教师中，有56%的教师的读书时间在每天1个小时左右，22%的教师的读书时间在每天半小时以内，17%的教师的读书时间在每天1.5小时左右。只有5%的教师的阅读时间在每天2小时以上。

3.4 教师的阅读量

教师每年阅读量在5本左右的比例最大，占31%；其次，每年阅读量在10本左右的教师，占23%；再次，每年阅读量在3本左右的教师，占20%。此外，还有15%的教师的年阅读量在20本以上。当然，还有11%的教师基本不怎么阅读，每年的阅读量只有1本左右，不甚理想。至于一些教师不经常读书的原因，问卷也设置了相关提问。据教师们反馈，不经常读书的原因如下：48.78%的教师尽管觉得读书很有必要，只是平常教务繁多没有时间读书。30.08%的教师觉得家庭的琐事比较多，没有多余的时间用于阅读。16.26%的教师认为社会的各种诱惑太多，尤其是各种娱乐网络信息和设施，读书的时间大幅度减少。此外，还有4.88%的教师觉得读书没有必要或没有兴趣读书，在校期间学习的知识足够驾驭课堂。3.25%的教师觉得学校没有相应的条件和资源加上缺乏指导，读书没有什么效果。

3.5 教师的阅读来源

为了更好掌握教师阅读的主要来源，问卷中提到："您通常通过什么方式读书？"由此得到了教师获取阅读资源的途径。有63.41%的教师是"自己到书店（网购）买书读"，是目前教师阅读来源的主要渠道。其次，有58.54% 的教师选择"到学校图书馆借书"来阅读。另外，51.22%的教师是"通过电脑或手机上网读"，比例也达到一半以上，说明电脑阅读或手机阅读在教师读书中占有非常大的比重。此外，还有4.07% 教师有"到市图书馆借书"的习惯。在问卷中，还有11.38%的教师选择了以上几种阅读方式之外的其他阅读方式。

3.6 教师的阅读内容

读书很重要，但是，读什么书也显得非常重要。一直以来，大家都提倡多读书、读好书。那教师都读什么书呢？问卷设置了7个选项，了解教师平常都读些什么书，并建议"按重要性程度排列，最重要的在括号后面输入'1'，然后是'2''3'……依此类推"。根据调查反馈，去掉没有填写"重要性排名"的部分问卷，统计填写了"重要性排名"的问卷，统计出了第1选择到第5选择的数据的比例。从下表中可以看出：在第1选择方面，大多教师选择是文学（社科）经典，比例是25%；其次是所教学科经典书籍和各类报刊，比例都是14%；接着是各种教参、教材教法，教育学、心理学等书目，畅销书、热门图书等，比例都是12%。在第2选择方面，文学（社科）经典占23%，畅销书、热门图书占18%，各类报刊占17%。在第3选择方面，各类报刊占22%，比例最大；其次是教育学、心理学等书目，占20%；接着是畅销书、热门图书，占18%以及休闲、娱乐和养生类书籍，占17%。在第4选择方面，休闲、娱乐和养生类书籍占30%，各类报刊占18%。而到了第5选择，所有选择的比例差别已经不大。综合以上分析，最受教师喜欢的图书类型是文学（社科）经典，其次是各类报刊，接着是畅销书、热门图书，然后是教育学、心理学等书目和各种教参、教材教法。

教师读书兴趣情况统计表

选项	第1 选择	第2 选择	第3 选择	第4 选择	第5 选择
所教学科经典书籍	14%	13%	4%	11%	18%
各种教参、教材教法	12%	14%	8%	11%	13%
教育学、心理学等书目	12%	9%	20%	7%	18%
文学（社科）经典	25%	23%	11%	15%	11%
畅销书、热门图书	12%	18%	18%	8%	13%
休闲、娱乐和养生类书籍	11%	6%	17%	30%	11%
各类报刊	14%	17%	22%	18%	16%

此外，问卷还希望教师根据自己的阅读兴趣，建议图书馆购买哪些类型的图书。37.5%的教师建议购买地理与旅游类图书，比例最大。35.77%的教师建议购买生活时尚（养生）类图书，34.15%的教师建议购买哲学、心理励志、名人传记类图书，33.33%的教师建议购买心理类图书，32.52%的教师建议购买中国小说类图书，30.08%的教师建议购买教育类图书（教育理论），29.27%的教师建议购买历史类图书，28.46%的教师建议购买艺术图书（摄影、舞蹈、音乐、书法、绘画等）。此外，外国小说、教学辅导书、报告文学、杂文、民间故事、诗歌、散文等也有一些推荐。

3.7　教师的阅读反馈

阅读有“浅阅读”与“深阅读”，还有“碎片阅读”等。那么，教师喜欢什么样的阅读？有没有写读书笔记或读书心得的习惯呢？调查结果显示，39%的教师选择了“没有做读书比较和心得的习惯，只是随便读读”，倾向于纯粹的阅读。其次，31%的教师选择“读到感兴趣的书时会随手写一些心得”。此外，还有22%的教师认为“当有感悟时，希望跟别人分享”。只有2%的教师觉得“每次读书时都会有读书笔记，读完后一般都写读书心得”。另外，还有6%的教师是“有时候出于学校的压力和指示写一两篇”。

此外，问卷还要求教师写下自己最喜欢的三本书及作者。通过对反馈的答案进行整理，教师们最喜欢的图书主要包括以下几类型：

（1）外国名著：如《飘》《基督山伯爵》《简·爱》《苏菲的世界》《小王子》《麦田里的守望者》《傲慢与偏见》《乱世佳人》《茶花女》《老人与海》《百年孤独》《穆斯林的葬礼》等。

（2）教育类：如《做最好的教师》（李镇西）、《做最好的班主任》（李镇西）、《班主任工作漫谈》（魏书生）、《不跪着教书》（吴非）等。

（3）心理（宗教）：《幸福的方法》《正能量》《卡耐基成功之道》《人性的弱点》《遇见未知的自己》《团体心理咨询》等。

（4）历史地理：《做最好的自己》《史蒂夫·乔布斯传》《美国种族简史》《中国大历史》《毛泽东传》《傅雷家书》《苏东坡传》等。

（5）中国名著（散文、小说）：《红楼梦》《水浒传》《围城》《平凡的世界》《品中国文人》《兄弟》《三国》《把心安顿好》《面包树上的女人》《狼图腾》《文化苦旅》《我执》《常识》等。

（6）畅销书：如《目送》《野火集》《亲爱的安德烈》《佐贺的超级阿嬷》《这些人，这些事》《幸福了吗》《乔布斯的魔力演讲》《送你一颗子弹》《我不是潘金莲》《就想开间小小咖啡馆》《与狼共舞》《窗边的小豆豆》《撒哈拉沙漠》《幻城》《致我们终将逝去的青春》《零下一度》《陆犯焉识》等。

（7）哲学（管理）：《四书集注》《史记》《易经与管理》《第五项修炼》《论语》《赢在职业化》《余世维讲座》等。

（8）综合类：《大数据时代》《长尾理论》《读库》《求医不如求己》《看上去很

美》《宇宙的秘密》《巨流河》《走夜路请放声歌唱》等。

3.8 关于图书馆与教师读书活动的建议

在问卷调查中，还涉及两道主观题目，其一是征求教师对图书馆的建议，比如希望图书馆提供哪些资源和服务等。其二是征求教师对学校开展教师读书活动的个人看法或建议。以下是整理出来的部分教师的建议：

（1）给图书馆的建议。希望图书馆能提供最好的阅读环境，建议多购买与教育和教学有关的理论与实践书籍，如教师的教学日记、笔记、随感一类的书。及时购买畅销书，多购买全国优秀教师课堂实录方面的影像资料。引进电子图书及各种资源库，实现网上阅读，可以提供电子书进行下载。在图书宣传与服务方面：注重职业形象与服务态度，延长服务时间，多做些好书新书信息推介，并办读书沙龙。适时推荐一些经典名家名著，对教师读完后口碑好的书在全校推广。经常提示值得一读的推荐书目，多做宣传，利用校讯通等载体，新书上架短信提示，每月好书推荐（短信提示）。开读书讲座、参考咨询等服务。

（2）对教师读书活动的建议。绝大部分教师都支持教师读书活动。认为读书能够提升自身素养，对教师丰富个人内涵有好处，也能更新观念，丰富教学内容，更加能使人有所追求，活到老学到老。一些教师喜欢随心随性，自由阅读。此外，有教师建议要改变读书理念，电子阅读和电视谈话节目也属于读书活动。当然，还有一些觉得读书活动需要考虑教师工作压力、年龄层次等问题，硬性规定少一点。此外，希望加强读书奖励，给教师发一定量的购书券或者网购券。

4. 存在问题与建议

综合以上的调查结果与分析，我校教师的读书现状还是比较理想的。但是，跟其他中学的教师读书情况一样，教师读书还是存在一些问题。第一，读书的意识不够。大多数教师都非常认同读书的重要性，但是真正读书的比较少。第二，读书的时间得不到保障。由于各种原因，教师都觉得没有时间阅读，哪怕是对专业成长、教育教学有帮助的功利性阅读。教师能够坚持每天阅读的很少，阅读时间与阅读量都非常少。第三，缺乏阅读资源保障，阅读不能与时俱进。绝大多数学校的图书馆管理落后，图书更新不及时，缺乏好书，缺乏相关的信息资源。教师没有及时关注出版市场，阅读没有及时更新，教师的阅读书目没有太多新意，不了解新书、好书。第四，缺乏读书计划，阅读习惯不好。在应试压力下，大多数的学校和教师都不会重视阅读，缺乏读书计划，教育教学工作没能跟阅读有效联系起来。此外，绝大部分教师在阅读时没有做笔记、写读书心得的习惯。碎片阅读、浅阅读、微阅读、网络阅读占据了很大的比例。针对以上问题，笔者觉得要做好普通高中的教师读书工作，可以从以下几方面做一些努力。

4.1 营造读书氛围，提供良好阅读环境

学校是读书的地方，但是在应试考试压力、各种网络信息以及社会的各种诱惑背景下，学校的读书氛围已经受到严重的挑战，中小学教师的读书现状不甚理想。学校要引导教师读书，需要做的事情很多。首先，要营造浓郁的读书氛围，学校领导要带头读书，宣传读书的理念与意义，并贯彻于日常教育教学实践中。其次，要打造优越的阅读环境。重视学校图书馆的阅读环境营造与资源建设，进行规范化管理，改进服务内容与服务手段，加强阅读推广，开展各种读书活动，营造读书氛围，建设书香校园。

4.2 制订读书计划，组织各种教师读书活动

读书是没有压力的事情。大多数人更喜欢随心随性，自由阅读。但是，教师的读书活动希望取得比较理想的效果，没有读书计划或相关的读书方案是不行的。学校要结合实际，把教师读书纳入学校以及部门的工作计划之中，积极宣传造势，并付诸行动。要在各个层面上开展教师读书活动。如：中层以上领导读书活动，科组读书活动，党员教师读书活动，青年教师读书活动等。此外，教师读书需要建立反馈机制，搭建读书交流的平台。要定期组织教师读书报告会（交流会）、读书沙龙等。此外，可开展读书征文活动，并设置相关的奖项，奖励取得一定读书成果的教师。

4.3 多读经典书籍，注重立体化阅读

尽管受到“浅阅读”“碎片化阅读”“网络阅读”等冲击，但我们还是提倡教师们能够多读好书、多读经典书籍。如：所教学科经典书籍，教育学、心理学的经典书籍，文学（社科）经典书籍。此外，作为教师，还需要关注新出版的好书、畅销书，及时吸收新理念、新思想。时刻关注自己学科的专业报纸杂志，多读自己专业的报纸杂志。全媒体时代的阅读，不仅要保持纸质阅读的习惯，还需要注重电子读书、优秀的视频资源。

4.4 借助新媒体，激发教师读书的持续力

读书，贵在坚持。一直以来，专业发展的需要、课题研究的推动，部分教师能够做到坚持读书，并取得了一定的效果，如读书心得、论文、课题报告以及专业成长等。而在全媒体时代，还需要借助新媒体，全面激发教师读书的持续力。一是利用校园网络、校讯通、微博（博客）等，定期介绍新书好书，做好图书的推荐。二是开通教师读书博客群，通过博客交流读书心得，给教师读书搭建一个网上读书交流平台。三是借助移动阅读终端，平板电脑、手机终端等，提供阅读便利，重新激发教师读书的兴趣。

中小学图书馆开展阅读指导与阅读疗法的现状调查

摘要：随着图书馆事业的发展，阅读指导与阅读疗法工作越来越受到重视。为掌握中小学图书馆开展阅读指导与阅读疗法的现状，我们进行了中小学图书馆阅读指导和阅读疗法活动的问卷调查。本文立足于问卷调查，介绍了调查的背景、内容与方法，并对调查结果进行了统计与分析。

关键词：阅读指导；阅读疗法；现状调查；中小学图书馆；阅读推广

1. 调查背景

图书馆的阅读指导，也称为阅读推广、阅读辅导或导读工作，就是图书馆主动宣传馆藏资源，在了解和研究读者需要的基础上，对其阅读目的、内容和方法给予积极影响的教育活动。而阅读疗法，就是通过有指导性的阅读，如通过图书馆员、普通教师、心理教师或医生建议的图书等阅读材料以及适当的交流指导，帮助读者改正人格缺失或者协助解决个人问题。随着图书馆事业的发展，阅读指导工作越来越受到重视，而且图书馆界一直开展各种阅读推广活动，指导青少年的阅读。此外，尽管国外或者中国台湾关于中学开展阅读疗法的实践很多，而且成绩斐然，但是，在国内来说，阅读疗法大有用武之地的中小学图书馆，对阅读疗法的研究却重视不够，未见比较深入的理论成果和值得推广的成功实践。于是，我们开展了“青少年阅读指导与阅读疗法的实践与研究”的课题研究，力求在青少年阅读推广与阅读疗法方面做一些实践与研究。为了掌握中小学图书馆开展阅读指导与阅读疗法的现状，课题组开展了中小学图书馆阅读指导和阅读疗法活动的现状调查。

2. 调查方法和内容

课题组经过认真斟酌，制订了“中小学图书馆开展阅读指导和阅读疗法活动现状调查问卷”，并利用珠海市全市中小学图书馆（室）管理员全员培训的机会，向珠海市中小学图书馆发放了大约70份问卷。此外，还通过微博、QQ等向广雅中学图书馆、佛山三中图书馆、佛山一中图书馆、广州二中图书馆、青岛二中图书馆、福建三明九中图书馆、广东华侨中学图书馆、广州大学附属中学图书馆、华南师大附中汕尾学校图书馆等十多所中学图书馆发放了问卷链接。至统计时间，收到反馈的问卷80多份，其中有效问卷70份。

在问卷设计方面，该问卷主要包括四个部分。第一部分是基本问题，了解图书馆名称

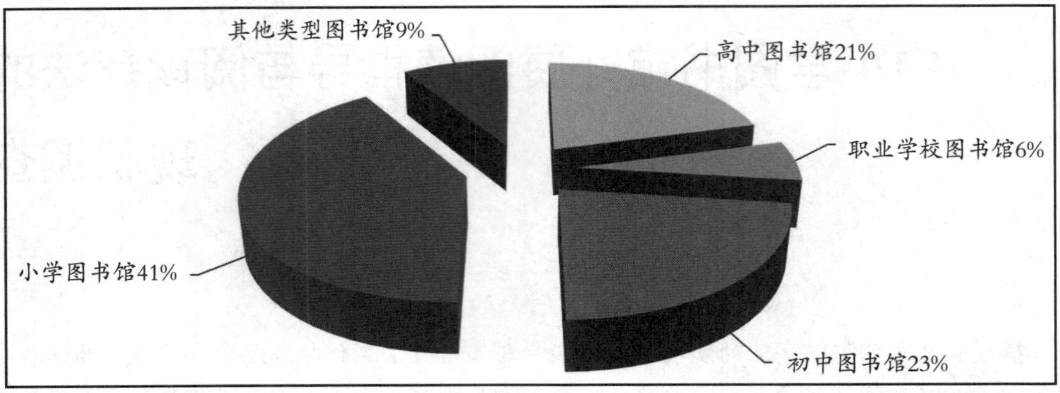

图1　图书馆类型

和图书馆类型，如1、2题。第二部分是有关阅读指导、阅读推广的问题，包括3至9题。第三部分是有关阅读疗法的问题，包括10至16题。最后一道是主观题，了解各中小学图书馆对开展阅读指导和阅读疗法的建议。

3. 调查结果与分析

在70份有效问卷中，高中图书馆有15所，占21%；职业学校图书馆4所，占6%；初中图书馆16所，占23%；小学图书馆29所，占41%。另外还有其他类型图书馆（主要是小学、初中混合学校的图书馆）6所，占9%。如图1。

3.1　关于阅读指导、阅读推广的调查

在调查的70所学校中，有55所学校开展过阅读指导、阅读推广（以下简称“阅读指导”），比例约79%，还有15所学校没开展过阅读指导、阅读推广，比例约21%。而没有开展阅读指导或阅读推广的原因主要有：一是馆内相关书籍、报刊等文献资料缺乏；二是馆内缺乏具备从事“阅读指导、阅读推广”服务素质的馆员；三是对如何开展阅读指导、阅读推广活动无从下手。此外，课题组还对中小学图书馆开展阅读指导的年限、形式、效果、困难等进行了调查。

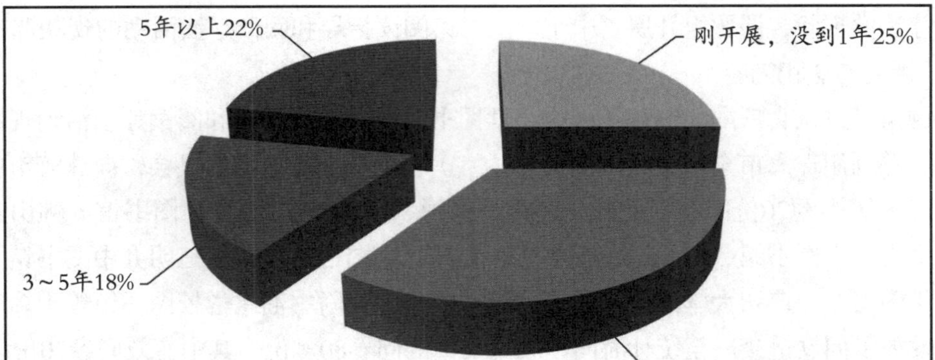

图2　开展阅读指导的时间

3.1.1 开展阅读指导的时间

如图2所示，55所中小学图书馆中，有25%的图书馆是刚刚开展阅读指导活动，时间还没到1年；有35%的图书馆开展阅读指导的时间是大约1到3年；18%的图书馆开展阅读指导的时间是3到5年；还有22%的图书馆开展阅读指导时间是在5年以上。

3.1.2 开展阅读指导的方式

在问到“如何进行阅读指导、阅读推广活动”时，有37所图书馆觉得主要是常规服务工作中渗透阅读指导，还有32所图书馆是通过读书活动推进。此外，还有少部分图书馆选择阅读课程建设以及读书社团活动等。

3.1.3 阅读指导活动的类型

如图3显示，中小学图书馆开展阅读指导、阅读推广的类型里，“图书宣传、图书推介、新书通报”是开展得最多的活动，有36所图书馆开展了图书宣传。其次，“读书征文、书评比赛等”是第二受欢迎的阅读指导类型，大约31所图书馆开展了征文活动。再次，“图书捐赠活动”在中小学开展得比较火热，有29所图书馆开展了图书捐赠活动。此外，“新生入学（馆）教育”“书展活动”“图书漂流活动”“故事会、读书交流会”“讲座活动”等阅读指导活动也有近一半的图书馆使用过。除此之外，“阅读知识或者科普知识展览”“编制阅读指导资料，推出主题阅读书目”“利用网络、微博等开展阅读指导”“读书有奖知识竞赛”“书签设计活动”也有个别图书馆尝试过。

3.1.4 阅读指导活动的效果

至于开展阅读指导、阅读推广活动的效果，49%的中小学图书馆认为阅读指导、阅读

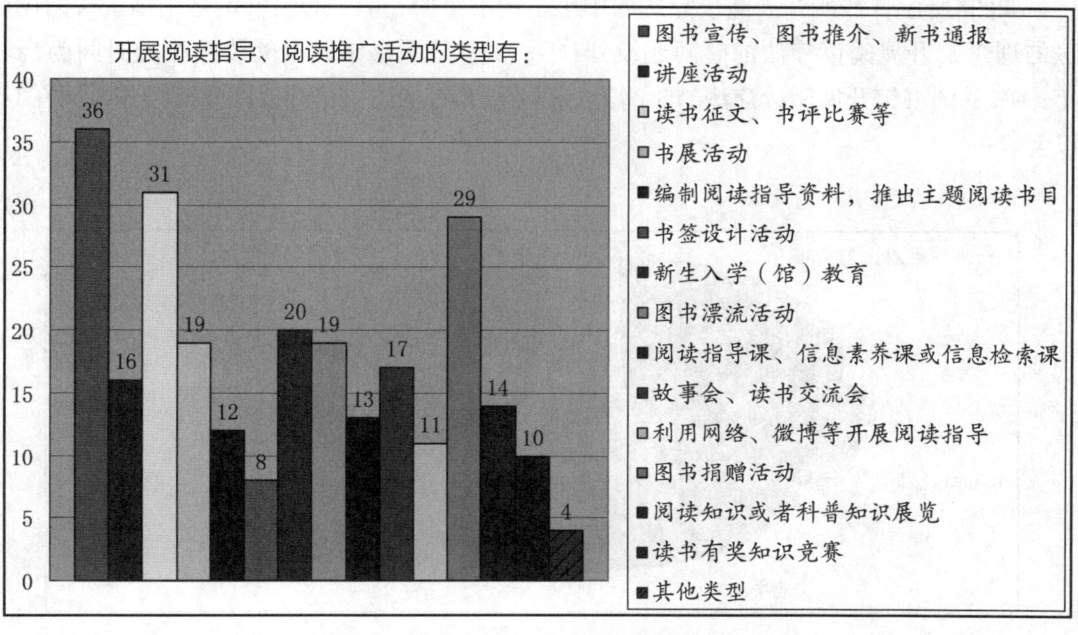

图3 阅读指导、阅读推广的类型

推广的效果很好，读者积极参与，提高了图书馆利用率。还有49%的中小学图书馆认为阅读指导、阅读推广的效果一般，读者参与热情不高，没能达到预期效果。只有1所中小学图书馆觉得效果很差，读者几乎不参与，对提高图书馆利用率没有任何帮助。可见，开展阅读指导与阅读推广，对中小学图书馆是比较重要的。

3.1.5 开展阅读指导的困难

据调查显示，中小学图书馆开展阅读指导、阅读推广活动遇到不少困难。比如，66%的中小学图书馆认为开展阅读指导、阅读推广缺乏经费支持。38%的中小学图书馆认为学生对图书馆开展的阅读指导、阅读推广活动兴趣不高。24%的中小学图书馆认为图书馆员对如何指导阅读没有形成统一的思想。16%的中小学图书馆觉得开展阅读指导、阅读推广活动得不到学校领导、教师的配合。此外，还有中小学图书馆觉得有其他方面的困难。

3.2 关于阅读疗法的调查

在调查的70所学校中，有22所学校认为开展过阅读疗法，比例约31%。还有46所学校没开展过阅读疗法，比例约69%。而尚未开展阅读疗法的原因方面：65%的图书馆认为“教师和图书馆员并不了解阅读疗法的理论知识与理念，关注与重视不够”；59%的图书馆认为“缺乏具备从事‘阅读疗法’素质的馆员或心理教师”；52%的图书馆认为“缺乏开展阅读疗法的书目”；43%的图书馆觉得“对如何开展阅读疗法活动无从下手”。还有个别图书馆觉得是“教师和图书馆员并不认同阅读疗法的理念”以及“得不到学校相关领导的支持”等原因。为了更好掌握中小学图书馆开展阅读疗法现状，问卷还调查了中小学图书馆开展阅读疗法的时间、类型、效果、困难等。

3.2.1 开展阅读疗法的时间

如图4所示，22所开展阅读疗法的中小学图书馆中，41%的图书馆是刚刚接触阅读疗法的理念，开展阅读疗法的时间还没到1年；23%的图书馆开展阅读疗法的时间为1到2年；9%的图书馆开展阅读疗法的时间为2到3年；27%的图书馆开展阅读疗法的时间在3年以上。

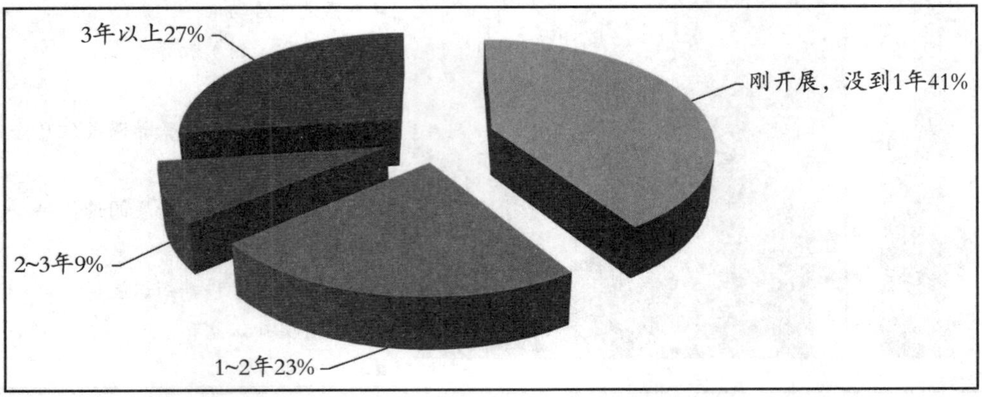

图4 开展阅读疗法的时间

3.2.2　阅读疗法活动的类型

对22所尝试开展阅读疗法的学校进行调查，根据反馈，阅读疗法活动的类型如下：开展得最多的是书评、读书心得交流会等活动；其次是“针对学生读者发展需要向学生读者推荐相关的图书书目”与“成立班级学生读书小组”；接下来是“了解读者心理需求与文献需求（如召开座谈会，进行问卷调查等）”“编制各种专题书目（结合学生成长需要与心理需求）”“与心理学专家、心理教师等专业人员合作，开展心理咨询”。只有极个别的图书馆选择“利用网络开展阅读指导或阅读疗法”以及“设立阅读治疗阅览室”等。

3.2.3　阅读疗法的效果

据调查，尽管有22所中小学图书馆尝试开展或开展过阅读疗法相关活动，但是效果非常不理想。如图5所示，只有14%的图书馆认为“读者积极参与，情况良好”，而68%的图书馆认为“读者参与情况一般，热情不高”，还有18%的图书馆认为“读者很少参与”阅读疗法活动。

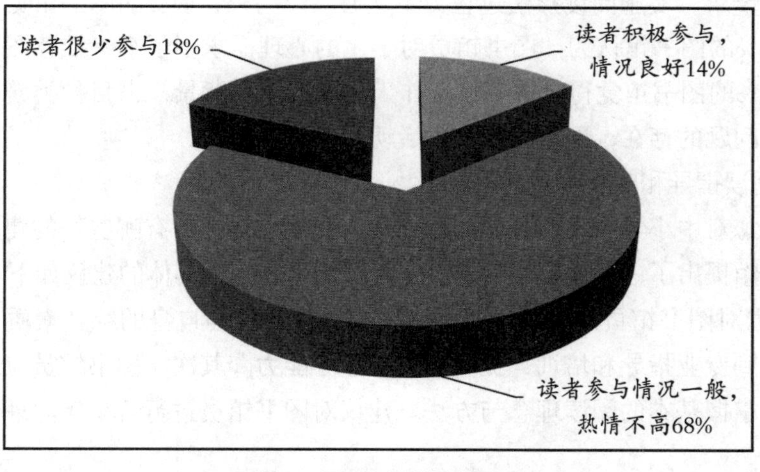

图5　阅读疗法的效果

3.2.4　开展阅读疗法的关键

当问到“您认为开展阅读疗法实践最关键的地方在于什么”时，如图6所示，开展阅读疗法的中小学图书馆认为最重要的是“加强班主任、教师与图书馆员阅读疗法理论与实践方面的培训”，有32%的图书馆支持这种观点；其次，23%的图书馆认为“掌握读者心理需求与发展需要”也比较重要；然后，分别有18%的图书馆认为需要“营造阅读疗法环境与氛围”和“做好书目的选择”。可见，加强相关人员阅读疗法理论与实践方面的培训是开展阅读疗法的关键。

3.2.5　开展阅读疗法的困难

为什么阅读疗法在中小学图书馆开展不起来？为什么开展阅读疗法的效果不理想？那么，已经开展阅读疗法的图书馆在开展阅读疗法的过程中都遇到什么困难呢？如图7所

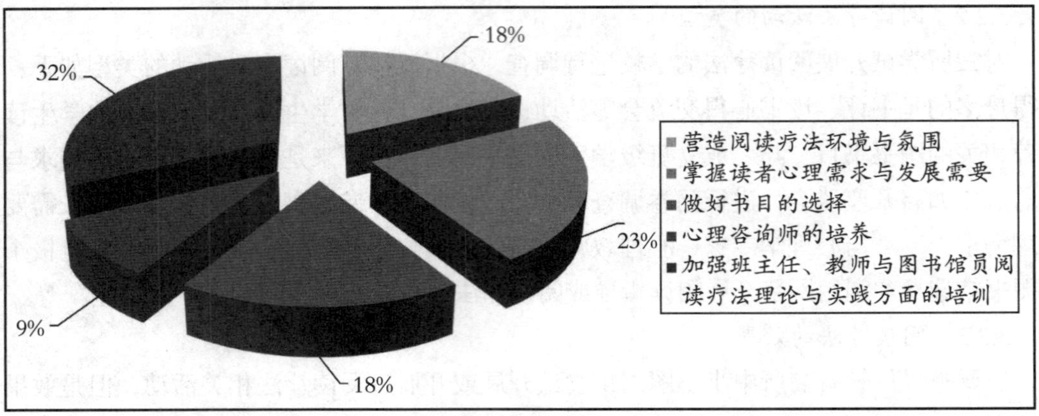

图6 开展阅读疗法的关键

示，有近一半的图书馆觉得是“图书馆阅读疗法规范化程度低”以及“图书馆员个人综合素质尚未达到要求，实施阅读疗法过程力不从心”。另外，41%的图书馆觉得“学生参与度不高”，36%的图书馆认为“图书馆员对学生的心理需求不了解，推荐图书的治疗效果不理想”，32%的图书馆觉得“图书馆工作人员缺乏学科背景，书目种类繁多，不能一一了解”。以上问题的存在，导致阅读疗法活动无法顺利开展。

3.3 对阅读指导和阅读疗法的建议

当问到“您对中小学图书馆开展阅读指导和阅读疗法活动有哪些好的建议”时，有一些中小学图书馆提出了一些比较好的建议。经过初步整理，具体的建议如下：

（1）加强对图书馆员的培训。首先，图书馆员要加强自身的综合素质，中小学图书馆员希望能得到专业指导和培训，提高工作的业务能力。其次，图书馆员应进行阅读疗法的基本培训，掌握基本的阅读理念与方法。建议对图书馆员进行青少年心理学及阅读疗法

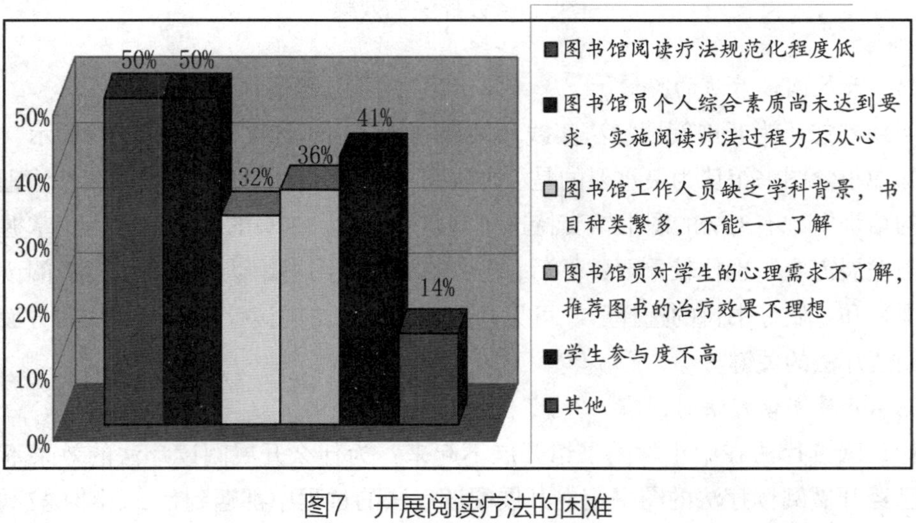

图7 开展阅读疗法的困难

各种技巧进行培训。此外，希望能够得到专家指导、与同行互相切磋交流的机会，掌握适合各种不同类型读者的阅读疗法，才能更具实效性。

（2）开展阅读奖励计划。立足调研，积极引导，快乐阅读，务求实效。图书馆员多与学生交流，了解他们的心理需求。组织阅读指导或阅读推广活动时可以赠送图书馆自己设计的明信片等小礼物，或者开展积分奖励计划等，吸引学生参与，提高参与度。

（3）加强与学校心理辅导中心、心理类社团合作。通过与学校心理辅导中心、心理类社团合作，不仅可以让图书馆员得到心理教师的专业培训，而且心理教师是最了解学生心理的，可以在阅读指导与阅读疗法的活动开展中给予图书馆员很好的意见和建议。

（4）阅读指导要课程化，阅读疗法专业化。有图书馆建议通过建设阅读指导课程，使阅读指导向课程化方向发展。在开展阅读课的同时，有针对性地进行指导，开展阅读疗法。阅读疗法要寻求专业化的发展。在实践中，各图书馆需要相互合作，把用于阅读疗法的相关图书资料分类，且能提供内容简介。此外，大家需要经常交流阅读指导、阅读疗法的相关案例。

4. 结语

通过以上的问卷调查与分析，阅读指导与阅读疗法在中小学图书馆还是有很大的实践基础与研究空间。根据现状得知，阅读指导、阅读推广活动的实践范围更大，开展程度比较深。而由于缺乏阅读疗法的理论知识与理念，缺乏从事阅读疗法的图书馆员，缺乏开展阅读疗法的书目，阅读疗法在大多数中小学无法顺利开展。总体来讲，阅读指导、阅读推广活动在中小学图书馆已经取得一定的效果，而阅读疗法大多处于摸索阶段，效果很不理想。要改变这种现状，中小学图书馆还需要进行更多的实践与探索，需要一定的政策支持，需要人员、资源、理念、经费等的保障，还需要有针对性地解决现阶段存在的各种困难，探索一套有效的实践模式，并不断创新活动的方式，这样才能够达到预期的效果。

基于微博调查的图书馆微博服务策略探讨*

摘要：本文立足于中学生读者利用微博情况的调查以及中小学图书馆应用微博的现状调查，探讨了图书馆开展微博服务的一些策略。

关键词：微博；微博调查；微博服务；中小学图书馆；策略探讨

1. 引言

微博是一种非正式的迷你型博客，它是Web 2.0的一种表现形式，是一种结合即时消息和博客特点的发布消息的系统。[1]2006年，美国社交网站推特（Twitter）上线，开启了微博时代。2009年8月，中国的新浪微博上线，腾讯、搜狐等公司随后跟进，微博在中国得到迅速发展。2010年被称为中国的“微博元年”。据中国互联网络信息中心（CNNIC）2013年1月15日在京发布第31次《中国互联网络发展状况统计报告》显示，截至2012年12月底，我国网民规模达到5.64亿人，互联网普及率为42.1%；此外，手机网民数量为4.2亿人。截至2012年12月底，我国微博用户规模为3.09亿人，较2011年底增长了5873万，网民中的微博用户比例达到54.7%。手机微博用户规模为2.02亿人，占所有微博用户的65.6%，接近总体人数的三分之二。[2]目前，微博在图书馆的应用受到了图书馆界的关注与重视，一些公共图书馆、高校图书馆都开展了相关的实践与探索。笔者所在的珠海三中图书馆从2011年开始注册新浪微博，围绕微博尝试开展了一些服务，积累了一定的经验。本文立足于中学生读者利用微博情况的调查以及中小学图书馆应用微博的现状调查，探讨了图书馆开展微博服务的一些策略。

2. 中学生读者利用微博的现状调查

图书馆微博的服务对象是读者，那么，读者使用微博的情况如何？读者需要一个怎么样的微博平台呢？为了掌握读者利用微博的现状，珠海三中图书馆开展了“中学生读者利用微博情况调查”。在图书馆开放期间，随机向读者发放问卷大约150份，回收问卷145份，回收的问卷基本有效。据调查显示，参与调查的读者中，有94%的读者拥有个人微博，只有6%的读者没有开通个人微博。此外，中学生读者每天花在上网，特别是花在微博的时间比较多。每天使用微博时间在“半小时以内”占48%，每天使用微博时间在“半

* 该论文由王鸿飞撰写，原载于《图书馆界》2014年第4期。

小时到一小时”占30%，每天使用微博时间在“一到三小时”占15%，还有7%的读者花在微博上的时间达到三个小时以上，甚至五个小时以上。

但是，读者关注图书馆微博的程度不够。53%的被调查者“关注图书馆微博”，47%的被调查者“不关注图书馆微博”。14%的被调查者“经常浏览图书馆微博”，41%的被调查者“偶尔浏览图书馆微博”，28%的被调查者“很少浏览图书馆微博”，还有17%的被调查者“从不浏览图书馆微博”。另外，在微博互动方面，34%的读者“从不转发图书馆的微博”，28%的读者“很少转发图书馆的微博”，20%的读者“偶尔转发图书馆的微博”，10%的读者“有时会转发图书馆的微博”，8%的读者“经常转发图书馆的微博”。39%的读者“从不评论图书馆的微博”，只有28%的读者“参与评论图书馆的微博”。54%的读者“从不发私信、@图书馆”，只有19%的读者“偶尔或经常发私信、@图书馆”。

当问到“图书馆微博上哪些内容吸引你”时，57%的被调查者赞同“图书推荐、新书通报”，52%的被调查者赞同“活动信息、馆务通告”，50%的被调查者赞同“读书活动、图书馆见闻”。另外，“网络热点话题”“网络娱乐视频”也得到49%的赞同。此外，据调查反馈，读者最希望图书馆微博提供的内容是“图书和期刊推荐”，其次是“图书馆新购图书展示”与“学习的资源、学习视频”，然后是“利用微博开展摄影比赛等活动”“图书馆馆藏及服务介绍”“书评”，最后是“讲座、活动等新闻通告”“关于图书馆问题的网上答疑”“图书馆助理活动介绍”等。

3. 中小学图书馆应用微博的现状调查

据徐德军2012年3月1日的调查，新浪认证微博的图书馆按类型主要分为公共图书馆、大学图书馆和学校图书馆三类，公共图书馆和大学图书馆各有67 所，学校图书馆仅有珠海三中图书馆1所。为了掌握中小学图书馆应用微博的情况，笔者于2013年2月25日在新浪微博上进行了一个调查，输入“中学图书馆”“小学图书馆”等关键词，搜索到中小学图书馆的微博近50个。并且按照微博粉丝数量的多少，选择了30所图书馆进行调查。

3.1 调查概况

笔者逐一访问了粉丝数量排名前30位的中小学图书馆微博，从关注数量、粉丝数量、微博数量、微博内容（A.馆务通告 B.书刊推荐 C.馆藏及服务介绍 D.图书馆读书活动 E.图书馆见闻 F. 关于图书馆问题的网上答疑 G.学习资源 H.图书馆助理活动介绍 I.网络热点话题 J.网络娱乐视频 K.学校信息）、第一条微博、最新微博、是否认证等方面进行了统计，初步得到以下数据：

粉丝数量排名前30的中小学图书馆微博概况

图书馆微博名称	关注数量	粉丝数量	微博数量	微博内容	第一条微博	最新微博	是否认证
珠海三中图书馆	1498	2190	5740	ABCDEFHK	2011.4.21	2013.2.25	是
广州二中图书馆	1583	1188	942	ABDEFH	2011.11.17	2013.2.25	否

（续表）

图书馆微博名称	关注数量	粉丝数量	微博数量	微博内容	第一条微博	最新微博	是否认证
福州格致中学图书馆	1569	1161	897	ABCEIK	2011.11.16	2013.2.25	否
佛山一中图书馆	253	1017	1259	ABCDEFH	2010.12.6	2013.2.25	否
华南师大附中汕尾学校图书馆	489	832	208	ABD	2011.1.15	2013.2.6	否
珠海一中图书馆	881	712	126	ABCD	2011.10.25	2012.12.4	否
广雅中学图书馆	73	472	421	ABCDFHIK	2011.6.14	2013.2.19	否
厦门双十中学图书馆	42	357	84	ABD	2011.5.18	2013.1.21	否
南宁三中图书馆活动中心	85	283	107	ABDE	2011.9.1	2013.1.9	否
小桔灯乡村小学图书馆	119	276	157	ACE	2010.1.6	2012.1.1	否
晋江季延中学图书馆	373	247	58	ABI	2012.10.21	2013.2.25	否
广州八十中图书馆	233	219	59	ABDH	2011.6.3	2012.6.17	否
泉州一中梅石图书馆	175	209	47	ABDH	2012.11.12	2013.2.21	否
广东省实图书馆	49	208	133	AB	2012.9.5	2013.1.1	否
福建师范大学第二附中图书馆	202	201	595	ABKIE	2011.5.21	2013.2.19	否
佛山三中图书馆	128	194	382	ABEH	2012.2.4	2013.1.24	否
广东华侨中学图书馆	186	193	420	ABEI	2012.9.25	2013.2.25	否
北师大（珠海）附中图书馆	105	189	55	ABDE	2011.4.13	2013.1.9	否
潮州高级中学图书馆	21	167	31	ABF	2012.9.17	2013.2.18	否
汕头金中图书馆	265	138	22	AC	2011.12.7	2012.4.12	否

（续表）

图书馆微博名称	关注数量	粉丝数量	微博数量	微博内容	第一条微博	最新微博	是否认证
石家庄十七中图书馆	8	128	386	AB	2011.11.29	2012.12.9	否
重庆八中图书馆	21	119	55	ABC	2012.9.14	2012.12.29	否
广州七中图书馆	74	107	189	ABEI	2011.5.28	2013.2.21	否
珠海一职图书馆	33	104	29	AB	2012.6.14	2013.2.20	否
北京市第八十中学图书馆	60	103	38	HAC	2011.10.25	2012.7.11	否
青岛二中图书馆	104	100	95	ABC	2012.3.12	2013.2.25	否
福州十八中象园图书馆	40	93	52	ABCE	2013.1.15	2013.2.25	否
福建三明九中图书馆	33	74	33	EI	2012.3.16	2013.2.18	否
上海师大附属中学图书馆	79	42	28	AE	2012.11.28	2013.2.23	否
百仕达小学图书馆	8	31	20		2013.2.23	2013.2.25	否

说明：（1）统计数据截至2013年2月25日；（2）微博内容：A.馆务通告（活动信息） B.书刊推荐（新书通报） C.馆藏及服务介绍 D.图书馆读书活动 E.图书馆见闻 F.关于图书馆问题的网上答疑 G.学习资源（学习视频） H.图书馆助理活动介绍 I.网络热点话题 J.网络娱乐视频 K.学校信息（校园八卦）

3.2 调查结果分析

3.2.1 微博的开通时间比较晚

从上表可以看出，最早开通微博的是小桔灯乡村小学图书馆，但这是由《21世纪经济报道》和中国平安集团联合主办的小桔灯乡村小学图书馆计划的微博。2010年12月6日开通的佛山一中图书馆微博算是第一个真正的中小学图书馆微博。此外，在排名前30位中小学图书馆微博中，有15个是2011年开通的，有11个是2012年开通的，还有2个是2013年才开通的。总体上看，中小学图书馆微博都是近两三年才出现的，这与微博在国内图书馆界的发展与应用是相符合的，受到公共图书馆、大学图书馆的影响，一些中小学图书馆也进行了微博服务尝试。

3.2.2 微博服务内容比较单一

通过对微博内容的调查，中小学图书馆的微博发布的信息主要是馆务通告，其次是书刊推荐、馆藏及服务介绍，还有一些图书馆在微博上发布有关读书活动或图书馆学生活动的照片等信息。只有个别的微博涉及图书馆见闻、学校信息、学习资源、关于图书馆问题的网上答疑等。

3.2.3 发布微博的数量少，微博更新不及时

由于各种原因，中小学图书馆微博发布的微博数量比较少，至2013年2月25日，只有珠海三中图书馆、佛山一中图书馆2所图书馆的微博数量在1000条以上，广州二中图书馆 、福州格致中学图书馆、广雅中学图书馆、福建师范大学第二附中图书馆、广东华侨中学图书馆等5所图书馆的微博数量在400条以上。此外，被调查的30所图书馆微博，有15所图书馆的微博数量在100条以下。另外，从微博数量以及最新发布的微博还可以看出，大部分微博更新不及时。有些微博活跃一段时间以后，又慢慢沉寂下来。绝大多数不能做到每天更新，还有一些甚至不能做到每周更新。

3.2.4 关注数量、粉丝数量少，影响力不够

如上表显示，除了排名前三的图书馆微博关注数量、粉丝数量都达到1000个以上，其他中小学图书馆的关注数量、粉丝数量相对比较少。粉丝数量上千的微博有4个，粉丝数量达到300以上的微博有4个，粉丝数量在100~300的微博有18个，粉丝数量在100以下的微博有4个。综上各种因素，我们意识到中小学图书馆微博还处于尝试阶段，知晓效低，影响力不够，学生读者对图书馆微博关注太少。

4. 基于微博调查的图书馆微博服务策略

通过对中学生读者利用微博情况的调查以及中小学图书馆应用微博的现状调查，我们知道，学生读者开通微博的比例是非常高的，且每天花在微博上的时间比较多。但由于中小学图书馆开通微博的时间比较滞后，宣传力度不够，关注数量、粉丝数量少，影响力不够，并且发布微博的数量少，微博更新不及时，微博服务内容比较单一，无法吸引广大读者参与图书馆微博之中，浏览、转发、评论图书馆微博的比例非常低。因此，如何利用好微博这一网络平台值得我们去实践与思考。笔者结合微博调查情况以及珠海三中图书馆的实践探索，探讨了立足微博开展图书馆微博服务的一些策略。

4.1 建立微博管理团队，制订微博的发布流程

目前，大多数图书馆微博不能够及时更新，内容随意，个别没有认证的微博甚至是代表个人的意愿，微博内容由个人的兴趣爱好决定，当工作忙的时候，就往往不能保证微博的及时更新。因此，应设置专人对微博进行管理，规范微博内容。[3]更为理想的状态是，能够建立微博管理团队，分工合作，制订微博的发布流程、内容、规范等。以笔者所在图书馆为例，微博由馆长负责，上班时间及下班时间都由图书馆教师管理微博，还专门成立了学生助理的微博小组，每天一人负责微博内容的更新。在图书推介方面，制订了统一的微博格式，坚持做到每天推荐图书5本。一直以来，图书馆微博运转良好。

4.2 定位微博功能，拓展微博内容，持续开展服务创新

图书馆微博开通之初，就要明确图书馆微博的功能。功能定位不明会造成微博上内容主题较为混乱，没有实质内容，有的在上面记流水账，有的只是当成聊天工具。[4]此外，一些大的图书馆还可以进行图书馆微博服务体系建设，设置新闻综合微博、文献借阅微博、资源建设微博、参考咨询微博、活动讲座微博等。[5]而小型的图书馆，如中小学图书馆等，可以提供馆务通告、书刊推荐、馆藏及服务介绍、图书馆读书活动等固定的服务内容。当然，服务内容也不是一成不变的，图书馆需要根据读者的需求以及服务需要，不断拓展服务内容，围绕图书馆实际服务，持续开展服务创新。

4.3 及时更新微博，让微博保持活跃

不管是公共图书馆微博、高校图书馆微博，还是中小学图书馆微博，都存在一个不足，那就是微博更新不及时，更新频率低，断断续续，总体微博的数量少。因此，要发挥图书馆微博的作用，必须有计划、有针对性地发布、转发相关信息，及时更新微博，尽量每天都有更新，让微博保持活跃。在内容方面，可以围绕微博定位发布服务信息，转发相关信息，或者根据微博粉丝的群体需求，提供一些有用的信息或者服务。

4.4 加强微博宣传，吸引读者关注，提高凝聚力

微博是新兴事物，图书馆开通微博的时间也都比较短。由于大多数图书馆都是在摸索阶段，微博的内容以及服务还不稳定，加上读者对图书馆微博缺乏了解，效果不并明显。所以，开通微博后，图书馆需要做好宣传微博账号的准备，通过各种方式、手段大力宣传图书馆微博。首先，利用新生入馆培训、读者教育培训，或者资源使用培训的机会，向读者推荐图书馆微博；其次，在图书馆所有的宣传资料中加入图书馆微博的内容。另外，把微博与图书馆博客、网站联系起来，主动去关注读者的微博，关注与本图书馆相关的微博信息。此外，要及时回复读者微博的评论，加强与读者的互动，参与相关的讨论、评论。通过各种手段吸引读者关注，提高图书馆微博的知名度与凝聚力。

4.5 多关注优秀微博，加强与同类微博的交流，提升微博的影响力

在调查中看到，一些微博不仅粉丝数量少，也很少关注其他的微博，这对于图书馆微博来说，是非常不理智的。微博服务就是要向读者提供各种微信息或者资源链接，没有关注各种各样的优秀微博，图书馆就失去了部分信息来源，不可避免地遗漏很多有用的信息。在本馆微博发布一些原创微博的同时，为了吸引读者的眼球，图书馆还需要及时转发一些符合微博服务定位，对读者有吸引力的微博。此外，尽可能地关注同行、同类型的微博，关注最新的动态。加强与其他图书馆微博或图书馆教师微博的交流，通过关注、互粉、发私信、@、转发、评论等有效行为，增强微博之间的联系，提升微博的影响力。微博本来带有的一些功能，例如微关系，也能帮助我们凝聚本馆的相关读者，形成一个微博大圈子。

4.6 立足微博平台开展各种读书活动

微博作为一种新载体，更多的时候是作为一种宣传手段。图书馆利用微博发布图书馆

动态信息，推荐好书、新书，主要是开展各种阅读推广活动。就像现在大多图书馆一样，可以在微博上发布各种读书活动的通知、宣传海报、活动现场图片等，从宣传活动到活动成果展示，参与读书活动的全过程。总体上看，效果是很明显的。前期活动宣传能够吸引读者关注、参与各种读书活动；在活动过程中，通过微博与读者进行互动，让读者了解活动细节，增强相互信任；活动结束后，读者可以通过微博对读书活动进行评价，能够给图书馆反馈回相关的信息。此外，还可以立足微博开展一些读书活动。例如，一些图书馆在微博上开展书中寻宝活动、随手拍活动、微书评活动、微征文活动等。

5. 结语

微博是一种新兴的信息交流工具，创新了图书馆的服务方式，在图书馆界具有良好的发展前景。[6]越来越多的图书馆加入了微博的大家族，开展了微博服务的各种实践与探索。但是，如调查结果显示，读者群体对图书馆微博的参与度并不高，图书馆微博还存在各种问题与不足。围绕图书馆微博的实践、探索、研究还将持续很长一段时间，图书馆微博服务将走向何方，也同样值得期待。

参考文献：

[1]CNNIC发布第31次《中国互联网络发展状况统计报告》[EB/OL].[2013-03-18].http://news.xinhuanet.com/tech/2013-01/15/c_124233840.htm.

[2]徐德军.微博在图书馆应用现状分析及建议[J].图书情报论坛，2012（1）.

[3]杨洋，李恩科. 微博在图书馆的应用现状分析[J].图书馆建设，2012（2）：86-89.

[4]李金波.国外图书馆微博客建设及其启示[J].图书与情报，2011（1）：70-73.

[5]张静.图书馆微博服务体系建设初探[J]. 图书馆论坛，2013（2）：156-159.

[6]康思本.广东高职院校图书馆微博服务现状调查与分析[J].江西图书馆学刊，2012（6）：68-72.

中学生读者利用微博情况调查分析及启示*

——以新浪微博为例

摘要： 本文以新浪微博为平台，通过对中学生读者利用微博情况的调查，从使用微博的时间、原因、习惯以及关注、利用图书馆微博等方面进行了统计与分析，并结合珠海三中图书馆微博的服务体会，对图书馆的微博服务提出一些建议。

关键词： 微博；中学生读者；问卷调查；图书馆

1. 调查背景

微博客是一种非正式的迷你型博客，它是Web 2.0的一种表现形式，是一种结合即时消息和博客特点的发布消息的系统。2006年，美国社交网站推特（Twitter）上线，开启了微博时代。[1]2009年8月，中国的新浪微博上线，腾讯、搜狐等公司随后跟进，微博在中国得到迅速发展。目前，国内部分大学图书馆、公共图书馆、中学图书馆也开设了微博。以新浪微博为例，输入“图书馆”进行搜索，可以找到近1000个跟图书馆有关的微博。此外，近几年有关图书馆微博的研究与实践也日益火热起来。我校图书馆于2011年4月份开通了“珠海三中图书馆”的新浪微博，经过近3年的实践，积累了一定的经验，微博关注近2000个微博，粉丝2000多个，原创、转发微博近6000条。为了更好发挥图书馆微博的功能，掌握中学生读者微博使用的情况，了解读者需要一个怎么样的微博平台，图书馆制订了“中学生读者利用微博情况调查”问卷，对中学生读者利用微博情况进行了调查，并从中学生读者使用微博的时间、原因、习惯以及关注、利用图书馆微博等方面进行了统计与分析。

2. 调查方法和内容

该问卷一共11道题目（含客观题10道以及主观题1道）。其中，第1道题是基本问题，第2至第6道题目是有关使用微博时间、使用微博原因、使用微博习惯等方面问题，第7至第10道题目是有关读者关注、利用图书馆微博情况以及读者对微博内容与服务的需求方面的问题，最后一道（第11道）是主观题，了解中学生读者对图书馆微博的建议。2012年下

* 该论文由王鸿飞撰写，原载于《晋图学刊》2014年第5期。

半年，我们向图书馆的学生读者进行了“中学生读者利用微博情况调查”活动，在图书馆开放期间，随机向读者发放问卷大约150份，回收问卷145份，回收的问卷基本有效。

3. 调查结果与分析

3.1 读者使用微博的基本情况与时间

参与调查的读者中，有94%的读者拥有个人新浪微博，只有6%的读者没有开通个人新浪微博。

如图1显示，读者使用微博的时间都比较短。使用微博时间“少于半年”占29%，使用微博时间“半年到一年”占42%，使用微博时间“一年到两年”占26%，只有3%的读者开通微博的时间有“两年以上”。此外，如图2所示，由于手机上网、电脑上网非常方便，中学生读者每天花在上网，特别是花在微博的时间比较多。每天使用微博时间在“半小时以内”占48%，每天使用微博时间在“半小时到一小时”占30%，每天使用微博时间在“一到三小时”占15%，还有7%的读者花在微博上的时间达到三个小时以上，甚至五个小时以上。

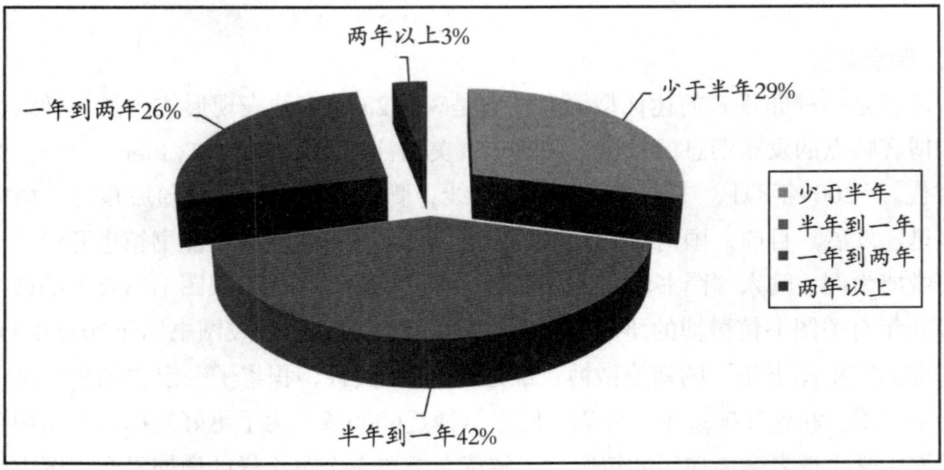

图1 读者开通微博时间

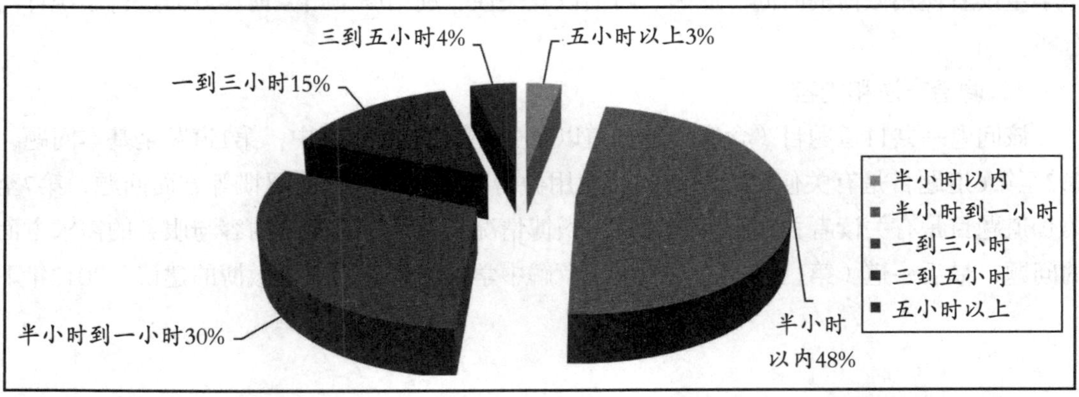

图2 读者每天花在微博上的时间

3.2 读者使用微博的原因

如表1所示，在使用微博的众多原因之中，“和朋友聊天、了解朋友动态”的赞同度达到了73%，“了解社会热点、时政资讯” 的赞同度达到了66%，“为了放松、打发时间” 的赞同度达到了61%，“参与评论，发表我的看法” 的赞同度达到了59%，“了解图书信息与学习信息” 的赞同度达到了53%，而“了解娱乐资讯、明星八卦”的赞同度达到了45%，在一半以下。

读者使用微博的原因是：

表1 读者使用微博的原因

原因	非常不赞同	不赞同	中立	赞同	非常赞同
了解社会热点、时政资讯	5%	3%	26%	45%	21%
了解娱乐资讯、明星八卦	9%	1%	44%	34%	11%
和朋友聊天、了解朋友动态	5%	2%	20%	43%	30%
了解图书信息与学习信息	5%	3%	39%	40%	13%
为了放松、打发时间	5%	4%	30%	41%	20%
参与评论，发表我的看法	5%	1%	35%	40%	19%

3.3 读者在微博上的行为

在调查“你利用微博都做些什么”时，如表2所示，读者经常做的事情中“浏览微博上的信息”达到42%；此外还经常“发布原创的微博”和“发私信、跟朋友聊天”，分别达到25%和20%。而读者在微博上有时做的事情，“转发别人的微博”的达到40%，“评论别人的微博”的达到34%，“发布原创的微博”的达到33%。综合以上分析，可以知道，读者在微博上的行为主要是“浏览微博上的信息”“发布原创的微博”“转发别人的微博”，然后是“发私信、跟朋友聊天”“评论别人的微博”。而71%的读者认为很少或从不玩微博游戏。

表2 读者在微博上的行为

行为	从不	很少	偶尔	有时	经常
浏览微博上的信息	4%	7%	21%	26%	42%
转发别人的微博	6%	10%	32%	40%	12%
评论别人的微博	6%	14%	33%	34%	13%
发布原创的微博	5%	12%	25%	33%	25%

（续表）

行为	从不	很少	偶尔	有时	经常
发私信、跟朋友聊天	8%	26%	17%	29%	20%
玩微博游戏	54%	17%	16%	7%	6%

3.4 读者关注图书馆微博的程度

关于读者关注“珠海三中图书馆”的微博程度如何，如图3显示，53%的被调查读者关注“图书馆微博”，47%的被调查读者不关注“图书馆微博”，83%的读者或多或少浏览过“图书馆微博”，还有17%的读者从不浏览“图书馆微博”。具体来分析，“加关注，经常浏览”的比例是14%，“加关注，偶尔浏览”的比例是28%，“加关注，很少浏览”的比例是11%，“不加关注，偶尔浏览”的比例是13%，“不加关注，很少浏览”的比例是17%，“从不关注，从不浏览”的比例是17%。读者关注图书馆微博的程度还有待提升。

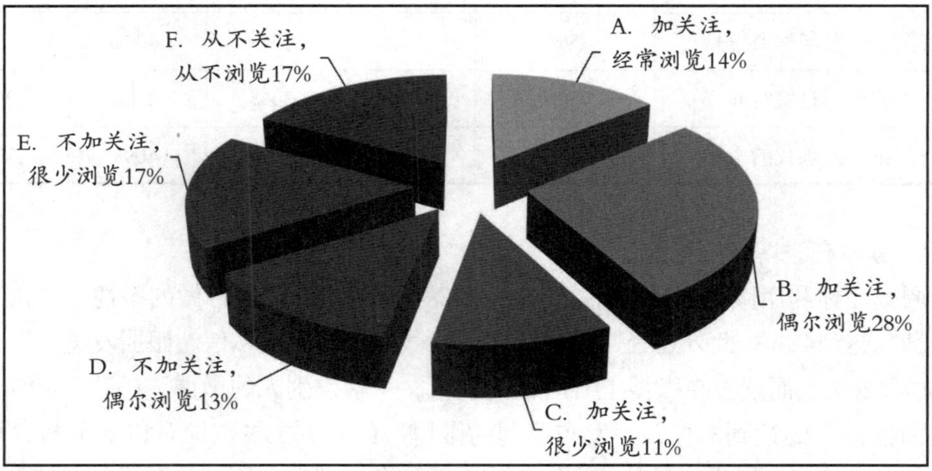

图3 关注图书馆微博的程度

3.5 读者如何对待图书馆微博

图书馆开通微博服务，就是要为读者服务的。那么，中学生读者是如何利用“图书馆微博”的呢？如何对待、如何处理“图书馆微博”的呢？如表3所示，现况不甚理想。48%的读者偶尔、有时或经常“浏览图书馆的微博”，但也有25%的读者从不“浏览图书馆的微博”；38%的读者偶尔、有时或经常“转发图书馆的微博”，但也有34%的读者从不“转发图书馆的微博”；39%的读者从不“评论图书馆的微博”，只有28%的读者参与“评论图书馆的微博”；54%的读者从不“发私信、@图书馆”，只有19%的读者偶尔、有时或经常“发私信、@图书馆”。

表3　如何利用“图书馆微博”

形式	从不	很少	偶尔	有时	经常
浏览图书馆的微博	25%	27%	22%	14%	12%
转发图书馆的微博	34%	28%	20%	10%	8%
评论图书馆的微博	39%	33%	16%	9%	3%
发私信、@图书馆	54%	27%	11%	5%	3%

3.6　读者感兴趣的图书馆微博

当问到“图书馆微博上哪些内容吸引你”时，如表4所示，大多数读者对问卷里罗列的微博服务内容保持中立、赞同的态度。在六项服务内容中，“图书推荐、新书通报”比较受欢迎，57%的读者选择了赞同、非常赞同；“活动信息、馆务通告”的赞同、非常赞同比例达到52%，“读书活动、图书馆见闻”的赞同、非常赞同比例达到50%；“网络热点话题”“网络娱乐视频”也都得到49%的赞同、非常赞同；“学校信息、校园八卦”有47%的读者表示赞同、非常赞同。

表4　图书馆微博上哪些内容吸引你

内容	非常不赞同	不赞同	中立	赞同	非常赞同
图书推荐、新书通报	5%	2%	36%	32%	25%
活动信息、馆务通告	4%	3%	41%	31%	21%
网络热点话题	2%	2%	47%	28%	21%
网络娱乐视频	3%	5%	43%	30%	19%
学校信息、校园八卦	3%	4%	46%	26%	21%
读书活动、图书馆见闻	4%	2%	44%	30%	20%

3.7　读者期待在图书馆微博上看到什么

读者到底需要什么？读者希望图书馆微博能够提高哪些服务？为了了解读者对图书馆微博的需求，问卷提出“你希望在图书馆微博上增加哪些内容”以征求学生读者的意见。如图4所示，读者最希望图书馆微博提供的内容是“图书和期刊推荐”，其次是“图书馆新购图书展示”与“学习的资源、学习视频”，然后是“利用微博开展摄影比赛等活动”“图书馆馆藏及服务介绍”“书评”，最后是“讲座、活动等新闻通告”“关于图书馆问题的网上答疑”“图书馆助理活动介绍”等。

3.8　读者对图书馆微博的建议

最后一道主观题了解中学生读者对图书馆微博的建议，根据回收问卷的答案进行整

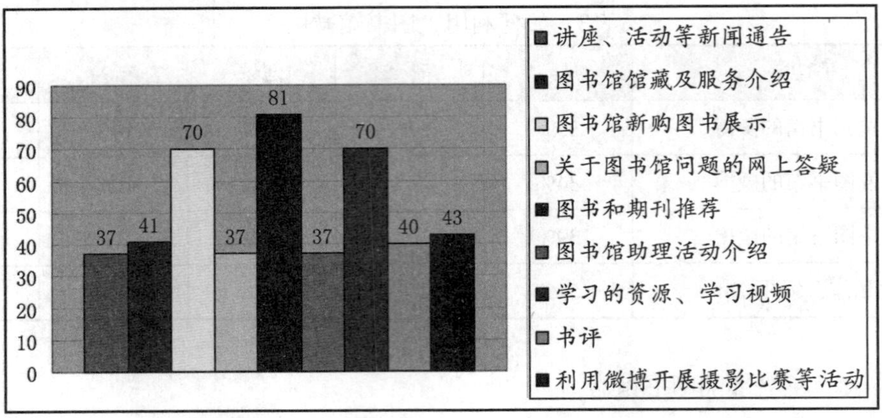

图4 读者希望微博上增加的内容

理，读者对我校图书馆微博服务的建议主要包括以下几个方面：

（1）发微博的频率。有读者希望发微博的频率更高些，有读者建议校内热点多更新，当然也有读者觉得“珠海三中图书馆微博”每天推荐五本书有点多。

（2）微博的内容。一些读者建议增加学习视频，发布时事、热点、作文素材等内容，多些新书推荐，多点娱乐却富有教育性质的微博。一些读者建议有系列地推荐书目，推出每月最受欢迎的图书借阅排行榜。还有读者建议推荐的书目要符合他们的兴趣，甚至希望图书馆可以推荐一些修身养性、平静烦躁的书。此外，还有读者建议转发关于珠海图书馆或书城的读书活动信息、义工信息等。

（3）与读者互动方面。建议图书馆微博可以与读者互粉，关注多一些助理，关注多一些读者。对于读者的评论、提问，要及时回复。希望适当发布图书馆助理们的工作照片和活动照片。

（4）图书馆微博宣传力度与影响力。有读者建议图书馆能够将“珠海三中图书馆微博”广而告之，让不知道它的人知道它，让知道它的人了解它，让了解的人熟悉它。应该不断提升图书馆微博的知名度，通过关于图书和期刊的推荐、读书活动等提高影响力。

4. 启示

4.1 加大图书馆微博的宣传力度

根据调查显示以及读者建议，开展图书馆微博服务，首先需要大力宣传推广图书馆微博，让图书馆微博渗透到图书馆建设与服务的方方面面。此外，抓住一切机会宣传图书馆的微博，在图书馆的活动海报、图书馆介绍、资源推介中有意无意地推广微博。

4.2 定位服务对象，发布有吸引力的内容

由于微博是新兴事物，并不是所有读者都会开通微博。因此，微博服务也需要定位好服务对象，并且根据这些服务对象，有计划、有针对性地发布有吸引力的内容。要不时进行调查，掌握微博读者的需求、习惯等信息。

4.3 要打造高效的管理团队与成熟的运营模式

微博上的读者在线时间长，有时候可以说24小时都有读者浏览。因此，如果要开展微博服务，图书馆需要打造高效的微博管理团队，由专人负责，适当进行轮班，并制订管理方案。做到及时更新微博信息，及时回复读者的评论、提问等。在不断的摸索中，走出一条成熟的运营管理模式。

4.4 要充分利用微博开展读书活动，宣传活动效果

根据微博特点与优势，适当利用微博进行阅读推广，开展各种各样的读书活动，把一些读书活动转移到微博上面。另外，可以把微博当成传播媒介，宣传图书馆的服务内容以及活动效果等。

参考文献：

[1]微博[EB/OL].[2013.12.18].http://baike.baidu.com/subview/567099/11036874.htm

浅议中学图书馆微博服务平台的建设与应用探索*

摘要： 随着微博的发展与兴盛，国内众多公共图书馆、高校图书馆相继开通微博服务平台，微博平台成为图书馆服务中的一个新窗口和新热点。笔者通过网络调查和数据统计，阐述了图书馆开展微博服务的现状与微博平台的主要服务功能。针对大部分中学图书馆还未能很好地利用微博平台开展服务的现状，笔者充分分析了中学图书馆利用微博平台创新图书馆读者服务的可能性及有利前景，对中学图书馆微博服务平台的创建、宣传推广以及管理运营等提出具体可行的建议。

关键词： 微博服务；图书馆；中学

1. 国内微博的发展

2009年8月中国最大的门户网站新浪网推出“新浪微博”内测版，成为门户网站中第一家提供微博服务的网站，微博正式进入中文上网主流人群视野。2010年国内微博像雨后春笋般崛起，各大门户网站均开始推出微博产品。微博凭借着其使用技术要求低，发布简便，不受时间、空间和终端的限制，信息量大传播速度快，互动性强等特点，成为目前全球最受欢迎的博客形式及交流平台。

根据中国互联网络信息中心（CNNIC）2013年1月15日在京发布第31次《中国互联网络发展状况统计报告》显示，截至2012年12月底，我国网民规模达到5.64亿人，手机网民数量为4.2亿人，占网民比例达74.5%，手机网络各项指标增长速度全面超越传统网络，手机在微博用户及电子商务应用方面也出现较快增长。截至2012年12月底，我国微博用户规模为3.09亿人，网民中的微博用户比例达到54.7%。 手机微博用户规模达到2.02亿人，占所有微博用户的65.6%，接近总体人数的三分之二。手机微博是使用率增幅最大的手机应用，通过智能手机和平板电脑移动终端登录微博的比例大幅上升。由此表明，我国进入了全民微博时代，微博已达到了鼎盛时期。

* 该论文由郑惜莲撰写，原载于《河南图书馆学刊》2014年第1期。

2. 图书馆应用微博的现状分析

从博客、维基到SNS，图书馆都不乏积极跟踪新技术应用的探索者。随着微博在国内从崛起到鼎盛期间，它在信息传播以及推广互动等方面的强大功能受到越来越多的重视与应用。图书馆作为拥有众多信息资源的机构，一向为推广信息资源、服务用户不遗余力，自然也敏感地发现了微博这样一个正在兴起的传播工具。[1]微博在国外图书馆中的应用已经相当盛行，众多图书馆在使用推特Twitter，为读者进行服务。近三年，国内各大公共图书馆和大学图书馆也纷纷开通微博服务，微博成为图书馆服务的一个新工具、新窗口和新热点。

2.1 图书馆开展微博服务的数据统计

截至2013年2月5日12：00新浪微博上关于"图书馆"的微博条数为35 750 110，以"图书馆"为关键词搜索新浪微博用户超过500条，其中认证用户有313个，主要为高校图书馆及图书馆工作人员用户149个，公共图书馆包括少儿图书馆用户120个，中学图书馆用户1个，其他与图书馆有关的用户43个。

2.2 图书馆微博服务的功能

图书馆开展微博服务的功能主要集中在以下四方面。

2.2.1 信息推送

推送最新书目信息、图书评论、图书馆新闻发布、数据库讲座培训宣传、网络新闻等[2]。并且通过关注与转发，为读者推送最新咨询，使读者快速有效地获取自己需要的信息。

2.2.2 参考咨询

通过微博发布读者的问题，给读者提供有关图书馆资料、数据库利用以及其他服务方面的问题解答等，这类微博内容在交流的及时性、互动性上比传统的参考服务类有了更大的提高，有的图书馆直接将参考咨询作为其微博服务开展的定位。[2]利用微博平台开展参考咨询服务比传统模式的优势还在于能够将各类读者的参考咨询内容与他人共享，让更多的读者也受益。

2.2.3 阅读推广与指导

进行新书推荐和好书推荐、好文章和名言警句的推荐、各类阅读推广活动和服务等，同时通过图书馆微博的关注和转发，读者也能了解到其他院校图书馆、公共图书馆的阅读推广信息，有助于读者通过最简单的方式了解最丰富的阅读推广资讯。许多图书馆员直接利用微博这个平台发布自己的读书情趣，创造读书的氛围，介绍与书相关的信息，共享阅读成为图书馆微博的新平台。[3]

2.2.4 图书馆宣传与促进交流

图书馆通过微博不仅传播了信息，同时也很好地宣传了自己，向读者展现了自己在新时代的新形象。同时利用微博强大的互动功能和宽松的交流环境，加强与读者、图书馆同行以及广大网友的交流互动，接收他们的意见与建议，不断提升图书馆的服务质量。

3. 中学图书馆开展微博服务的现状与前景分析

随着众多公共图书馆和高校图书馆纷纷开展微博服务，许多中学图书馆也进行尝试，微博服务给中学图书馆服务创新注入了新的动力，但是目前已开通的中学图书馆微博规范性和应用广度与深度均不够，还没有完全发挥出微博平台的影响力。

3.1 中学图书馆开展微博服务的现状

在前面的统计中显示，开通新浪微博并申请了官方认证的中学图书馆用户只有珠海三中图书馆一所，其他众多的中学图书馆并未申请认证。在新浪微博上以“中学图书馆”为关键词搜索到相关用户41位，其中中学图书馆微博用户30位，其余为图书馆管理员或其他个人开通的微博用户。持续更新且粉丝数量前五位的中学图书馆微博统计信息见下表。

中学图书馆新浪微博调查

账号名称	粉丝数量/人	微博数量/条	微博简介	微博主要内容
珠海三中图书馆	2172	5725	珠海市第三中学图书馆	@回复、好书推荐、本馆活动宣传报道、文章视频转发
广州二中图书馆	1154	936	广州市第二中学图书馆，欢迎读者向图书馆发微博或私信反馈意见、推荐购书以及投稿分享阅读心得、趣事等	好书分享、图书馆资讯、@回复
福州格致中学图书馆	1152	879	这是图书馆与师生交流与咨询的服务平台，您也可以通过QQ：2298143420与我们联系	@回复、好书推荐、预约到书、图书馆公告
华南师大附中汕尾学校图书馆	830	207	我能想到最浪漫的事，就是陪着同学们一直在图书馆看书	图书推荐、活动报道、借阅排行榜、@回复
珠海一中图书馆	711	126	珠海市第一中学图书馆&图书馆义工协会官方微博，同学们有各种关于图书馆的建议及意见都可以私信或@此微博	本馆活动宣传报道及公告、好书推荐

注：表中数据统计时间为2013年2月23日16:16。

由以上统计看出，开通微博服务平台的中学图书馆并不多，而在已经开通的用户中，除了上表列出的5所中学的图书馆能很好地利用微博服务平台进行阅读推广和图书馆宣传，在读者中形成了一定的关注度和影响力外，其他中学图书馆对微博服务平台的利用与宣传还不够，不能持续发布微博信息，也未得到众多读者的关注，不能真正发挥微博的优势与作用。

3.2 中学图书馆开展微博服务的前景分析

中学图书馆服务的对象为在校师生，而由于中学师生读者到本校图书馆的时间受到较大程度的限制，主要集中在课余时间和部分阅读课上，加之受到图书馆开馆时间的限定，师生了解和利用图书馆的时间明显不足。在此情况下，中学图书馆要向读者进行宣传推广以及提供更高效的服务，微博无疑是一个很好的平台。

微博自产生以来发展迅速，微博技术的低门槛引发微博用户的迅猛增长，年轻一代就是微博用户中的主力军。大部分的中学生都开通了个人微博，且多数以新浪微博为主，并通过手机实时登录，以此接受外界信息和发布个人相关信息并实现与他人的交流互动。只要师生读者们关注图书馆微博，两者之间的沟通桥梁就架通了，图书馆发布的信息就能被读者及时接收，也能通过微博上的互动交流提供各种咨询服务、接受意见建议等。

另外，微博中的很多特色功能都可以应用到图书馆工作中，并为图书馆的各项服务提供新的契机。以新浪微博为例，利用“@”与“私信”功能让中学的参考咨询服务不再受时间空间的限制，“微直播”“微话题”与链接则能够为图书馆活动提供给力宣传。[4]部分图书馆还利用微博的投票功能进行读者阅读信息调查等，而微群则能够为图书馆工作人员与读者、同行提供很好的交流互动平台。

4. 中学图书馆微博服务平台的建设与应用建议

4.1 微博服务平台的创建与管理

图书馆领导应该认识到用户群庞大的微博在读者当中广泛的使用度，积极地组织开通本馆的微博并申请所在网站的官方认证。因注册微博几乎没有门槛，个人用户如果注册图书馆账号发布虚假、错误信息将产生不良影响。图书馆应该积极向平台申请认证，以免混淆视听。[5]调查本馆服务对象的需求特点，听取读者、馆员对微博建设的意见。[6]制订专人负责的管理制度，有明确的分工，保证微博信息的更新，对于读者的咨询、评论、意见或建议等及时回应。通过专人负责的管理制度，保证图书馆微博的良好运转，使微博的功能持续得到发挥。

4.2 微博服务平台的宣传与推广

图书馆开通微博后，应该采取多种渠道去宣传自己的微博，为了最大程度上避免闭门造车的局面，只有被更多的读者知晓，拥有足够的粉丝，才能最大程度上发挥图书馆微博的作用。中学图书馆可以通过自身多种渠道宣传微博账户，如可以在图书馆总服务台醒目位置宣传微博。或者在各种宣传海报和橱窗提供微博账户，鼓励读者通过微博获得图书馆信息、咨询反馈问题。还有借助图书馆义工队伍与普通读者之间的联系，扩大图书馆微博在读者之间的影响力。图书馆还可以利用微博做一些相应的活动，通过“无处不在、无时不在”的、持久的宣传推广工作能够推动微博访问量的持续增加，进而发挥图书馆微博的价值。[7]

4.3 微博服务平台的内容建设

由专人负责微博信息的发布，可对内容进行分类，如公告通知、书目推荐、借阅排行、问题咨询等，方便读者浏览，保证一定的更新频率，但每天发博数量不要太多，以免影响重要微博内容的被关注时间。[8]注重与读者的互动交流，对于读者的疑问和咨询，要在第一时间进行回复解答。通过评论、转发、回复和@等功能，持续吸引读者对图书馆微博的关注。同时更要注重同行之间的相互关注交流和借鉴。利用微博特色功能，与图书馆的新生入馆培训、阅读推广以及各类读书活动有机结合，使微博服务平台成为图书馆自我宣传的新媒体。

5. 结语

微博广泛、高效、互动、及时的特点已经在众多的公共图书馆和高校图书馆微博中得到较充分的发挥，微博在图书馆的信息服务功能的巨大潜力得到图书馆界、图书馆领导们重视。同样，只要中学图书馆重视微博的作用并且借鉴他人的成功经验，对微博进行多渠道的宣传，制订微博的管理制度并亲身参与微博的建设中来，一定能利用好这个平台进行图书馆宣传，增强与读者的交流和提供高效、创新的图书馆服务。

参考文献：

[1]赵明霞.大学图书馆微博热冷思考[J].图书馆杂志，2012（3）：55-57.

[2][5]陈琳.国内图书馆微博应用现状研究[J].图书馆学研究，2011（12）：30-33.

[3]于文莲.图书馆微博服务研究[J].河南图书馆学刊，2012（2）：98-100.

[4]王贵海.基于新浪特色功能的图书馆新型服务平台建设[J]. 图书馆学研究，2011（11）：60-63.

[6][8]李超.国内图书馆开通微博服务的现状分析[J].图书馆杂志，2012（2）：24-28.

[7]王妙娅.国内图书馆服务博客调查分析[J].情报资料工作，2011（2）：64-67.

基于用户使用需求的图书馆微信公众平台建设与运营探索*

摘要： 本文分析了图书馆微信公众平台的应用现状以及使用体验中存在的问题，阐述了用户对图书馆微信公众平台的使用需求，并基于此使用需求对图书馆微信公众平台的建设与运营提出建议。

关键词： 图书馆；微信公众平台；用户使用需求

1. 微信公众平台概述

微信（英文名：WeChat）是腾讯公司于2011年1月21日推出的一个为智能终端提供即时通信服务的免费应用程序。微信凭借腾讯公司的用户资源及其自身强大的社交功能，一经推出就广受用户青睐。截至2013年11月微信注册用户量已经突破6亿，成为亚洲地区最大用户群体的移动即时通信软件。[1]

微信公众平台是腾讯公司在微信的基础上新增的功能模块，主要面向商业、教育、政府等机构，用户通过后台编辑，可以实现对粉丝的实时交流、消息发送和素材管理，同时也可以使用高级功能——编辑模式和开发模式对用户信息进行自动回复。微信公众平台分为订阅号和服务号两种类型。服务号旨在为用户提供服务，发给用户的消息会显示在对方的聊天列表中；订阅号旨在为用户提供信息，发给用户的消息会显示在对方的“订阅号”文件夹中。微信公众账号订阅用户达到500位以上可以申请账号认证，通过认证的微信公众平台在现有基础上增加了9种新的开发接口，通过这些接口，企业和媒体、机构的公众平台可以开发出更多的微信应用，打造更强大的微信公众平台。[2]

2. 图书馆微信公众平台应用现状分析

基于微信庞大的用户群体和用户黏性，微信公众平台的推出逐渐受到许多企业、媒体、政府及事业单位等机构的重视与应用。微信公众平台实现了一对多的精准推广，能更好地提高品牌知名度，也能够为订阅者提供更便捷的服务，减少品牌宣传成本和服务成本，已经逐步形成了一种主流的线上线下微信互动营销方式。图书馆开通微信公众平台，

* 该论文由郑惜莲撰写，原载于《河南图书馆学刊》2015年第5期。

只要一定的技术支持，运营成本几乎为零，而通过微信公众平台的使用，能够为媒体和个人提供一种新的信息传播方式，构建与用户之间更好的沟通与管理模式。[3]这是目前众多图书馆积极探索利用微信开展信息服务的原因。

2.1 图书馆微信公众平台应用数据统计分析

笔者通过手机微信平台公众账号搜索，以“图书馆”为检索词，统计了检索结果中150个经过微信认证的图书馆公众账号。统计过程中发现公共图书馆80个账号中3个为同一馆的重复账号，个别高校图书馆微信公众平台名称不便于辨认，需通过认证详情进行辨别。从表1的统计结果显示，约三分之一的图书馆微信公众账号为服务号，其余均为订阅号。

表1 图书馆微信公众平台类型统计

图书馆类型	公共图书馆		高校图书馆	
账号类型	服务号/个	订阅号/个	服务号/个	订阅号/个
账号数量	20	60	21	59
合计/个	80		70	

注：统计时间为2014年9月6日11：30至2014年9月9日16：00。

查阅以上账号推送的历史消息，只有14个账号首次推送消息距统计时间不足三个月，以及无推送消息记录的账号无法判断外，可推断大部分账号开通时间均较长，从表2历史推送消息数量统计结果中可以看出，统计范围内约一半的账号在主动推送消息方面并不积极。历史消息推送的数量能反映该公共账号的活跃度，而活跃度高的微信账号才有可能提高其用户关注度。[4]

表2 历史推送消息数量统计

消息条数	0	1~50	51~100	101~150	151~200	201以上
图书馆数	15	70	30	20	6	9

注：统计时间为2014年9月6日11：30至2014年9月9日16：00。

2.2 图书馆微信公众平台服务功能统计

随着微信公众平台开放各类数据接口和自定义菜单功能，图书馆微信公众账号除了主动向用户推送信息及实时交流外，还将各种业务、资讯等聚合到自定义菜单中。相较于输入数字或字母代码，自定义菜单具有形象、方便用户、操作简单的特点，精心设计自定义菜单，可以显著增强用户的体验度，也可以为公众账号带来更大的点击量。[5]表3列举了以上统计的图书馆微信公众平台中运行良好的部分微信公众账号的自定义菜单列表，由此可以看出图书馆微信公众平台可以被挖掘和开发的功能和所能提供的服务。

表3　部分图书馆微信公众平台自定义菜单列表

图书馆微信公众平台	自定义菜单
首都图书馆	常见问题——馆藏查询、已借/续借、如何办卡、馆内上网、时间/交通；精彩内容——阅读的力量、数字资源推荐、首图百年馆史、微语好读、纳丁·戈迪默的书；最新活动——讲座直播间、本周文化活动、本周少儿活动、订阅活动快讯、活动预约
温州市图书馆	掌上温图——书目查询、我的借阅、办证须知、关键词表；微社区；活动资讯——活动信息、温图书市、写微书评
杭州图书馆	个人中心——书目检索、读者证绑定、读者证解绑、读者借阅信息、图书续借；图书推荐——新书推荐、借阅排行、网友分享、在线阅读、官方微博；公告服务——活动公告、活动一览、服务导引、自助咨询、附近的图书馆
深圳图书馆	深图服务——图书查询、已借图书、图书续借、预借查询；深图资讯——深图活动、深图动态、微书架、借阅榜、南书房；我——个人中心、读者教室、帮助
太仓图书馆	读者服务——开馆时间、办卡须知、借阅规则、电子阅览室规则、网上续借；最新活动——馆内公告、少儿活动、周末影院、书目推荐；讲座信息
清华大学图书馆	动态——最新消息、资源动态、教学培训、学术活动、展览预告；资源——馆藏查询、水木搜索、新刊热文；服务——我的图书馆、迎新微站、小图咨询、移动应用下载、常见问题
南京大学图书馆	书刊查询——题名、责任者、主题词、任意词；借阅信息——绑定一卡通、解绑一卡通、在借书目、续借书刊、热门借阅；活动资讯——活动通知、最新资源、关于我们
宁波大学图书馆	信息服务——座位查询、服务时间、最新公告、近期讲座；图书服务——致新生季、借阅规则、馆藏书目、个人借阅；生活社区——图书馆吱声、实时公交、热映电影、星座运势
厦大图书馆	我的——图时光、在借图书、预约委托、违章欠款、阅览座位；查询——书刊查询、座位信息；服务——新生专栏、公告信息、最新讲座、失物招领、咨询帮助
同济大学嘉定校区图书馆	文献资源——我的图书馆、馆藏目录、新书到、数字资源推荐、期刊导航；精彩内容——阅读嘉园、学术之嘉、活动News、闭馆音乐、有意思；小图帮帮——找书小雷达、预约研究室、打印机状态、交通查询、帮助
上海立信会计学院图书馆	文献资源——馆藏查询、松江总馆布局、借阅规则、文献续借、好书推荐；读者事务——入馆须知、开放时间、证卡事务、投诉与建议、问卷调查；电子资源——资源导航列表、数据库登录方法、VPN指南、暑假阅读挑战赛、更多帮助

注：统计时间为2014年9月6日11：30至2014年9月9日16：00。

2.3 图书馆微信公众平台使用体验中存在的问题分析

虽然开通微信公众平台的图书馆不断增加，但是笔者从调查中发现一半以上的平台管理和运营并不理想，从前面调查的历史消息推送数量也能反映出这些账号的活跃度不够。在吸引了用户关注后，如果平台的使用满意度不够，将令用户对平台失去关注和使用的兴趣，导致用户流失。

2.3.1 服务功能建设方面

图书馆微信公众平台大部分都利用了自定义菜单功能，用户通过点击菜单就能选择相应的服务，避免了输入代码的麻烦。除了少数建设得比较完善的账号外，大部分图书馆微信公众平台对自定义菜单功能开发和应用程度不够深，能够提供的实质性服务项目较少，主要集中在文献查询、读者借阅查询方面，部分账号的自定义菜单并没有接入相应的服务和内容。自助服务功能是读者有内在需要驱使自发使用图书馆微信的最重要渠道。[6]服务功能的局限性和建设的欠缺将直接影响平台的使用满意度和吸引力。

2.3.2 资源推荐方面

微信公众平台在资源推荐方面的优势在于每天能给用户群发一条信息，由于数量有限，必然要求群发的信息含金量要高，而且要保持适当的推荐频率，过高的推荐频率可能会对用户造成信息烦扰，过低的推荐频率则会降低账号的活跃度，适当的推荐频率能增强账号的活跃度，吸引用户的持续关注。经笔者统计，一半以上的账号推荐的频率偏低。在推荐内容方面，主要集中为图书馆公告、图书和数据库资源推荐、活动宣传等，信息的阅读人数反映出用户对所推送信息的兴趣程度。不了解用户的信息需求，缺乏针对性的推荐，必然不能引起读者的阅读兴趣。缺乏受众需求分析，盲目推送用户不需要的信息更容易导致用户退订。[7]

2.2.3 互动交流方面

微信相较于微博的优势在于即时通信的功能以及一对一交流的私密性，平台对互动交流的响应速度将直接影响用户的体验感受。响应不及时，通过微信与用户互动的活动项目偏少，用户参与度低，不能及时收集用户使用的反馈信息，未能充分发挥互动交流的优势，增强用户使用黏性，是目前图书馆微信公众平台普遍存在的问题。

3. 用户对图书馆微信公众平台的使用需求和使用体验分析

随着微信功能的完善以及用户量的激增，微信已经不单单是一款移动即时通信软件，更是一个集合了交友通信、购物支付、媒体娱乐等功能的综合平台。用户通过关注各种微信公众账号就可以轻松获得各类资讯和服务。用户的使用需求和使用体验将决定公众账号的受关注度和粉丝黏性。

3.1 用户对图书馆微信公众平台的使用需求

随着图书馆微信公众平台的开通和宣传，关注的用户逐渐增加，如何留住粉丝的关注度并吸引更多的用户关注，同时避免已经关注的用户变成“僵尸粉”，则需要公众平台能够提供满足用户使用需求的资讯和服务。

3.1.1 用户对图书馆微信公众平台的普遍使用需求

用户对图书馆微信公众平台的普遍使用需求可以分为两方面：一是图书馆相关资讯，包括图书馆公告、资源推荐、活动宣传等；二是常规读者服务，包括文献检索预约、读者证借阅情况查询、续借、预约、挂失等。通过关注图书馆微信公众平台，用户只要动动手指头就可以随时随地免费（仅需付出少许手机流量）查阅图书馆相关信息和办理相关服务，免去了亲自到图书馆了解或者登录图书馆网站的麻烦，也能随时掌握图书馆相关动态，避免错过关注的信息或活动等。

3.1.2 用户对图书馆微信公众平台的个性化需求

不同类型的图书馆面对的用户群不同，不同的用户对信息和服务的需求也不同。高校馆的用户主要是在校大学生，公共馆面对的是一个比较综合的用户群体，而少儿馆主要是面对家长和孩子，每一个群体都有其特定的需求，不同个体也有其个性化的需求。公众平台所推送的信息和提供的服务能否满足用户的多样化、个性化的需求，将很大关系到用户的关注热情和使用黏性。

3.2 用户对图书馆微信公众平台的使用体验需求

随着信息技术的发展，服务越来越智能化，用户对图书馆微信公众平台的使用体验也有更高的要求，用户的使用体验需求可以分为以下几方面：一是关注和使用简单便捷，互动响应速度快；二是推送信息内容形式多样，信息量适中；三是推送的信息符合用户需要；四是尽可能提供多元化和具有创新性的服务。用户使用体验的享受程度影响着用户对公众平台的忠诚度。

4. 基于用户使用需求的图书馆微信公众平台建设与运营

图书馆微信公众平台建设目的就是为用户提供更加便捷的服务，将馆藏资源推送到用户手上，增强图书馆品牌宣传力度。从用户使用需求角度出发，完善平台功能建设，提供具有针对性的服务和资源推送，保证平台的良好运营，才能充分发挥图书馆微信公众平台的功能，为用户提供多一扇窗户了解和使用图书馆。

4.1 图书馆微信公众平台的创建与宣传推广

图书馆微信公众平台要吸引用户的关注，首先要做好账号的基本建设，包括申请平台认证、账号昵称、平台设计、功能介绍以及欢迎信息，设置好地理位置信息，用户还能在平台上查看对应的腾讯地图，为初次到馆的用户提供路线向导。其次是平台的宣传推广，要吸引更多的用户关注，就要对平台进行相应的宣传推广，包括在图书馆网站、官方微博进行宣传，在馆内显眼位置展示图书馆微信公众账号二维码，也可将二维码印制在读者卡、宣传手册上，鼓励读者“扫一扫”，在图书馆举办的各种讲座和活动，也可以鼓励读者关注账号，在微信上参与互动，通过多种渠道和手段将平台广而告之，提高关注度。

4.2 图书馆微信公众平台服务功能建设

在吸引用户关注的同时，更重要的是要注重平台的服务功能建设，包括基础服务功能的建设和个性化服务功能的拓展。图书馆微信公众平台的基础服务功能主要包括文献资源查询、读者证借阅情况查询、预约、续借、挂失等，在此基础上还应该寻求个性化服务功能的拓展，例如个别高校图书馆的微信公众平台能够进行自习室座位查询、选座、存包柜查询、功能室预约等。开发基于位置的服务，是目前移动互联网的一个应用热点，它的应用有两种模式：一是确定用户及其设备的地理位置，二是根据其位置提供各类信息服务。[8]完善和增强自定义菜单，深化平台功能，创新和提升服务体验，让用户享受更优质的服务，是图书馆微信公众平台需要不断探索和解决的问题。

4.3　图书馆微信公众平台的用户管理与资源推荐策略

用户接收公众平台推荐的资源主要是在自定义菜单中选择所需了解的资源和阅读推送的信息。如何推荐用户感兴趣的资源，除了结合热点资讯、丰富内容展现形式外，就是要了解用户的需求。关注图书馆微信公众平台的用户，绝大多数为本馆的读者，通过对读者的信息调查和收集，对关注的用户进行分组管理。在利用微信进行信息资源推送时，要注重信息的实效性和效益性，要注重对用户个性化信息需求的分析，充分考虑用户的信息需求类型，有重点、分内容、分对象地开展信息推送工作。[9]尽量做到比较有针对性，这样不仅保证了信息推送的到达率，更能提高读者阅读率。

4.4　图书馆微信公众平台的管理与运营

微信公众平台持续良好的运营是不断吸引和留住用户的基础，这就要求图书馆必须有专门的团队来管理和运营，包括技术的支持、实时的互动交流、主动的信息推送、服务功能的开拓等，还要经常开展微信互动吸引用户的关注与参与，通过平台的数据分析和用户调查收集反馈信息，进行平台的改进和完善。

5. 结语

从微信庞大的用户群体和用户使用黏性可以看出，这是一个非常有潜力的推广平台。要获得用户的持续关注，达到真正的使用和推广效果，图书馆就要从用户的需求出发，打造一个能够满足用户资讯需求和服务需求，拥有良好使用体验的指尖图书馆服务平台，把微信公众平台发展成为图书馆的移动端门户。

参考文献：

[1]微信.百度百科[EB/OL][2014-09-30].http://baike.baidu.com/subview/5117297/15145056.htm? fr=aladdin.

[2]微信公众平台.百度百科[EB/OL][2014-09-30].http://baike.baidu.com/view/9212662.htm? fr=aladdin.

[3]张骏毅，杨九龙，邓媛."211工程"高校图书馆微信应用现状分析与对策研究[J].图书馆学研究，2014（6）：29-34.

[4][6]黄浩波.高校图书馆微信服务现状及建议[J]. 图书馆学研究，2014（3）：60-63，93.

[5]孔云，廖寅，资芸等.基于微信公众账号的图书馆移动信息服务研究[J].情报杂志，2013（9）：167-170，198.

[7]张秋，杨玲，王曼.高校图书馆微信公众平台服务发展现状及对策[J].图书馆建设，2014（2）：61-65，69.

[8]李白杨，白广思.三种图书馆移动服务现状、评价与展望[J].图书馆学研究，2013（18）：69-73.

[9]陈锦波.基于微信的图书馆信息资源推送研究[J].四川图书馆学报，2013（4）：7-10.

中学图书馆微信公众平台服务分析与应用策略探索*

摘要：在图书馆应用微信公众平台开展服务和推广的热潮中，中学图书馆还处于初级阶段，本文阐述了中学图书馆利用微信公众平台开展服务和阅读推广的现状与前景，探讨中学图书馆微信公众平台的建设和应用策略。

关键词：微信公众平台；中学图书馆；服务；阅读推广

1. 引言

2015年7月23日，中国互联网络信息中心发布的第36次《中国互联网络发展状况统计报告》显示，截至2015年6月，我国手机网民规模达5.94亿人，网民中使用手机上网的人群占比达88.9%。随着移动网络的覆盖，手机作为第一大上网终端的地位更加巩固。[1]

随着智能手机的普及以及移动网络的覆盖，我们已然进入了一个全新的移动互联网时代。微信作为智能终端即时通信服务的免费应用程序，依托腾讯公司的用户资源及自身强大的社交功能，始终占据着国内移动社交软件的领先地位。微信公众平台的开通使微信从一款单纯个体沟通的即时通信类应用迅速转变为继微博后最热门的媒体平台，成为各大媒体、企业、机构等广泛使用的绝佳营销工具。[2]众多公共图书馆、高校图书馆已纷纷开通微信公众平台，利用微信开展各类图书馆服务以及阅读宣传和阅读推广，微信成为图书馆继微博之后另一重要的自媒体平台。

2. 中学图书馆应用微信公众平台现状

微信服务是图书馆移动互联网络环境下信息服务的创新发展模式，是图书馆移动服务研究领域的新突破点。[3]针对公共图书馆、高校图书馆应用微信服务的研究众多，研究者们也总结出图书馆微信服务快速发展的经验和策略。笔者将结合这些经验策略，分析目前中学图书馆应用微信的现状和前景，提出可行性的策略建议。

2.1 现状调查

笔者通过手机微信以及搜狗微信公众账号搜索“中学图书馆”等相关关键词，共搜索

---

* 该论文由郑惜莲撰写，原载于《中国现代教育装备》2016年第10期。

到29个中学图书馆微信公众号，其中仅有广附图书馆、深圳中学图书馆、执信中学图书馆等3个公众号申请了微信认证。近三个月内有推送信息，相对活跃的账号有9个，其余账号部分注册至今仅推送过几条信息，部分则完全没有发布过任何消息，基本处于荒废状态。笔者对近期有保持更新的9个公众号进行逐一访问和统计运营现状，结果见下表：

部分中学图书馆微信公众号运营现状调查表

图书馆微信公众号名称	是否认证	最新推送消息	推送信息频率	推送内容	自定义菜单功能
广附图书馆	是	2015.11.1	每天1条	活动通知、活动报道、周末读诗、美文推荐、图书推荐在线阅读	悦读——日本文学、林清玄、追风筝的人、叔本华、三毛，服务——服务创新、暑假阅读、暑假去哪儿、我爱阅读、书目查询，在线阅读——狼图腾、一句顶一万句、洗澡之后、普京传、复活
执信中学图书馆	是	2015.11.1	约每周3~4条	活动通知、刊物阅读推荐、阅读书目推荐	图·活动——知识竞赛、粤美图书馆、图书馆义工社，书·品读——在线阅读、党委荐书、教阅荐书、听书、热书连载，馆·服务
雅礼中学图书馆	否	2015.10.30	每天1条	好文推荐	每周荐书、互动社区、关于本馆—本馆简介、借阅规则
深圳中学图书馆	是	2015.10.27	约每周1条	活动通知，美文欣赏，好书推荐	我的图书馆——书目检索、图书续借、读者证绑定、读者证解绑、借阅排行榜，微书吧——电子书阅读、精选杂志、好书推荐、每月新书，服务指南——常见问题、联系我们
广州市培正中学图书馆	否	2015.10.29	约每周3~4条	美语美文、微书评书摘、图书推荐、图书馆活动	无

（续表）

图书馆微信公众号名称	是否认证	最新推送消息	推送信息频率	推送内容	自定义菜单功能
珠海三中图书馆	否	2015.10.26	约每周1条	活动通知、活动报道、电影放映、好书推荐	活动预告——本周影讯、近期活动、图书馆文化节、“真人图书”活动、微信读书，资源推介——好书推荐、新书通报、报纸杂志、借阅排行榜，服务指南——读者指南、新生专栏、“班级微图书馆”、图书捐赠
天津一中图书馆读者俱乐部	否	2015.10.30	约每周1条	活动通知、活动报道、图书馆公告、转载	无
珠海六中图书馆	否	2015.10.10	每月2~3条	书目推荐、活动宣传	无
广东侨中图书馆	否	2015.9.22	约每周2~3条	活动宣传、美文推荐	无

注：统计时间为2015年11月1日。

2.2　结果分析

从调查结果可以看出，利用微信公众平台开展阅读服务和阅读推广的中学图书馆数量不多，已开通的账号建设除极个别运营良好外，大部分存在诸多问题，包括公众号建设不规范，缺乏合理的规划，内容建设匮乏，不能正常有效运转，甚至荒废，以致不能很好发挥微信公众平台拓宽图书馆服务和阅读推广渠道的作用。

中学图书馆利用微信公众平台的总体状况不理想，仍处于初级发展阶段，究其原因有以下几点：一是在以教学为主的中学阶段，图书馆的发展没有得到应有的重视；二是图书馆专业人员欠缺，对信息技术的发展缺乏敏感和认识；三是大部分的中学图书馆仍然以传统的服务模式和阅读推广方式为主，缺乏主动服务和创新意识。

3. 中学图书馆开展微信服务的前景分析

中学图书馆的服务对象主要为在校的中学生，而当今的青少年学生是伴随着网络成长起来的一代，网络已成为他们学习知识、交流思想、休闲娱乐的重要平台。[4]他们的思维方式、学习方式、生活方式都离不开网络的影响，是QQ、微博、微信等媒体工具的忠实用户，中学图书馆利用微信开拓服务新渠道和阅读推广新平台，具有良好的应用前景，值得尝试与探索。

3.1 依托微信广泛的用户基础

根据中国互联网络信息中心发布的《2014年中国青少年上网行为研究报告》显示，截至2014年12月底，中国青少年网民规模达2.77亿人，占整体网民的42.7%，青少年手机网民规模达到 2.43 亿人，青少年网民手机上网的比例为 87.6%。同时，青少年网民上网时长也在进一步增长。移动互联网与青少年的生活更加密不可分，增加了青少年信息获取途径，是青少年交流沟通的重要平台。在交流沟通类应用中，即时通信、微博、论坛/BBS使用率分别为 93%、44.4%和 21.1%，均高于网民总体水平。微信作为国内即时通信应用的领先者，在青少年群体中拥有庞大的用户数量，这就为中学图书馆开展微信服务奠定坚实的用户基础，同时微信公众平台基础功能使用技术门槛低，运营成本几乎为零，绝大多数图书馆都能利用微信公众平台开展服务。

3.2 顺应青少年阅读习惯的变化

在现在的“00”后当中，电脑、电视、手机、ipad已伴随这一代成长起来了，改变这一代年轻人的阅读习惯已经成为不争的事实，现在的他们更习惯于手机和网络等更为便捷的阅读方式，而当今网络中的玄幻、穿越、游戏等文学题材，也似乎更加符合这一代青少年的阅读习惯 。[5]浅显化、娱乐化、网络化、移动化已成为现代青少年的阅读现状，传统的阅读推广方式已不能适应读者日益发展的阅读需求，创新阅读推广的方式是当前亟待解决和研究的课题。[6]中学图书馆推广阅读的同时更要引导阅读，利用微信开展阅读服务和阅读推广，既能顺应当下青少年的阅读习惯，更能将优质的阅读内容推广给读者，引导青少年阅读品味。

3.3 打破传统服务时间与空间的限制

青少年学生利用学校图书馆的时间主要集中在课余时间和部分阅读课上，加之受到图书馆开馆时间的限定，以及繁重的学业压力和升学压力，到馆阅读和利用图书馆服务的时间受到很大的限制。面对时间和空间的双重限制，中学图书馆要更高效地提供服务和开展阅读推广活动，就要利用好微信这一创新服务平台，打破传统服务的限制，更好地拓宽阅读存在的空间。让微信用户可以突破图书馆服务的地域和时间限制，在任何时间、任何地点都能享受图书馆的信息服务。[7]

3.4 打造多维度的阅读服务和阅读推广模式

目前，中学图书馆开展阅读服务和阅读推广绝大多数仍然采用传统的方式。读者进行图书查询、个人借阅情况查询和业务办理、了解图书馆公告等，均要亲自到馆才能实现；图书馆开展的阅读推广活动包括新生入馆培训、图书推荐以及近年来逐渐得到重视的围绕“4·23世界读书日”、图书馆服务周等契机开展的读书文化节活动等，都是以图书馆为中心的线下活动，受到时间空间的限制以及宣传扩散效果的制约。在全媒体时代，图书馆应该紧跟信息技术发展的潮流，契合青少年的阅读特点和追求新鲜的心理需求，利用微信公众平台，拓宽服务渠道，创新阅读推广形式，实现传统与创新相结合、线上与线下相结合，打造多维度的阅读服务和阅读推广模式，强化服务功能和阅读推广效应。

4. 中学图书馆利用微信公众平台的策略

凭借微信广泛的青少年用户基础，以及其他社交网络无法比拟的稳定性，利用微信公众平台开展服务和推广，具有良好的发展前景和应用价值。图书馆应紧跟信息技术发展的步伐，这对中学图书馆来说既是机遇也是挑战。如何利用微信为图书馆开拓创新服务与推广新平台，值得尝试与探索研究。

4.1 规范创建账号

开展微信服务第一步是创建图书馆微信公众号，在前面的调查中我们发现很多账号的创建并不规范，不利于读者搜索和辨别关注。注册图书馆微信公众号，建议使用馆名中文全称，一个馆最好只开通一个微信公众号，有条件应该申请微信认证，增强用户的信任度。平台头像使用具有本馆特色的设计，完善功能介绍以及欢迎信息，让读者了解关注该账号能够得到哪些图书馆的服务和信息。

4.2 加大宣传力度

微信公众平台创建后，要对其进行多渠道、全方位的宣传推广，争取吸引更多的读者关注，避免闭门造车。包括在图书馆网站、官方微博等进行线上宣传，在馆内显眼位置展示图书馆微信公众账号二维码，也可将二维码印制在读者卡、宣传手册、活动海报以及各类申请表上，鼓励读者“扫一扫”，在图书馆举办的各种讲座和活动，也可以鼓励读者关注账号，在微信上参与互动。同时，利用已关注的读者或学生助理进行宣传扩散，将图书馆微信公众号推荐给他们的好友，分享图书馆微信信息到朋友圈，吸引更多的读者关注和转发。通过多种渠道和手段将平台广而告之，提高关注度，关注人数是图书馆微信发挥自身价值的重要基础。

4.3 注重内容建设

在吸引用户关注的同时，更重要的是要注重信息推送和服务功能等内在建设。高质量、受欢迎的微信内容以及更简便的服务功能，将给读者带来良好的使用体验。微信公众平台优质良好的运营是不断吸引和留住用户的基础，是其持续发展的核心和立足点。[8]

4.3.1 用户调查与用户管理

微信公众平台提供什么样的服务，推荐哪种类型的信息，必须建立在对用户需求的调查基础上。做好用户调查和信息收集，了解读者使用微信的情况，以及希望从图书馆微信公众号获得的服务和信息，才能做到有根据有目的地进行公众号内容建设。对关注用户进行分组管理，进行信息推送时充分考虑用户的信息需求类型，尽量做到有重点、分内容、分对象地开展信息推送工作。[9]

4.3.2 信息推送

信息推送是图书馆微信公众号的核心所在。在推送频率上，每天最多能给订阅用户群发一条信息，推送频率和时间，要根据调查用户使用微信的规律而定，过于频繁会对用户产生信息骚扰，引起读者反感，推送消息过少则会降低账号活跃度，导致用户流失。微信公众账号推送消息的数量能在一定程度上反映该账号的活跃程度，而活跃程度高的微信账号才能吸引更多读者的长期关注。[10]在推送信息的类型上，主要以图文信息为主，纯文字、图片、音频、短视频等为辅，主要取决于推送的内容和推送目的。对推送内容的选择是关乎账号吸引力的关键因素。要注重原创性，结合本馆资源打造专题化推送模块，避免过多转载，导致同质化严重，失去自身特色和吸引力；要注重时效性，结合热点与学生所需信息即时推送，提高阅读率；更要注重引导性，通过推送的阅读内容引导青少年由浅入深地阅读，指引阅读选择，提升阅读品位。

4.3.3 自定义菜单功能建设

完善和深化自定义菜单功能建设，是深化微信公众平台功能，创新和提升服务体验的有效途径。自定义菜单功能最多可创建三个一级菜单，每个一级菜单下可创建五个二级菜单，总计可为用户提供十五个菜单功能选项。将常用的服务功能放在自定义菜单下，如本馆动态、活动预告、新书推荐等，通过细化的菜单功能建设，读者进入微信公众号就能实现自助查询，掌握图书馆最新资讯。具有一定开发技术的图书馆还可以利用微信公众平台提供的API接口，实现微信与图书馆业务系统、数据库的对接，方便读者进行馆藏查询、预约或续借、数据库检索等。完善的功能建设，给读者带来更好的移动服务是提升读者体验和忠诚度的有效途径。

4.4 积极开展推广与互动

积极利用微信开展线上推广活动，如微书评征集、读书征文、微信读书会、调查投票活动等，及时响应读者的咨询。拓展阅读推广与互动交流方式，既能打破常规线下推广活动受到的时间和空间限制，又能加强与读者的互动交流，吸引更多的读者关注和参与微信活动，并收集读者在使用微信过程中的反馈信息，及时调整微信运营策略。以此提高用户关注度，保持公众号活跃度，增强用户黏性。

4.5 加强团队建设

图书馆创建微信公众号后，必须要由专人进行负责，稳定的团队管理和运营，是保障微信公众号正常运转的前提。坚持更新与维护才会使微信公众平台具有生命力，才能实现建设微信公众平台的最终目标。[11]针对中学图书馆专业型人手不足、信息技术能力薄弱、缺乏经验等现状，图书馆应注重招募专业人才，加强图书馆人员信息技术能力培训，关注和借鉴其他图书馆优秀微信公众号的运营经验。成立学生维护团队，缓解图书馆人员压力的同时，学生团队来于学生，更了解自身的需求，有助于图书馆服务的创新优化。[12]微信团队的建设和能力提升，是微信公众平台稳步发展的有力保障。

5. 结语

青少年时期是培养良好阅读习惯、独立思考和独立人格的关键时期，中学图书馆承担着阅读推广和阅读引导的重任。[13]随着青少年阅读兴趣和阅读方式的改变，中学图书馆的阅读服务和阅读推广也要顺应时代的变化，适应读者需求，开拓创新的服务和推广模式。微信是移动服务的重要平台，中学图书馆利用微信公众平台开展创新服务和阅读推广，具有良好的应用前景，值得不断探索和开发。

参考文献:

[1]潘锦亚.基于微信的公共图书馆移动终端服务研究[J].图书馆研究与工作，2015（1）：31-34.

[2]张钰梅.公共图书馆微信公众平台运营推广研究[J].图书馆，2015（3）：45-48.

[3][13]刘敏.高校图书馆微信公众号应用及对策研究——以湖南省为例[J].图书馆研究，2015（4）：78-82.

[4]郑惜莲.全媒体时代青少年阅读推广实践与创新的探索研究[J].图书馆界，2015（3）：67-70.

[5]张世强.青少年阅读推广的理论和实践[J].图书馆论坛，2013（9）：116.

[6]徐吉平.基于微信的图书馆阅读推广研究[J].大学图书馆情报学刊，2015（3）：102-104.

[7]申艺苑，袁曦临.ScLoMo环境下图书馆本科生微信服务模式探讨[J].情报探索，2015（1）：85-88.

[8]郑惜莲.基于用户使用需求的图书馆微信公众平台建设与运营探索[J].河南图书馆学刊，2015（5）：105-107.

[9]陈锦波.基于微信的图书馆信息资源推送研究[J].四川图书馆学报，2013（4）：7-10.

[10]严燕梅.公共少年儿童图书馆微信服务发展现状及对策[J].图书馆界，2015（1）：51-54.

[11]俞天岩，张莹，李丹.国内图书馆微信公众平台使用现状分析[J].农业图书情报学刊，2015（3）：104-107.

[12]刘婷婷，任淑红，马崴."211工程"高效图书馆微信公众账号应用调查与分析[J].图书馆学刊，2015（2）：68-71.

珠海市第三中学图书馆特色项目培育的实践与成效*

摘要：着力于选择与构建学校的办学特色，不断丰富学校内涵建设，是学校面向未来的战略选择之一。珠海三中图书馆立足实际，从阅读推广与书香校园角度着手打造图书馆特色，开展图书馆特色项目培育的实践与研究，取得了很好的成效，该项目正式被批准为珠海市中小学校特色项目。

关键词：特色项目；图书馆特色；书香校园；阅读推广；中小学校

1. 背景介绍

2015年4月，珠海市被广东省政府授予“广东省推进教育现代化先进市”称号。获得这个称号之后，教育决策层认为推动中小学校特色发展就是面向未来的战略选择之一。于是，珠海市教育局督导室联合珠海市教育研究中心研究制订了《珠海市中小学校特色项目培育和验收办法（试行）》《珠海市中小学校特色项目评估指标体系》以及《珠海市中小学校特色项目资金使用管理办法（试行）》等办法及评估指标体系，推进珠海市中小学校特色发展。[1]

珠海市第三中学图书馆（以下简称“珠海三中图书馆”）对照《珠海市中小学校特色项目评估指标体系》，申报了珠海市中小学特色项目培育对象。经过专家评审组的考核评估，图书馆特色项目“中小学图书馆阅读推广与书香校园”被评为2015年珠海市中小学校特色项目培育对象。[2]经过两年多时间的培育，“中小学图书馆阅读推广与书香校园”项目又通过了特色项目的验收工作，正式被批准为珠海市中小学校特色项目。[3]

2. 珠海三中图书馆特色项目培育的实践与策略

2.1 特色项目概况

《中小学图书馆（室）规程（修订）》《广东省中小学图书馆（室）建设标准》《关于加强新时期中小学图书馆建设与应用工作的意见》（教基一〔2015〕2号）等文件强调：中小学图书馆作为服务教育教学、教育科学研究的重要办学条件，是基本实现教育现

* 该论文由王鸿飞撰写，原载于《中国现代教育装备》2018年第16期。

代化的重要体现，是均衡合理配置教育资源的重要内容，是广大学生、教师获取信息资源不可或缺的重要途径，是落实立德树人根本任务、全面深化课程改革的重要阵地，对于保障教学、服务教学、改善教学，提高学生自主学习能力和终身学习能力，促进教师专业成长和学生全面发展具有重要作用。加强中小学图书馆建设，开展阅读推广，有助于提升学校内涵与品质，形成书香校园，带动全民阅读，助推学习型社会和书香社会建设。[4]

近年来，珠海三中致力于创设一种师生主动学习、自由发展的人文环境，大力推进图书馆基础条件建设，营造读书氛围，创建书香校园。珠海三中图书馆秉承“智慧服务　悦读成长”的服务理念，一切为读者着想，努力开展阅读推广与书香校园建设，注重发挥图书馆教育功能，开展新生入馆培训与读者教育，打造图书馆志愿者实践活动平台，利用空间及图书资源优势开展阅读指导课；积极开展阅读推广活动，通过各种手段进行图书宣传、阅读推广，利用“珠海三中图书馆”微博、微信（公众号）等进行图书推介；连续组织九届图书馆文化节，开展系列读书活动。短短几年，珠海三中图书馆从不起眼的图书室蜕变成颇具规模的图书馆，图书馆也逐渐成为学生生活中不可或缺的一部分，大多同学养成了到图书馆阅读、借还书、写作业、自习的习惯。通过图书馆的阅读推广与书香校园建设，校园读书氛围浓厚，办馆效益良好，美誉度与影响力不断提升，为学校获得广东省“书香校园”等荣誉。“中小学图书馆阅读推广与书香校园”项目被评为珠海市中小学校特色项目对象，有助于为中小学图书馆建设树立典型，总结经验与案例。

2.2　特色项目的建设实践与策略

2.2.1　注重图书馆建设实践，图书馆阅读环境不断优化

2008年珠海三中图书馆进行改造升级，全面推进图书馆的现代化建设，从硬件和软件两方面着手逐步完成图书馆现代化建设的艰巨任务。扩大了图书馆的馆舍面积，合理布局图书馆功能区，增添了书架、期刊架、阅览桌椅等图书馆家具设备以及各种配套设施，为师生营造优美的阅读环境。立足标准化，引进实现现代化管理的硬件、软件以及外设设备，建设电子阅览室。重视图书馆队伍的建设，引进高素质的专业人才，引入现代化的管理理念，这些新的理念都很好地运用于图书馆的建设以及日常的图书馆服务之中。

珠海市中小学校特色项目培育对象“中小学图书馆阅读推广与书香校园”实施以来，图书馆又进行了升级改造，进行RFID智能化图书馆系统建设项目，实现全馆自助借还。引进图书管理系统，升级了书目查询系统；加强数字资源建设，实现了电子期刊、电子图书的借阅等。

2.2.2　倡导书香校园理念，建设书香校园

“营造书香校园”旨在改变目前中小学学生与教师的阅读状况，促进师生共同的发展，让教师与学生都拥有一个阳光的人生。[5]珠海三中图书馆近年来一直坚持书香校园理念，通过创设浓郁的阅读环境与氛围，推荐优秀的阅读书目，开展形式多样的阅读方式，创建书香校园。一是营造校园读书氛围，重视学校环境设施的人文建设，提升校园环境的文化内涵；二是以阅读活动为主要载体，开展内容丰富、形式多样的阅读活动，阅读活动

的持续开展，使得阅读成为师生的良好习惯与生活方式，进而积淀为学校的文化传统。当一所学校人人都热爱读书，校园飘溢着浓郁书香氛围的时候，求真、崇文、崇善、尚美将会成为学校师生共同的精神追求，将会促进学校精神文化的培育和形成。

2.2.3 积极开展阅读推广，举办图书馆文化节系列读书活动，创新图书馆服务

中小学图书馆阅读推广就是图书馆主动宣传馆藏资源，在了解和研究读者需要的基础上，对其阅读目的、内容和方法给予积极影响的教育活动。珠海三中图书馆立足读者服务，开展各种各样的阅读指导与阅读推广活动。例如：设立新书推荐专区，制作新书通报、新书快递，定期推出图书借阅排行榜与读者借阅排行榜，设置图书展示架，在校园设置图书馆宣传栏，制作各种推荐书目，开展图书馆的入馆培训或读者教育，利用网站、校讯通、广播站、微博、微信等进行图书推介。[6]

此外，珠海三中图书馆每年举办图书馆文化节，开展各种读书活动。如：读书征文活动、图书漂流活动、“你选书，我买单”书展活动、图书捐赠活动、科学图谱展览、讲座活动、猜谜游园活动、心意贴活动、电影播放活动等。2014年起，珠海三中图书馆又创新开展“真人图书”分享活动。目前，已成功举办了10期“真人图书分享会”。“真人图书”分享活动的类型包括以下几种：一是联合AIESEC中山大学分会邀请外国志愿者分享志愿活动经历、公益故事及本国文化交流；二是作家的新书分享会；三是围绕特定主题邀请合适教师进行经验分享。其中，联合AIESEC中山大学分会邀请外国志愿者到珠海三中分享他们的志愿者活动经历，成为“真人图书”，供图书馆读者“借阅”，开展“真人图书分享会”，已经成为珠海三中“真人图书”活动的一大特色。

2.2.4 完善规章制度，注重档案资料积累

在创建书香校园前期，学校曾专门成立了创建书香校园活动的领导小组。“书香校园”是校园文化建设的重要内容，学校一直将书香校园建设作为一项重要的工作，激励广大师生“爱读书、读好书”。珠海三中图书馆认真落实《中小学图书馆（室）规程（修订）》，《广东省中小学图书馆（室）建设标准》等标准，更新观念，不断创新，在探索中前行，不断完善相关的规章制度，比如《班级团借制度》《图书的借阅制度》等。

另外，图书馆非常注重图书馆档案资料收集与积累。近些年开展图书馆建设实践，进行阅读推广，建设书香校园的档案资料比较完整，档案资料包括：计划与总结、建设方案、活动方案、课题资料、阅读校本课程、学生助理（义工）管理资料、媒体报道资料等。

2.2.5 经费有保障，人才结构合理

图书经费投入方面，除了相对稳定的报刊征订经费，每年都投入一定经费用于图书采购。在电子资源建设方面，引进了中学学科网，购买了龙源电子期刊阅读机及资源。另外，给每个班级购置了“微图书馆”的图书柜。2016年，学校申请35万元用于RFID智能化图书馆系统建设项目，并且特色项目培育对象有15万元经费的支持，也用于自助借还机以及新书采购。

在队伍保障方面，学校非常重视图书馆队伍的建设，引进高素质的专业人才，带来了图书馆管理的新理念、现代化的管理理念。图书馆管理团队是一支年轻的队伍，不断加强学习，不断提升专业素养与业务水平，积极参与各种专业培训活动与会议，不断提升理论水平与业务水平，通过课题带动、同行交流、专业研讨等，提升图书馆的影响力与知名度。

2.2.6 发挥图书馆教育功能，打造教育与实践平台

《中小学图书馆（室）规程（修订）》第十五条规定提到："图书馆要配合学科教师组织形式多样的读书活动，图书馆要开展图书情报教育课、图书和图书馆知识介绍、工具书使用方法、图书的选择和读书方法以及读书卫生知识等方面的指导。"近年来，珠海三中图书馆非常注重新生入馆培训与读者教育。在每年的9月份，图书馆都要集中力量做好高一新生利用图书馆的宣传教育工作，顺利实现高一新生利用图书馆的过渡。另外，图书馆还利用场地及资源优势开展阅读指导课。

此外，图书馆还招聘、培训学生助理（义工），打造图书馆实践平台，开展实践与志愿活动，丰富学生的业余生活，影响与带动更多同学走进图书馆、利用图书馆。

3. 珠海三中图书馆特色项目建设的成效

3.1 完成RFID智能化图书馆建设，实现全馆自助借还

按照特色项目的建设思路，珠海三中图书馆想方设法解决各种困难，对图书馆进行了升级改造，实施了图书馆RFID智能化图书馆系统建设项目，通过利用RFID电子标签管理，实现了全馆自助借还、智慧化管理。作为珠海市属学校最先实现RFID技术管理的图书馆，对全市中学图书馆开展全馆自助借还、智慧化管理具有示范作用。另外，珠海三中图书馆还引进了ELIB区域图书集群管理软件，升级了书目查询系统，加强了数字资源建设，实现了电子期刊、电子图书的二维码借阅，解决电子期刊、电子图书的利用问题，进一步推动图书馆数字化、智慧化发展。

3.2 班级"微图书馆"建设积累了一定的经验，书香校园体系越来越成熟

图书馆特色项目培育过程，我们思索如何实现书香校园的创新发展，如何开展班级读书活动，如何建设书香班级等，提出了珠海三中"班级微图书馆"计划，开展"微图书馆"建设，搭建"学校图书馆—班级微图书馆"的两级阅读平台，从而把图书馆的图书资源、服务和读书活动延伸到班级，延伸到学生身边。经过几年的实践，积累了一定的经验，并且从"微图书馆"概念的提出、"微图书馆"的实践探索、"微图书馆"的特点分析、"微图书馆"的运行机制、"微图书馆"的建设步骤、"微图书馆"的建设成效、"班级微图书馆"建设的优秀案例等方面进行了整合和提炼。[7]此外，珠海三中图书馆的书香校园建设体系也越来越成熟，并且反映在图书馆建设管理与服务的各个流程。

3.3 珠海三中图书馆办馆效益良好，美誉度与影响力不断提高

珠海三中图书馆开展阅读推广，建设书香校园，面向全体师生提供流通借阅、电子阅览、阅读课、班级团借、图书荐购、电子资源利用等服务。从无人问津的藏书室到阅读环

境优美、利用率不断攀升的图书馆，珠海三中图书馆通过打造阅读推广及书香校园的特色，营造了浓郁的读书氛围，吸引更多的读者走进图书馆，利用图书馆，进一步激活图书馆资源，从而提高了图书借阅量。据统计，珠海三中图书馆过去几年的生均年借阅量达到15册左右，充分发挥了文化育人功能，办馆效益良好，得到上级部门以及图书馆同行的认可，美誉度与影响力不断提高。

3.4 图书馆特色项目的实践与研究取得一系列成果，并得到相关推广

围绕阅读推广等热点开展了多项课题研究并且取得了初步成果。图书馆通过收集整理阅读推广与书香校园实践与研究成果，编写了《书海听涛，享受阅读——青少年阅读引导读本》等多本阅读校本课程。归纳总结了图书馆建设的经验，收集整理了中小学阅读推广的经典案例，公开出版著作《中小学图书馆建设实践与阅读推广》。得益于书香校园创建工作的实践与思考、专业学习的积累以及课题研究的不断深入，按照《如何构建书香校园体系》拓展而形成的《中小学图书馆建设实践与阅读推广》有一定的学术价值和实践价值，对省、市，甚至全国中小学图书馆的建设与管理具有一定指导意义或借鉴意义。《中学书香校园创新发展的研究与实践》刚刚获得2017年广东省教育教学成果奖（基础教育）一等奖。珠海三种图书馆通过学术研讨会、培训讲座等多种方式宣传推广特色项目的实践及研究成果，起到了一定的示范引领作用。

4. 结语

珠海三中图书馆的特色项目“中小学图书馆阅读推广与书香校园”认真对照《珠海市中小学校特色项目评估指标体系》，从项目的价值追求、项目的实践基础、项目的制度建设、项目的保障条件、项目的课程教学、项目的教育实效等方面打造图书馆特色，以评促建，进一步推动了图书馆的建设与管理升级，充分发挥了优秀图书馆的示范带动作用，为省、市中小学图书馆注入了新鲜的血液。

当然，“中小学图书馆阅读推广与书香校园”被正式批准为珠海市中小学校特色项目后，仍需要继续发展，争取通过特色项目的不断发展，营造更加浓厚的教书育人氛围，不断推动学校内涵发展，为特色学校建设做出贡献。例如：还需要继续深入开展中小学图书馆阅读推广与书香校园建设的理论研究，时刻关注基础教育改革以及图书馆事业发展的新趋势，不断拓展图书馆阅读推广、书香校园建设的内涵与外延。中小学图书馆建设标准以及建设价值等方面的研究还有待加强。

参考文献：

[1]关于开展2015年珠海市中小学校特色项目培育申报工作的通知[EB/OL].[2015-09-16]. http://www.zhjy.gov.cn/ywgz/ddpg/201509/t20150916_24524891.html.

[2]关于公布2015年珠海市中小学校特色项目培育对象评选结果的通知[EB/OL].[2015-12-09]. http://www.zhjy.gov.cn/ywgz/ddpg/201512/t20151209_24524931.html.

[3]珠海市2017年中小学校特色项目验收申报评审结果公示通告[EB/OL].[2018-01-02].

http://zwgk.zhuhai.gov.cn/ZH03/201801/t20180102_25381477.html.

[4]关于加强新时期中小学图书馆建设与应用工作的意见[EB/OL].[2015-06-01]. http://culture.people.com.cn/n/2015/0601/c172318-27086822.html.

[5]丁林兴.读书论："营造书香校园"的理论与实践研究[M].苏州：苏州大学出版社，2011.

[6]王鸿飞.中小学图书馆建设实践以及阅读推广[M].广州：广东教育出版社，2016.

[7]王鸿飞.面向中学生的"微图书馆"建设探究[J].图书馆建设，2015（11）.

基于书香校园理念的“微图书馆”建设探究*

摘要：本文从书香校园的理念与实践入手，在分析国内外“微图书馆”研究现状的基础上，介绍了珠海三中图书馆“微图书馆”的概念、“微图书馆”的建设设想、“微图书馆”的建设实践等问题。

关键词：“微图书馆”；书香校园；班级图书角；阅读推广；建设实践

1. 书香校园理念与实践

学校教育应该是以育人为首要任务的，但长期以来受“应试教育”的影响，校园中虽有“书”但却无“香”，学生与教师的阅读状况都令人担忧。2002年，朱永新教授倡导了“新教育实验”，新教育实验提出“六大行动”，即营造书香校园、师生共写随笔、聆听窗外声音、训练双语口才、建设数码社区、构筑理想课堂等。[1]其中“营造书香校园”被列为“六大行动”之首。朱永新教授曾经说过：“一个人的精神发育史实际上就是他的阅读史，而一个民族的精神境界，在很大程度上取决于这个民族的阅读水平。”“营造书香校园”是指在新教育实验的理念指导下，通过创设浓郁的阅读环境与氛围，推荐优秀的阅读书目，开展形式多样的阅读方式，培养阅读兴趣与良好的习惯，使阅读成为伴随终身的生活方式，从而为建设书香社会奠定基础。[2]

2008年以来，按照广东省委宣传部关于开展书香岭南全民阅读活动的统一部署，广东省教育厅立足教育特色、着眼学生发展，在全省各地中小学广泛组织开展书香校园创建工作和书香校园评比活动。[3]凡此种种，都说明了“营造书香校园”作为一项行动研究已初见成效，中小学校书香校园建设不仅不可阻挡，而且有愈演愈烈之势。过去几年，珠海三中积极开展书香校园的实践与研究工作，在书香校园、书香班级、图书馆阅读环境营造等方面进行了相关的实践与探索。2011年，珠海三中获得广东省“书香校园”的称号。接着，图书馆申报“中学书香校园创新发展的研究”课题获得广东省德育科研课题立项。在课题实践与研究过程中，我们思索如何实现书香校园的创新发展，如何开展班级读书活动，如何建设书香班级等，提出了珠海三中班级“微图书馆”计划，开展“微图书馆”建

---

* 该论文由王鸿飞撰写，原载于《中国图书馆学会年会论文集（2015年卷）》，获得2015年中国图书馆学会年会征文一等奖。

设。从2012年初开始运作，经过近3年的实践，取得了一定的经验。本文将探究基于书香校园理念的“微图书馆”建设，对“微图书馆”的研究现状、概念、设想、建设实践与成效等进行介绍。

2. 国内外“微图书馆”研究现状

据了解，国外有Green Book Corner@ Yuzhi Library这样的项目，目的是鼓励学生阅读及与他人分享阅读。美国从幼儿园开始就设置图书角（阅读区），并且非常注重图书角的空间选择与环境创设，会根据孩子的年龄和人数决定图书角的大小，并且尽量发挥自己的想象力来为孩子营造一个既舒适又有趣的阅读环境。[4]这跟国内的研究与实践是一致的，主要提法是“图书角”或“读书角”。目前，国内研究“图书角”“读书角”的群体主要是班主任、语文教师以及少数图书馆（室）管理员，他们从班级文化建设、学生课外阅读等角度介绍班级图书角建设的经验、班级图书角的作用与意义以及存在的各种问题。比如：有的班级开始有较完善的管理制度，但后期管理松懈，最后管理制度只是纸上谈兵，有点虎头蛇尾。而另一部分班级由于没有建立规范的借阅制度，放任自流，图书流转速度慢，图书角慢慢成为一种摆设。[5]据文安强调查，班级图书角还存在以下几方面的问题：一是各班级图书角的管理水平参差不齐；二是图书的种类和数量参差不齐，没有得到合理的开发利用；三是图书流失严重，而补充较少；四是书柜的式样各异，没有统一摆放和规划，甚至有些杂乱；五是相当部分班级都建成了基本的图书角，但都缺乏后期指导和充分利用。[6]因此，相对于现有的实践与研究，“微图书馆”是珠海三中图书馆的新提法，是对班级图书角或读书角的一种创新，相比前者更具有可塑性和生命力。

3. “微图书馆”概念的提出

近年来，中国进入了“微”时代，“微”字如今正深刻地影响着中国人的日常生活和语言生活。“微”字出现在流行语中源于“微博”的诞生。很多“微××”词语，都是因为与“微博”相关联而产生的，这种词语中的“微”乃是“微博”的缩写。与此同时，也产生了模仿“微博客”而形成的另一类“微××”词语。这类词语中的“微”仅仅继承了“微博客”中“微”字的含义，可以理解为“小的”“少的”，但所指代的对象、行为与“微博”已没有关系。比如“微电影”“微旅行”。而随着语言形式的突破创新，“微××”词语已经不仅仅表示与“微博”相关或者“小的”的含义，而且还可以表示一种新鲜事物或技术创新，用以激起人们的好奇心与兴趣。[7]当我们以班级为单位建设图书角时，借鉴了当今社会微博、微信等微概念，使用了“微图书馆”的概念，更多是出于创新的考虑，希望能够引起师生的好奇心与关注。“微图书馆”不仅体现出“班级微图书馆”与学校图书馆的密切联系，且有别于以往的“班级图书角”或“班级读书角”。

4. “微图书馆”的建设设想

4.1 “微图书馆”建设目标

以营造书香校园、推动书香校园创新发展为出发点，倡导图书进教室，加强班级阅读平台建设，打造“微图书馆”，努力营造班级读书氛围，激发学生读书兴趣。通过“师生共读”“亲子阅读”等，促进学生的个人成长、教师的专业发展，推动学校文化建设，实现书香校园创新发展。

4.2 “微图书馆”的建设规划

（1）做好相关调研，制订实施计划，启动“微图书馆”。图书馆提出建设“微图书馆”的设想，征求相关部门以及班主任等相关人员的意见，了解大家对“微图书馆”的想法。

（2）设计班级图书柜，打造“微图书馆”的雏形。为每个班级设立一个班级图书柜。根据调查结果，设计符合实际的班级图书柜，做好“微图书馆”的硬件设施建设，打造“微图书馆”的雏形。

（3）加强教室环境布置，建设有班级特色的“微图书馆”。班级图书柜到位后，各个班级要加强教室环境布置，根据班级情况，建设具有班级特色、符合班级文化的“微图书馆”。给“微图书馆”取一个带有班级特色、充满书香气息的名称。

（4）图书馆制订了《“微图书馆”的班级团借规则》以及《“微图书馆”的管理借阅规则》，并且为每个班级办理了读书卡，规定每张班级读书卡的最大借阅限额是200本。“微图书馆”以学校图书馆为中心，并在班级设立微型的图书馆，搭建“学校图书馆—班级微图书馆”的两级阅读平台，从而把图书馆的图书资源、服务和读书活动延伸到班级，延伸到学生身边。

4.3 “微图书馆”的书刊来源

按照《珠海三中“班级微图书馆”计划》的“微图书馆”设想，“微图书馆”最主要的图书来源是通过班级团借，利用班级读书卡向学校图书馆团借图书。图书馆为每个班级开通一个读者卡，图书借阅权限（最大量）为200本。该读者卡由班主任指定专人保管。班级可根据“微图书馆”建设需要以及学生需求，向学校图书馆团借图书。班主任和课任教师可对“微图书馆”所借图书加以监督和指导。班级团借图书的所有权属于学校图书馆，要按时归还。班级团借的图书，图书馆会及时反馈所借图书的目录，以便同学在班级借阅的时候进行登记。当然，“微图书馆”的图书来源还包括以下几方面：一是师生自筹图书，交换共享的好书。二是图书漂流活动的图书杂志。三是班级订购的报刊。

4.4 “微图书馆”的管理

学校图书馆作为“微图书馆”建设的倡导者，为班级提供图书柜，办理班级读书卡，进行宣传推广以及培训工作，并且通过班级团借制度确保“微图书馆”建设的顺利进行。各班制订“微图书馆”的管理规则、借阅规则、管理人的责任制度，做好“微图书馆”图书的管理、借阅以及使用登记。安排1~2名固定人员管理“微图书馆”，做好图书的借阅登记。“班级团借”由专人负责，其他同学配合，班主任加以监督与指导。保障阅读时间，制订班级读书计划，成立班级读书小组。按照班级读书计划，进行课外阅读活动，养成良好的阅读习惯，撰写读书札记、读书笔记以及读书心得、书评等。利用黑板一角或其他形式展示学生读书成果。在“微图书馆”的评价方面，我们提倡在“班风班貌检查”以及“美化教室”等评比中增加“微图书馆”的分值。在实践成熟以后，可以考虑开展“微图书馆”或书香班级评比活动。

4.5 “微图书馆”的经费保障

从2008年珠海三中图书馆改造升级以后，图书馆每年都投入很多经费。如：投入很多经费用于图书采购，其中，2008—2011年，投入图书经费平均达到30万元/年，生均图书更新5册以上；2012—2014年，投入图书经费平均达到10万元/年，生均图书更新1册以上。近年来珠海三中图书馆在阅读环境营造、基础设施完善、阅读推广以及读书活动等方面也投入了很多经费。据珠海三中图书馆统计，2008年图书馆建设经费达到52万元，2009年图书馆建设经费达到55万元，2010年图书馆建设经费达到33万元，2011年图书馆建设经费达到41万元，2012年图书馆建设经费达到28万元，2013年图书馆建设经费达到32万元，2014年图书馆建设经费达到23万元。2012年“微图书馆”计划实施前期，学校投入近5万元，购置“微图书馆”的图书柜。此外，开展“微图书馆”建设的过程中，学校也会给班级一定的补助，用于“微图书馆”布置与装饰，评比获奖的班级还可以获得一定的奖励。

5. “微图书馆”的建设实践与成效

“微图书馆”是一种新的提法，一开始大家缺乏了解，建设起来比较难。从图书馆角度去推进“微图书馆”建设，开展班级读书活动存在一些不足。首先，图书馆在学校里处于边缘地位，没有话语权，“微图书馆”建设过程中的阻力比较大；其次，由于没有强制性，班主任的积极性不高，平时班主任工作比较忙，不能用心去建设“微图书馆”。2012年4月图书馆设计“微图书馆”的专用图书柜，制订“微图书馆”相关规章制度，办理班级读书卡，开展班级团借，进行试点建设。在图书馆的宣传与推动下，个别班级开始尝试“微图书馆”建设，到图书馆进行班级团借，至学期末一共10个班级开展“微图书馆”的建设。2012年底，图书馆申报了“‘班级微图书馆’的实践探索”的校级微课题，先后在开题报告会、中期报告会上给全校教师做了汇报，对“班级微图书馆”做了详细的介绍，也展示了前期试点一些建设图片及数据。“微图书馆”慢慢得到了班主任和学科教师的认同和支持，进行“微图书馆”建设的班级数量有所增加，装饰美化和日常管理也越来越得心应手。目前，“微图书馆”已经经历了2012—2013学年度、2013—2014学年度、2014—2015学年度3个学年度近6个学期的建设实践，积累了很多实践经验。

“微图书馆”的实践探索，为班级图书角或班级读书角的建设与发展探索一种新的思路、新的模式，不仅能够让班级图书角的图书做到时常更新，也能让学校图书馆的图书“活”起来，达到双赢的局面。目前，珠海三中的“微图书馆”建设已经取得阶段性成效。清新田园风、古典书香风、创意动漫风……每个班级都根据自己的特色打造“微图书馆”，成为校园里一道道靓丽的风景线。“微图书馆”的建设活动得到很多班级的响应，甚至个别高三毕业班也参与其中，营造了浓郁的读书氛围，吸引更多的读者走进图书馆，利用图书馆，彻底激“活”图书馆资源。得益于班主任和学生的集体智慧，很多班级的“微图书馆”装饰得很漂亮、很有创意。首先，“微图书馆”出现了各种各样的名字，如：梅香阁、纳川馆、图书角、藏书阁、读书角、尚文苑、悦书阁、书苑等。其次，各个班级对“微图书馆”的装饰美化非常用心。结合班级文化建设，把“微图书馆”的美化装饰跟教室整体布置紧密结合，体现了班级特色与班级文化。另外，“微图书馆”的班级团借与管理也很到位。有些班级提前做好调查，征求全班同学意见，登记借阅书目，再到图书馆进行团借；有些班级征求学科教师的意见，根据课前演讲、专题阅读的需要借阅相关图书；还有些班级几乎全班学生出动，到图书馆寻找自己喜欢的书籍。根据班级团借记录统计（如表1），2011—2012学年度，开展“微图书馆”实践的班级有10个，借出图书755册；2012—2013学年度，开展“微图书馆”实践的班级有36个，借出图书8348册；2013—2014学年度，开展“微图书馆”实践的班级有30个，借出图书5884册；2014—2015学年度，开展“微图书馆”实践的班级有41个，借出图书4851册。近3年“微图书馆”的班级团借约占图书馆总借阅量的13%。

表1 近几年“微图书馆”的建设班级数量及借阅册数

项目	2011—2012学年度	2012—2013学年度	2013—2014学年度	2014—2015学年度
建设班级/个	10	36	30	41
借阅册数/册	755	8348	5884	4851

当然，“微图书馆”与学校图书馆的建设发展是息息相关的。通过建设“微图书馆”，让图书走进教室，走进学生的学习生活的同时，也间接宣传了图书馆的资源、服务以及阅读推广活动，从而提高了图书馆的利用率。珠海三中图书馆从不起眼的图书室蜕变成颇具规模的图书馆，早读前，中午、下午甚至晚上的课余时间，图书馆内人气很旺，流通书库（藏书室）、学生阅览室、电子阅览室，甚至走廊的阅览桌椅等座位基本满席，期中、期末更是“一位难求”，经常出现“占座”的行为。图书馆逐渐成为学生生活中不可或缺的一部分，大多同学养成了到图书馆阅读、借还书、写作业、自习的好习惯。珠海三中图书馆的办馆效益得到了关注与好评，省市同行多次到馆参观交流，图书馆教师多次在省市的专业人员培训会、学术研讨会上宣传推广珠海三中图书馆建设经验与做法，起到一定的示范作用。《珠江晚报》曾以《投经费、设漂流、开微博、问需求……师生联手“击活”图书馆》为标题报道了我校图书馆以及“微图书馆”的建设与利用成效。[8]

6. 基于书香校园理念建设“微图书馆”的几点思考

6.1 “微图书馆”有助于营造班级读书氛围，建设书香校园

班级是学校里的基本单位，做好班级的读书活动，对建设书香校园具有推动作用。如果“微图书馆”能够与课堂教学结合、与班级读书结合、与班会课结合、与班级文化融合，必然能够为班级图书角提供新的思路、新的模式，具有很好的推广价值与应用价值。

而且，通过“微图书馆”探索阅读推广和班级读书活动的形式，能为图书馆进一步开展阅读指导与阅读推广工作打下基础，提供参考，也能够给班级文化建设提供一个切入口，从而推动班级的读书氛围，形成浓郁的校园书香氛围。

6.2 “微图书馆”建设需要图书馆、班级、班主任与学科教师共同发力

《珠海三中“班级微图书馆”计划》是由图书馆制订并实施的，图书馆为班级提供图书柜等设备，提供图书资源保障，制订管理方案及各项规则，办理班级团借手续并提供“微图书馆”图书目录，引导班级利用“微图书馆”开展各种阅读活动，后期还做好催还、建设成果展示等工作。在“微图书馆”的建设实践中，图书馆始终处于主导地位。当然，是否开展“微图书馆”建设意愿以及建设成效如何，则由班级决定，班级是“微图书馆”的建设主体与阅读主体。如果班级能够发挥主观能动性，“微图书馆”建设的各个环节都会做得非常出色，建设成效就会更加明显。最后，在“微图书馆”的建设实践中，班主任与学科教师是重要的推动力量。赞同“微图书馆”理念与实施方案的班主任会积极推动“微图书馆”建设。珠海三中开展书香校园创建工作，并开展书香校园以及书香班级建设的课题研究，极力推广书香校园理念与“微图书馆”建设设想，得到班主任、学科教师的支持与配合。

6.3 需要进一步梳理“微图书馆”理论支撑，探索中小学书香校园建设体系

为什么要建设“微图书馆”或班级图书角？目前来看，好像并没有比较合适的理论支撑。珠海三中图书馆开展“微图书馆”建设，主要是借鉴了书香校园的相关理论，以书香校园理念开展“微图书馆”建设，并且作为一种阅读推广方式，希望通过把图书馆办到学校里的最基本单位——班级，做好班级的读书活动，引导学生走进图书馆、利用图书馆。通过几年的实践与推广，从“微图书馆”建设成效及学校图书馆的使用效益来看，“微图书馆”不愧为中小学图书馆阅读推广的经典案例之一。珠海三中图书馆通过认真梳理图书馆阅读推广及书香校园的理论，进一步提炼珠海三中图书馆的建设经验与服务理念，归纳总结图书馆阅读推广、创建书香校园的案例与做法，希望努力探索一套中小学书香校园建设体系。当然，“微图书馆”的持续发展创新，需要寻求更多的理论支撑。

参考文献：

[1]丁林兴.“营造书香校园”的理论与实践研究[D]苏州：苏州大学，2008.

[2]丁林兴.读书论：“营造书香校园”的理论与实践研究[M].苏州：苏州大学出版社，2011.

[3]2011年广东省“千万少年快乐阅读”系列活动通知[EB/OL].[2012-5-1].http://www.xiaohb.cn/content/2011-10/10/content_62510.htm.

[4]了解美国幼儿园的图书角[EB/OL].[2015-5-20].http://www.babycenter.cn/a5300022/tushujiao.

[5]王亮.关注校园文化新的增长点——论小学班级图书角建设[J].课外阅读.

[6]文安强.建立和完善高中班级图书角之我见[J].广东教育，2010（12）：30-31.

[7]张舒.“微时代”的“微××”词语[J].咬文嚼字，2014（3）.

[8]投经费、设漂流、开微博、问需求…… 师生联手“击活”图书馆[EB/OL].[2013-12-5]. http://www.zjwb.com.cn/text.php？ud_key=48194&ud_date=2013-12-05.

图书馆

杂文

寻梦十载　书香为伴

中学图书馆特色发展之路的探索

中小学图书馆阅读推广的机遇与挑战*

笔者注意到，刚刚过去的2016年，《图书馆报》连续刊登了三篇讨论中小学图书馆的文章，分别是：《中学图书馆急需改变现状》《上下合力　学习成长——也谈中学图书馆该如何改变现状》《中小学图书馆阅读推广任重道远》。这三篇文章直面中小学图书馆的现状与发展问题，道出了很多中小学图书馆员的心声，让人为之一震！

诚如《中小学图书馆阅读推广任重道远》所言，中小学图书馆阅读推广还任重道远。作为基层中学图书馆的馆员，我想大家都感同身受。中小学图书馆默默无闻，却又境遇艰难，往往得不到应有的支持与关注，图书馆阅读推广要做好非常不容易，需要付出更多的辛苦与努力。当然，从中小学图书馆近年的发展态势来看，中小学图书馆阅读推广的机遇与挑战是并存的。如何迎接挑战，抓住发展机遇，需要中小学图书馆界同行出谋划策，共同探讨。

正如以上几篇文章所述，中小学图书馆存在不少问题，如管理人员的专职化与专业化问题、经费问题、新书采购与旧书剔除问题、应试教育的升学考试“指挥棒”问题等。早在2015年，当得知《中小学图书馆（室）规程（修订）》准备重新修订，笔者就在《关于中小学图书馆发展问题的几点担忧》一文中提出了中小学图书馆发展存在的一些问题，诸如：（一）经费保障问题。中小学图书馆没有经费保障机制，购书经费极不稳定，有些学校连续多年没有采购新书。好像有些地方还把图书经费列为专项经费（如教育附加费），图书馆采购新书需要另外进行专项申请。（二）中小学图书馆缺乏专业化人才并且普遍存在人手不足问题。主要体现在中小学校图书馆员编制少或者没有编制，没有专业人才（专业馆员）。一些学校的图书馆只有临退休教师或临聘人员兼职，没有专职图书馆员。另外，由于中小学领导对图书馆的态度以及中小学图书馆的现状与地位问题，中小学图书馆普遍存在人手不足问题。（三）图书的采购与剔除。一些学校的图书馆员无法参与图书采购决策当中，由于种种原因，图书馆总是不能买到优质的图书。更有甚者，一些中小学图书馆存在的价值就是评估。没有评估，关门大吉。评估前，大批量采购，数量至上，不注重质量；评估时，伪造借阅量，藏书量达标；评估后，图书馆又关门大吉，灰尘满满。其实，专业馆员都知道，图书馆的藏书重在质量，有好书，有新书，并做好阅读推广，读者才会来。此外，由于图书是学校的固定资产，图书馆很少进行旧书剔除。此外，还有馆舍保障、人员培训与职称评聘、推荐书目等问题，这里就不一一罗列。

---

* 原载于《图书馆报》2017年6月16日的声音栏目。

总体而言，中小学图书馆阅读推广的现状并不理想，但中小学图书馆阅读推广也面临着良好的机遇，让我们对中小学图书馆的阅读推广充满期待。

首先，2015年5月20日，教育部、文化部、国家新闻出版广电总局联合颁布了《关于加强新时期中小学图书馆建设与应用工作的意见》（以下简称《意见》），提出了新时期中小学图书馆建设的具体任务，明确了工作目标："到2018年，有条件地区要按照学校建设标准补充新建图书馆，改善不达标图书馆，不具备条件的农村中小学、教学点要建有图书柜、图书角。到2020年，绝大部分中小学要按照国家规定标准建有图书馆。"《意见》还提出了"推进基础条件建设""确保馆藏资源质量""规范馆藏采购机制""不断提高信息化水平""充分发挥育人作用"以及"带动书香社会建设"六项重点任务。《意见》颁布后，中国图书馆学会中小学图书馆委员会召开了座谈会，提出要在《意见》指导下，尽快启动《中小学图书馆（室）规程（修订）》的修订工作。此外，《国际图联中小学图书馆指南》在中国的适用性调查、研究以及宣传领域也为我国中小学图书馆阅读推广营造了良好的外部环境。

其次，中小学图书馆阅读推广自下而上的实践与研究也取得一些成绩，涌现了一批比较优秀的中小学图书馆以及中小学图书馆阅读推广的典型案例。2014年底中山大学资讯管理学院图书馆学肖鹏博士给珠海市中小学图书馆管理员培训期间参观了珠海三中图书馆，建议笔者做好实践的总结，并争取把优秀经验在全国推广。刚好笔者主持的2015年广东省基础教育课程体系改革研究项目"中小学图书馆（室）规范化建设标准研究"以及2014年广东省图书馆科研课题"全媒体环境下未成年人阅读推广的实践与研究"等课题获得立项，于是开始整理编写《中小学图书馆建设实践与阅读推广》一书。2016年10月，笔者主编的《中小学图书馆建设实践与阅读推广》由广东教育出版社正式出版。该书梳理了我国中小学图书馆建设的发展历程，整合比较国内外中小学图书馆建设的理论依据及相关标准，结合珠海三中图书馆等个别优秀图书馆的建设实践，从中小学图书馆的基础设施建设、中小学图书馆的资源建设、图书资源建设与招标采购、图书馆期刊资源建设与管理、中小学图书馆的自动化建设、中小学图书馆的智慧化建设、"班级微图书馆"建设、中小学图书馆学生管理员队伍建设等方面探索如何做好中小学图书馆的建设与管理，为中小学图书馆的规范化、标准化建设提供参考案例。此外，该书还从中小学图书馆的宣传推广、读书活动、阅读调查等几方面阐述如何开展中小学图书馆的宣传与阅读推广，并整理归纳了中小学图书馆阅读推广的一些典型案例，如："你选书，我买单"书展活动、图书漂流活动、"真人图书"分享、微博导读、微信导读、新生入馆培训、主题征文等。我们希望通过发挥优秀图书馆的示范带动作用，能够为中小学图书馆事业注入了新鲜的血液，引领中小学图书馆的服务创新与发展。

回首走过的路，我们发现，其实已经有很多中小学图书馆以及图书馆员在默默努力着，他们为读者坚守，为自己坚守，也为中小学图书馆事业坚守。但是，中小学图书馆阅读推广无疑还需要更多人关注，更多人参与！期待每一所中小学图书馆都能够让学生沉醉于浩瀚的书海，享受阅读的快乐。

“真人图书”活动走进珠海市第三中学*

近年来，“真人图书”活动以其特殊的形式悄然在中国兴起。2014年9月至10月，珠海三中分别组织开展了两场别开生面的“真人图书”活动。

9月3日，第一次“真人图书”活动以“外国志愿者的志愿活动分享”为主题，来自英国、柬埔寨、俄罗斯、印度尼西亚、日本、葡萄牙、马来西亚以及罗马尼亚8个国家的志愿者受邀到珠海三中分享他们的志愿者活动经历，成为8本“真人图书”，供图书馆读者“借阅”。

“真人阅读”活动丰富多彩，来自8个国家的“作者”进行了自我介绍与集体表演Roll Call；集体表演了以帮助自闭症人士为主题的话剧；分组与珠海三中的“读者”进行深入交流，分享不同国家的文化以及志愿者项目；最后“作者”还与“读者”分享了他们关于自闭症人士的科普知识及他们承担项目活动的情况与感想。在整个分享过程中，“读者”可以自由提问，与“作者”一起探讨公益问题，了解各国文化，分享成长故事，感受别样文化的冲击。期间的交流过程由专门的中国志愿者进行翻译，并参与读者交流。

10月24日，第二期“真人图书”活动以“阅读与成长”为主题，聘请广东合鸿达投资管理有限公司秘书、经济师朱育军老师为“真人图书”，供读者“借阅”。朱育军老师从古今几个小故事开始，讲述阅读的重要性，并结合自身的学习经历、旅游经历、工作经历，介绍通过阅读获得的成长。分享期间还与学生进行互动交流，回答学生问题。

“真人图书”分享活动是珠海三中图书馆读书活动的又一次新尝试。“真人图书”活动中，学生通过与“真人图书”进行面对面的双向交流，在分享“真人图书”知识、生活经验、人生故事的同时增加人与人之间、群体与群体之间的了解与信任，拉近人与人之间的距离。此外，“真人图书”活动吸引更多学生走进图书馆，利用图书馆。

---

* 原载于《珠海教育》2014年第5期封底。

未来，“真人图书馆”将是图书馆关注的焦点*

近年来，“真人图书馆”活动以其特殊的形式悄然在中国兴起。2014年下半年，珠海三中图书馆组织开展了两场别开生面的“真人图书馆”活动。

第一期“真人图书馆”活动以“外国志愿者的志愿活动分享”为主题，来自英国、柬埔寨、俄罗斯、印度尼西亚、日本、葡萄牙、马来西亚以及罗马尼亚8个国家的志愿者受邀到珠海三中分享他们的志愿者活动经历，成为8本“真人图书”，供图书馆读者“借阅”。第二期“真人图书”活动以“阅读与成长”为主题，聘请广东合鸿达投资管理有限公司秘书、经济师朱育军老师为“真人图书”，供读者“借阅”。由于刚刚尝试“真人图书”活动，我们馆并没对活动形式做硬性规定，还处于不断探索过程中。以第一期活动为例，首先是来自8个国家的“作者”进行了自我介绍与开场舞蹈，并表演以帮助自闭症人士为主题的话剧；分组与珠海三中的“读者”进行深入交流，分享不同国家的文化以及志愿者项目；最后“作者”还与“读者”分享了他们关于自闭症人士的科普知识及他们承担项目活动的情况与感想。在整个分享过程中，“读者”可以自由提问，与“作者”一起探讨公益问题，了解各国文化，分享成长故事，感受别样文化的冲击。

据我们所知，“真人图书馆”是通过与“真人图书”进行面对面的双向交流，在分享“真人图书”知识、生活经验、人生故事的同时增加人与人之间、群体与群体之间的了解与信任，拉近人与人之间的距离。但是，“真人图书馆”从国外引进后，渐渐变成了大众化“讲述互动”形式，而且“真人图书”活动的主题集中在考研、求职、生活、旅游等跟现实生活密切相关的热点问题。这跟我国的国情是密不可分的。也可以说，“真人图书”活动在国内实现了本土化的转变，让“真人图书”活动变得更加接地气了。

目前，大多图书馆举办“真人图书”活动，更多的是一种阅读推广的形式手段。“真人图书”活动不仅丰富了阅读的内涵，拓展了图书馆的服务功能和服务内容，也带动了读者的阅读热情，吸引更多的读者走进图书馆、利用图书馆。从这个角度来看，“真人图书”活动还有助于图书馆开发读者资源。“活色生香”“会走会动”的“真人图书”，对读者来说，完全是一种新的阅读体验。在阅读普通图书的时候，读者的想法只藏在自己的心中，是单向的阅读；而在阅读“真人图书”的时候会产生奇妙的互动，阅读变成双向的阅读，并且随着互动的深入，让“真人图书”和读者产生新的思考，引发新的话题。

“真人图书馆热”是“真人图书馆”发展现状的真实反映，说明“真人图书”活动受

* 原载于《图书馆报》2015年2月6日的特别策划栏目。

到图书馆和读者的欢迎，很有市场和发展空间。可以预见，未来很长一段时间内，“真人图书馆”和“真人图书”活动都将会是图书馆关注的焦点。当然，“真人图书”活动的开展也存在很多困难与不足。比如：“真人图书”资源需要进一步挖掘，“真人图书”活动的活动流程、活动模式还需要继续优化与完善。特别是小型图书馆的“真人图书”活动缺乏经费支持，缺乏合适的图书资源，缺乏活动宣传的载体等。

期待网上馆配会的出现*

由于前几年大批量采购图书，我们馆图书数量增长迅速，物理空间已经达到上限。因此，在过去一年，珠海三中图书馆的文献资源建设工作处于缓冲期，只是通过网上询价采购方式采购了价值5万元的图书，其他是一些零散采购。另外，接收了“职工书屋”捐赠的价值3万元的图书。过去几年，随着馆藏资源不断丰富，我馆图书采购经费逐年减少，其中，2010年图书采购经费是32万元，2011年图书采购经费是25万元，2012年图书采购经费是17万元，2013年图书采购经费是8万元。

目前，各出版社每年出版的新书非常多，而且也有很多大大小小的馆配会。但由于中小学图书馆每年的采购量很少，所以并不受重视。由于信息不对称，中小学图书馆没能掌握图书市场的最新书目，也很少有机会去参加各种馆配会。当然，据本人多年的采访经验与观察，中小学图书馆的图书采访工作质量低下，主要因为中小学图书馆的图书采访工作存在以下几方面问题：

第一，一直以来，由于学校总务部门或图书馆负责图书采购的教师不了解图书市场与图书特性，只看图书折扣。追求图书数量而不顾图书质量。因此中小学图书馆出现很多装备书、处理书，甚至盗版书。

第二，招标采购政策不断变化，图书采购工作遇到很多困难。以本馆为例，近几年，我们馆的图书招标采购经历过以下采购方式：竞争性谈判、公开招标、邀请招标、协议采购、网上询价采购、零散采购等。对图书采购来说，其中一些采购方式操作起来比较难，效果也不是很好。如：网上询价采购必须事先准备好采购的图书清单；竞争性谈判以最低价中标为原则，低价中标的小馆配商只会提供质量差的图书和服务。

第三，近年来一些省市提倡的中小学图书馆馆藏图书及管理服务协议采购也存在很多不足。尽管初衷是好的，希望规范中小学图书馆的图书采购。但是，由于协议采购规定中小学图书馆只能购买招标目录内的图书，且只能跟协议供应商购买图书，反而给中小学图书馆的图书采访带来很多限制，如：不能进行现场采购，也买不了推荐书目以外的图书了。我们不由有一些疑问：请问这些推荐书目是最新最好的图书吗？是不是每所图书馆都一定要采购这些图书？为什么里面一些供货商给的折扣是四折、五折？这么低的折扣能够提供什么质量的图书和服务？

接下来的2015年，我馆会认真做好图书采访计划，密切关注图书市场的新书好书，整

---

* 原载于《图书馆报》2015年1月9日的特别策划栏目。

理图书采购目录。及时掌握图书招标采购政策变化，根据我馆图书采购需求，做好图书项目的招标采购。在采购方式方面，优先考虑现场采购与书目征订。在图书种类方面，以文学、历史地理、教育、艺术、生活休闲等社科类图书为主。当然，2015年，我们也会关注数字出版市场，适时适量购买电子图书以及电子阅读设备。

当然是希望2015年能够有更多的好作品出现。如知名作家作品、各行各业的领军人物的相关图书、关于历史人物和事件的图书等。另外，对于我们中小学图书馆来说，如果有针对性的核心书目可供选择的话，会进一步提高我们图书采访工作的效率和质量。当然，前提条件是，这些核心书目不是由个别小的馆配商提供，而且核心书目所涵盖的范围应该更广，不仅仅局限于少儿阅读。此外，由于我们小型馆现场参加馆配会的机会很少，期待未来一天能够出现网络化的馆配会，把这样大规模的选书活动搬到网络平台上，给我们更多的选择。

把图书采购权还给专业馆员*

关于中小学图书馆馆配的问题，或许我们应该重温《南方周末》曾经登过的一篇报道《谁将“垃圾”塞进了图书馆》，文章对中小学图书馆馆配的问题剖析得比较彻底，还提到“好书被挡在门外，‘下三滥’书登堂入室，权力和利益之手搅乱了图书馆，污染了书”。2017年两会朱永新先生的提案《关于进一步规范中小学图书馆图书采购招标工作的建议》再一次让中小学图书馆的馆配问题成为焦点。此外。有省市的政协提案也提到中小学图书馆的图书采购问题，认为中小学尤其是边远地区学校的图书馆建设不尽如人意，图书数量远远不能满足师生求知渴望，且库存图书严重老化，存在采购随意、接受捐赠图书门槛过低等现象。其实，大多数中小学图书馆对于这些馆配乱象或者说图书采购问题也是痛心疾首，但又无可奈何。

具体来讲，中小学图书馆馆配的主要问题如下：

（1）图书采访是图书馆核心业务之一，但在图书采购过程中，一些学校的图书馆员并没有最终的决策权和参与权，无法参与图书采购决策当中。更有甚者，图书招标采购完成或图书已送到图书馆来才知道购买了图书。这种现象间接打击了馆员的积极性，也不符合读者的阅读需求以及图书馆的采购流程。所以，经常听到一些学校的图书馆员抱怨，图书馆总是不能买到优质的图书，馆藏图书没有多少读者感兴趣。

（2）馆配图书的招标采购过于复杂，一些中小学图书馆员不能很好掌握，影响了图书采购的效率和质量。在招标过程中，采购目录收集的工作量非常大，很多学校往往直接套用一些书商的现有目录，当这些书目是某些不良书商提供的，并由书商定制的高定价、低折扣的特价书时，后果就非常严重。另外，政府招标采购的最低价中标原则，只看价格，供货商以低价（低折扣）中标以后，根本无法提供令图书馆满意的图书和服务。目前，一些省市教育装备部门的《中小学图书馆（室）馆藏推荐书目》以及《中小学图书馆馆藏图书及管理服务协议供货》这样的集中采购行为，初衷也许是好的，但是效果也不见得理想。一是因为这些推荐书目有时候并不具有代表性，反而有点滞后；二是因为协议供货仅限于推荐书目的图书，反而限制了一些中小学图书馆原先就比较规范的图书采购。

（3）中小学图书馆购书经费极不稳定，很多图书馆都是评估需要才突击采购或大批量采购图书，数量至上，不注重质量，不考虑读者阅读需要，于是就容易导致很多装备书

* 原载于《图书馆报》2017年6月30日的专题栏目。

（劣质书）流入中小学图书馆。针对这种现象的讨论非常多，《谁将“垃圾”塞进了图书馆》有专门介绍。

基于以上分析，中小学图书馆馆配图书的采购需要做好以下几点：

（1）理顺中小学图书馆的招标采购政策以及采购方式，让图书馆员清楚图书采购流程，并选择最适合的采购方式。

（2）把图书采购的参与权及决策权还给专业馆员，有条件的图书馆由专业馆员及读者共同选购馆藏图书，把最终决策权交给专业馆员及读者。

（3）可以围绕中小学生的阅读特点制订各种推荐书目或基础书目，这对提高中小学图书馆图书采访工作的效率和质量有一定帮助。当然，前提条件是这些书目必须有权威性和代表性，书目涵盖的范围足够广，书目更新及时。而且各级各类书目都只能作为推荐书目，不能具有强制性，应当允许中小学图书馆结合馆藏实际采购目录之外的图书。

（4）由于中小学图书馆人手不足或馆员的专业水平不高，一般都需要馆配商提供“一站式”服务。特别是要免费提供图书加工服务，包括编目、盖馆藏章、贴条形码（电子标签）、贴书标、贴保护膜、贴磁条、上架（倒架）等。而且大多图书馆都要求免费提供条形码（电子标签）、书标、保护膜、磁条等加工材料。因此，馆配商需要充分考虑这些加工材料及服务的费用。本馆曾制订《珠海市第三中学图书馆图书采购需求》等类似的图书采购需求模板，有比较具体的要求，可供中小学图书馆借鉴。

至于中小学图书馆馆配的未来，个人觉得馆配市场应当遵循中小学图书馆的发展规律，充分考虑中小学生读者的阅读需求，为中小学图书馆提供高质量的图书。当然，也要落实经费保障机制，确保中小学图书馆的购书经费；规范馆藏采购机制，确保馆藏资源质量；加强图书质量控制，检查剔除劣质图书。以上几条，在任何时候对中小学图书馆都适用。

希望没留下心理阴影*

——致困在图书馆里的倒霉书迷

早上图书馆开门，发现图书馆门口有一张长纸条，于是捡起来仔细浏览，惊闻图书馆昨天下午发生了一件怪事。据长纸条描述，一位倒霉的书迷因为躲在图书馆的角落看书，由于太过入迷，没有注意时间，也没留意图书馆熄灯、关门，等书看完，才发现所有人都走光，图书馆大门已经锁死。由于没带手机，也不记得同学和教师的电话号码，该书迷被困图书馆中，经历了内心着急、恐慌甚至恐惧，最后终于从没锁死的备用门找到了逃生之路。逃生之后，也许是惊魂未定，也许是诉说不安，也许是倾诉内心挣扎，该倒霉书迷给图书馆留下了一段长长的告白。

作为图书馆教师，我想对困在图书馆里的倒霉书迷说说几点想法：

一、很佩服你的机智和冷静，能够在那么无助的情况下，找到图书馆无意之中留下的逃生之门，特别是这门还是被电脑检索台遮盖住的。对你的平安逃离表示欣慰，你能够放弃跳窗等其他危险念头平安无事离开，是图书馆的庆幸。

二、代表图书馆跟你说一声抱歉。一般情况下，图书馆教师在闭馆前，会进行关空调、关风扇、关灯等流程，应该是能够发现滞留在馆中的读者的。而且也会提醒读者到了闭馆时间。但是，如果你们真的过于着迷，也许真的会忽略图书馆教师的这些行为，导致“悲剧”的发生。

三、在遇到这种情况下，可以先冷静下来，并且寻求帮助。图书馆里面有电话可以利用，没有电话号码的话也可以在图书馆或者电脑上找得到。另外，可以通过QQ联系同学，或者通过自己微博、“珠海三中图书馆”微博寻求帮助。图书馆外面还有很多自习的同学呢，不是吗？

四、希望这次糟糕的遭遇没有给你造成什么心理阴影。尽管这可能已经成为你高中生活最深刻的回忆之一，但是希望不要因此遗弃图书馆。“手中书卷漫生涯”，读书是每个人的日常行为，也是整个人类的生活常态。作为一个对书着迷的读者，图书馆希望你继续保持你的阅读热情，也希望你能坚持来图书馆看书的好习惯。

---

* 原载于《图书馆报》2014年6月13日的图林漫步栏目。

五、你真是一个好孩子、好读者！从看到纸条，我们就被你感动了。经历了这样糟糕的事情，事后还写了这么详细的事情经过和内心挣扎，你真的很了不起，从侧面反映了阅读带给你的知识。另外，通过这件事情还看得出你是一个非常诚实、聪明、包容、勇敢的孩子。我们也会考虑你的建议，并尽量把图书馆服务做得更好。谢谢！

阅读，请到图书馆来*

今天我发言的题目是：阅读，请到图书馆来。再过20多天，我们将迎来“4·23世界读书日”。今天，我们在这里聊一聊关于读书的那些事。

古往今来，关于读书的典故和言论很多，读书、阅读的重要性不容置疑。北宋欧阳修说：“立身以立学为先，立学以读书为本。”德国诗人歌德说：“读一本好书，就是和许多高尚的人谈话。”呼吁设立国家阅读节的朱永新教授说：“一个人的精神发育史就是他的阅读史。” 2006年第12个世界读书日来临的时候，中央宣传部等11个部门联合发出倡议，倡议开展“爱读书、读好书”全民阅读活动；现在“全民阅读”又被写入了党的十八大报告和十八届三中全会的政府报告，倡导全民阅读，阅读越来越引起重视。

那么，我们大家每天的阅读时间有多少呢？每年的阅读量是多少本呢？3月23日湖南卫视公布了一组阅读数据。据调查，湖南市民平均每天的阅读时间在1小时左右，60%的被调查者把床头书看作“催眠神器”，湖南市民的年均阅读量是6.3本，比全国居民的年均阅读量4.39本偏高，但是与犹太人的年均阅读量64本还有很大的距离。人均读书量居全球第一的以色列，拥有的图书馆和出版社也是全球最多，喜欢读书看报已经成为以色列人的习惯和美德，他们甚至笑称自己买书比买面包还要积极。今天，我也可以告诉大家，根据我们学校图书馆的借阅统计，图书馆年均总外借量是3.5万册，我们同学年均借阅量大概在12本左右，大概是1个月阅读1本书。大家自己对比一下，你的年均阅读量有没有达到12本，或者是超过12本。

借这个机会，我呼吁大家能够多读书、多阅读。因为从某种意义来讲，读书就是实践，而且是最重要的实践。书籍浓缩了人类数千年实践的智慧和成果，是人类社会进步的阶梯。读书，只有全心全意地读书，我们才能不断地丰富自己，少走弯路，避免没有必要的重复劳动，才能站在前人的肩膀上不断地攀登新的高峰。探索未知，不断完善自我，使自己成为一个人格完整、心智健全、素质全面的人，一个对社会有益的人，这是读书的最大快乐。

另外，阅读，请到图书馆来。有这样的一句比喻：“图书馆是知识的天堂，图书馆是信息的海洋。”还有人说，读大学就是读一座图书馆。既然我们中学有学校图书馆，身边有公共图书馆，为何要浪费亲近图书馆的机会呢？很可喜的是，我们学校大部分同学是愿意并且喜欢到图书馆的。他们到图书馆阅读，到图书馆写作业，到图书馆借书还书，到图

* 该稿是王鸿飞馆长2014年3月31日在国旗下讲话的发言稿。

书馆自习，还有到图书馆休息、娱乐。还有一些同学是学生管理员，他们在默默地为大家服务的同时，也收获了利用图书馆的意识与技能。很多同学在上架图书、杂志的时候，会无意中发现过去根本不知道的书刊，诱发了他们潜在的阅读兴趣，慢慢发现自己真正的兴趣所在，这样不是很有意思吗？所谓开卷有益，人有好恶，书无好坏。在读者眼中，图书有好坏优劣，但是在图书馆教师眼中，图书就是图书，一视同仁，没有好坏优劣。所以，希望每一位同学自己能试着走进图书馆、体验图书馆，去发现你最爱的书籍，去享受阅读的乐趣。

下面，预告一下图书馆为纪念第19届世界读书日而举办的第六届图书馆文化节读书活动。本次活动的主题是：阅读，请到图书馆来。活动内容如下：

（1）“悦读·读出好心情”读书征文活动。征文可以是阅读一本书，解决了某方面的困惑；可以是阅读一本书产生了共鸣，获得幸福快乐；可以是阅读一本书，获得力量；也可以是好书推荐或读书心得体会。

（2）“2014我的梦”心意贴活动。从今天开始，大家可以到图书馆领取心意贴，写下自己2014年的梦想、最想实现的目标、最想做的事情……筑梦，请到图书馆！

（3）“晒书单，请到图书馆”我的阅读史与心愿书单。重温彼此小学、初中、高中……的阅读经历，回顾自己的阅读史，整理出一份对自己人生成长路上影响最深刻的图书清单。请到图书馆来，向大家晒晒您的阅读书单，和大家分享好书，传递正能量！欢迎教师、学生参与。

另外，还有知识竞猜与猜谜活动，“书中寻宝，请@图书馆”微书摘活动，“阅读，从图书馆开始”图书漂流活动，“好书，请捐图书馆”图书捐赠活动以及“观影，请到图书馆”视频电影展播活动。希望大家关注图书馆宣传栏，积极参与各项读书活动。

阅读吧，因为我们每个人的阅读量都十分可怜。爱上图书馆吧，因为阅读能使人更亮丽，阅读能使人生更美好！阅读无止境，外借无限量！阅读，欢迎到图书馆来。谢谢大家！

阅读，让人生更精彩*

今天是2015年1月19日星期一，我发言的题目是：阅读，让人生更精彩。当今的年轻人都忙着玩手机、上网、刷微信微博，偏爱电影、电视、动画及漫画，阅读文化快速衰退，阅读的时间越来越少。那么，我们还要不要阅读呢？

钱穆先生在《读书与做人》中写到：诸位在学校读书，主要就是要学做人。学生在校求学，为的是为他将来职业做准备。然而除在课堂以外，如在宿舍中，或是在运动场上，也都是在做人，亦当学。在课堂读书求学，那只是学做人的一部分；将来出了学校，有了职业，还得要做人。做人当有理想，有志愿。这种理想与志愿，藏在各人内心，别人不能见，只有他自己才知道。因此，读书先要有志。其次，当能养成习惯，离开了学校还能自己不断读书。读书亦就是做人之一部分，因从读书可懂得做人的道理，可使自己人格上进。

高希均先生在《阅读救自己》序言中指出，现代社会进步的原动力来自一些人的才华、创意、冒险、奋斗和坚持，比尔·盖茨、巴菲特和乔布斯三个人的成功不全是靠自己的本领，三个人的共同点就是阅读——不断地、大量地阅读。

文学家孙犁在回忆自己中学时代的课外阅读情况时说，正是每天下午课毕，到学校阅览室读报，看杂志，读外国社会科学经典译著、自然科学通俗读物，哲学、文学、文化类史著，以至近代文言小说和“五四”新文学、新学术作品等，才构建了自己的知识基础，影响了自己的生活道路，奠定了自己终身与书为友的爱好。

知名阅读推广人徐雁教授也说，“花香何及书香远，美味怎比诗味长？”书香诗味，最能长久而深刻地影响人的心灵！当一个人由懵懂的稚儿逐渐成年，在成长的过程中成才，他要不断地向书本学习；当一个人展开由初级到高级的学业，在职业生涯中寻求发展，他要不断地向书本学习；当饭饱衣暖，家名双成之后，他仍然要不断地向书本学习，以期用前人的智慧力克人生的倦意，为滚滚红尘中的心灵世界，不断添加鲜活的绿意。“活到老，学到老”，阅读是一种人生全过程的阅读。通过阅读，我们一点一点成长、成熟。繁忙工作后，我们可以在书中寻找舒适的“小憩”；心情失落时，我们可以在书中寻找前进的力量；生活迷茫时，我们可以在书中寻找生命的智慧；心情“晴朗”时，我们可以在书中寻找快乐的“砝码”。

“数百年旧家无非积德，第一件好事还是读书”。过去的2014年，我们全校大多师生

---

* 该稿是王鸿飞馆长2015年1月19日在国旗下讲话的发言稿。

都选择了阅读，在字里行间去品味生活，去享受生命，去珍爱人生，去滋养心灵。图书馆全年外借图书达到4万册，按照一年365天计算，平均每天借出113册。据统计，2014年借书量最多的教师达到80本，很多教师的借阅量都在20本以上。在学生借书方面，年借书量最高的达到182册，年借书量在50本以上的有104人，年借书量在20本以上的有1124人。

阅读不能改变人生的长度，但它可以改变人生的宽度。阅读不能改变人生的物象，但它可以改变人生的气象。阅读不能改变人生的起点，但它可以改变人生的终点。

狄金森说，书是最节俭的车，却承载着人的灵魂。一个人只有独立阅读，才能开始独立的思考。一个善于思考的人，才是一个有思想的人，也是一个明白的人。由此，我希望我，也希望你，在2015年新的一年，个人阅读不妨继续随意，任性——“翻”，随意翻，“读”，继续任性——忙里偷闲、局部抽空、全情投入地阅读，最有可能帮助我们转移焦虑，架空纠结，让茫然因一部“情爱慕斯”而释然，让困惑因一本“学术川菜”而缓解……既然中医讲究治未病，阅读便无妨“未晚先投宿，鸡鸣早看天”。谢谢大家！

投经费、设漂流、开微博、问需求……师生联手“击活”图书馆*

一座中学图书馆，每天尽职尽责在微博上更新图书资讯、介绍新书，还有100多名学生参与日常管理工作。这原本是个不起眼的小图书馆，但在教师和同学的共同努力下，图书馆办得有声有色，逐渐成为师生生活中不可或缺的一部分。

从一间教室到一层楼

十余排书架上，各种类型的图书摆得满满当当。靠窗是一张张宽敞的书桌，阳光透过淡绿色的窗帘照在看书的同学身上……这是珠海三中的图书馆，虽然馆内略显拥挤，但流通书库、学生阅览室、电子阅览室、图书资料室等图书馆必要的“装备”一样也不少。

正值中午放学，图书馆内人气很旺，阅览室和藏书室近200个座位基本满席。馆长王鸿飞告诉记者，这就是图书馆每天的状态，期中期末更是“一位难求”，甚至出现“占座”的行为。

不过，在2009年以前，这样的场景是不可能出现的。彼时，珠海三中的图书馆只是一间小教室，藏书量只有现在的四分之一，不到两万册。“有些学生上了3年高中，都不知道学校还有图书馆。”王鸿飞说，这其实是很多中学图书馆都面临的状态：场地小、图书少、基本不对外开放、师生利用率低。

改变出现在2009年初，学校腾出一层楼近1000平方米的场地，并下拨了专项购书经费。借此机会，当时刚刚从中山大学图书馆学毕业的王鸿飞和同事们策划了一系列活动，想让图书馆能物尽其用。

让每一本书都有读者

“场地再大，没人借书、看书有什么用？”王鸿飞想到的第一个办法，就是用“图书漂流”吸引学生：在班级门口、楼道口都设立“漂流站”，把图书馆的书摆出来让学生随

* 原载于《珠江晚报》2013年12月5日（第8版）。由《珠江晚报》记者张泊宁采写。

时取阅。学生看完后可以传给其他同学，或者放回“漂流站”。

活动开展后，越来越多的学生愿意去图书馆“逛逛”，一批忠实读者慢慢形成。为了让每本书都有其读者，从2011年开始，图书馆连续三年举办“你选书，我买单”书展活动。“学校与几家大的书店、出版公司合作，每次准备图书4000种以上。学生在活动现场把自己心仪的书交给工作人员，登记图书的ISBN号。活动结束后，就可以按照同学们开的‘书单’采购图书。”王鸿飞介绍。

随着借书氛围日益浓厚，学校又在各个班级建起了“班级微图书馆”。每个班都有一张“班级借书卡”，学生可以“组团”去图书馆借书，一次最多可借200本。学生们热情高涨，除了定期更新“微图书馆”的书，还花了很多心思布置班级图书柜。清新田园风、古典书香风、创意动漫风……每个班级都根据自己的特色打造“微图书馆”，成为校园里一道道靓丽的风景线。

百名学生成为“管理员”

“微博都是学生们轮流管理，平时图书馆也有一支100人左右的学生管理队伍。”王鸿飞说，学生们主要负责借书还书、前台咨询、上架分类、纪律维护等工作，既锻炼了自己，也带动了更多学生来图书馆。

“如果不是当管理员，我可能上完大学也不知道如何有效利用图书馆资源。”今年高三的陈绮玲说，这两年视野开阔了很多，也认识了不少班级以外的朋友。同样高三的游晓倩说，当管理员的经历改变了她内向的性格。“初中时我在班里属于默默无闻的人，高一当管理员后，沟通、管理能力提高很快”。

图书馆还收获了不少忠实粉丝，杨汝媚就是其中之一，三年里几乎每天都来图书馆看书。“我很喜欢在图书馆看书的感觉，内心很踏实很安静。以前只有周末才能去市图书馆看书，现在每天都能享受在图书馆看书的感觉了。”

图书馆在网络上也“不甘寂寞”，2011年，“珠海三中图书馆”的微博正式开通。

方法论

（1）拓场地设经费

2009年初，学校腾出一层楼近1000平方米的场地，并下拨了专项购书经费。

（2）设站点易漂流

在班级门口、楼道口设立“漂流站”，把图书馆的书摆出来让学生随时取阅。学生看完后可以传给其他同学，或者放回“漂流站”。

（3）问需求阔视野

2011年开始，学校与几家大的书店、出版公司合作，连续三年举办“你选书，我买单”书展活动。

（4）进基层占阵地

随着借书氛围日益浓厚，学校又在各个班级建起了“班级微图书馆”。

（5）开微博拢粉丝

2011年，“珠海三中图书馆”的微博正式开通。三年来，每天坚持更新图书资讯，介绍好书，累计发布微博7000多条，拥有2500多个粉丝。

一名中学图书馆员的成长规划

作为一名新教师，需要不断地提高自身的思想政治素质、专业素质以及业务水平。因此，每位新教师都需要认真思考自己的成长规划。我是一位图书管理员，结合自身专业的特点，从职业选择、职业成长路径、阶梯式发展计划、职业发展与培训、继续教育等几个方面去设计自己的成长规划。

一、职业选择

职业选择需要适合个人的兴趣和特长，在对图书馆工作的充分认识之上，还需要寻找自己的职业锚。职业锚是指一个人进行职业选择时，始终不会放弃的东西或价值观，它是人们选择和发展自己的职业时所围绕的核心。埃德加·施恩认为，职业锚包含三个部件：自身才干和能力，自身动机和需要，自身态度和价值观。按埃德加·施恩的观点，有五种类型的职业锚。分别是：

（1）技术职能型职业锚。在图书馆，这些领域主要包括采访、分编、典藏、馆际互借等。

（2）管理型职业锚。这适合图书馆内一般从事行政事务的管理者。

（3）创造型职业锚。在图书馆内，知识开发、利用和图书馆外部市场开发的工作适合具有此类职业锚的人。

（4）自主独立型职业锚。在图书馆内从事科研、论文写作的工作一般持此类职业锚。

（5）安全稳定型职业锚。图书馆内，持此种职业锚的人适合传统的外借、阅览、服务等工作。

根据自己的兴趣和特长，我认为自己倾向于技术职能型、管理型以及创造型工作。

二、职业成长路径

在图书馆领域中，职业成长的路径主要包括两条：一条是职称的晋升，具体从高到低依次为：研究馆员、副研究馆员、馆员、助理馆员、管理员。另外一条是职务的晋升，当业务工作人员在原有的工作岗位上，经验和技能有了一定的提高，有能力承担更大范围的责任，就会初步被晋升为基层管理人员，此后又有可能向上晋升为中级、高级管理人员。具体而言，从高到低依次为馆长、副馆长、各部门主任、主管、工作人员。

作为一名中学图书管理员，职业成长路径的选择受到很大程度的制约，所以，我个人的职业成长会偏向职称的晋升，从图书管理员、助理馆员、馆员到（副）研究馆员，逐级晋升。此外，随着中小学图书馆员地位的不断得到认可，个人职务的晋升也存在空间，工作人员、副馆长、馆长也是个人成长的路径。

三、阶梯式发展计划

作为图书馆的教师，我追求的目标是：不断学习图书馆学、情报学基础理论和专业技能，及时跟踪国内外图书馆学专业的发展动态；具备一定的科研能力和丰富的专业工作经验，能运用新技术传播和开发文献信息，在重大业务建设的理论与实践上有创见，主持与参与科研课题或工作项目，业绩显著，熟练运用外语获取信息；具有良好的职业道德和敬业精神。为了达到这些目标，我必须在成长的过程中，继续加强专业深造，通过在职研究生等途径取得更高的学历学位，加强教育理论与心理学方面的知识，坚持进行计算机与外语的学习，做好图书馆的业务工作，不断去发现、去实践、去创造。积极进行业务改革和技术创新，参与各种科研项目，并且争取每年能够发表一篇论文。

针对图书馆学专业应届毕业生的情况，以下是个人阶梯式的成长计划。

（1）1年内，参加新教师培训以及其他专业培训，加强教育理论与心理学方面的学习，适应新的工作环境，了解中小学图书馆的工作。积极为图书馆的建设出谋划策，解答读者的一般咨询，并取得一定的工作业绩；能对专业工作实践作一般性的理论总结。发表一篇以上的论文。为转正为助理馆员做好铺垫。

（2）3~5年，积极进行业务改革和技术创新，在图书馆资源建设与开发和读者服务等方面发挥骨干作用，坚持参加各种培训学习，争取机会参加专业研讨班，不断深化、完善知识结构。参与科研项目1项以上，并且取得阶段性的成功。完善图书馆的各种规则制度，并且规划图书馆的长、中、短期发展计划。每年一篇论文，争取能够在专业核心期刊发表论文，尝试申请科研课题与撰写学术专著，进行专题调查并且撰写专题调查报告，实现馆员职称的目标。

（3）6~9年，全面主持读者服务工作，从事各类参考咨询服务或用户辅导工作，继续加强文献信息开发，文献采访、编目，读者服务，技术开发与服务等能力，在业务改革、技术创新方面业绩显著。争取做专业研究课题的主要负责人，研究课题能够取得阶段性的成果。参与的其他科研成果能够获得奖项。在核心期刊发表2篇论文以上。

（4）10年后，职称的晋升与职务的晋升取得很大的突破。获得副研究馆员以上的职称。充分发挥自己的管理潜能，在图书馆学领域、教育领域有创造性的见解与成绩。

四、职业发展与培训、继续教育

根据以上的职业成长路径与阶梯式发展计划，怎么去实现这些职业发展，这需要相关领导部门以及学校的一系列的培训计划，并且结合个人的发展计划，通过学历教育、岗位培训以及交流研讨等形式去逐步实现。具体而言，图书馆的培训项目主要应包括新员工培训、内部岗位培训、外部培训以及长、短期教育等，针对中小学图书馆工作人员缺乏校本培训的现状，上级主管部门要有计划地、系统地组织各种外部培训项目，为图书管理员开展长、短期教育培训班。除此之外，对我个人而言，要实现个人的成长目标，还需要得到学术会议（专题学术研讨会或学术报告讲座等）和馆际之间的交流研讨的机会。同时，争取机会参加学历学位教育，继续进行专业深造，是成长过程中的必然选择。

平凡的岗位 不平凡的作为

大学毕业那一年，来不及多想，选择来到珠海，开始了图书馆人生，把图书馆作为职业的起点。记得刚到学校的时候，图书馆恶劣的环境、陈旧的图书设备、落后的管理方式，曾经让我倍感压力。但是当时几乎没有为自己的选择后悔，反而斗志满满。短短几年，从基础设施建设开始，逐步进行自动化建设、馆藏资源建设、管理制度建设、学生管理队伍建设，各项建设工作都取得重大突破。珠海三中图书馆从不起眼的图书室蜕变成颇具规模、阅读环境优美、利用率不断攀升的图书馆，早上、中午、下午、课间甚至晚上的课余时间，图书馆人气都很旺，流通书库、学生阅览室、电子阅览室、走廊的阅览桌椅等座位基本满席，期中、期末更是“一位难求”。图书馆逐渐成为学生生活中不可或缺的一部分，大多同学养成了到图书馆阅读、借还书、写作业、自习的习惯。珠海三中图书馆的办馆效益受到了关注与好评，美誉度与影响力不断提升，不仅受到上级部门认可，还多次见诸报端。珠海三中图书馆人用行动证明：平凡的岗位，再小的平台，也能有所作为。

蓦然回首，过去的七八年，不仅是珠海三中图书馆非常重要的一段发展史，而且是珠海三中图书馆这支年轻队伍的成长史，更是见证了本人的成长历程。

在过去几年里，本人在专业理论知识、图书馆业务水平、科研课题等各个方面都取得了长足的进步。作为一名年轻教师、年轻的图书馆员，时刻牢记学习的重要性，坚持多读书，多读有意义的书，多读专业书籍及刊物，不断提升自身的理论水平。工作之余，围绕工作实践以及专业发展的需要，阅读了大量的图书馆学专业著作，而且还订阅《大学图书馆学报》《图书馆杂志》《中国图书馆学报》《图书馆论坛》等十多种专业杂志，通过学习不断提高自身的理论水平。当然，在平凡的岗位上也有着很强烈的事业进取心，有着很强烈的科研意识，时刻关注学科研究热点与具体实践中的问题。几年下来，主持省级课题4项、市级课题2项，参与省、市级课题4项，在“书香校园”、阅读指导、阅读推广、“班级微图书馆”、中小学图书馆建设等领域都进行了较深入的研究，并且把研究成果应用于图书馆建设实践中，推动图书馆的服务创新。此外，围绕珠海三中图书馆的建设实践以及课题研究，及时进行归纳总结，积极撰写学术论文。通过公开发表论文或参加国家、省、市级论文评比，提升专业素养以及学术影响力。过去七年，自己已经在省级专业刊物公开发表论文10多篇，在《广东省中小学德育》《珠海教育》等内部刊物发表文章3篇，多篇论文入编公开出版的论文集；论文获奖20多篇次（其中获国家、省、市级一等奖论文8篇）。

作为一名基层的中学图书馆员，默默无闻，却又境遇艰难，往往得不到应有的支持与关注，图书馆事业要做好非常不容易，需要付出更多的辛苦与努力。例如，需要坚持中午、下午等课余时间开馆并不容易；每项服务或活动的创新，都需要冲破现有观念与重重压力。无疑，我和我的同事们选择了一条艰难的道路，选择了辛苦与付出。从2009年开馆以来，在没有人手轮流值班的情况下，仍然坚持图书馆每天10个小时的开放时间，中午也不闭馆。回想一路走来，几乎每天都是带着希望早早开馆，带着疲惫与困乏回家。头几年，遇到图书馆建设、图书采编任务比较重时，还经常自己加班，把图书馆当成了家。曾经也有过放弃的念头，也想过要逃避。毕竟大多数的中小学图书馆都没有这样坚持、没有这么拼命。但是，作为专业的图书馆员，我们的职业操守让我们选择继续坚守，为读者坚守，为自己坚守，也是为图书馆事业坚守。幸运的是，这份坚持不仅得到了师生读者、图书馆同行、上级部门的认可，也让我与我的同事得到成长与提升。

当然，平凡的岗位，不平凡的作为，让学生沉醉于浩瀚的书海，享受着阅读的快乐才是我们的最终目的。

为了让学生走进图书馆、利用图书馆，提高学生自主学习能力和终身学习能力，我们图书馆做了很多有效的尝试。一是立足图书馆的读者服务，开展各种各样的阅读指导与阅读推广活动，如：开展阅读指导课，设立新书推荐专区，制作新书通报、新书快递，定期推出图书借阅排行榜与读者借阅排行榜，设置图书展示架，在校园设置图书馆宣传栏，制作各种推荐书目，开展图书馆的入馆培训或读者教育，利用网站、校讯通、广播站、微博、微信等进行图书推介。二是每年坚持举办图书馆文化节，开展各种读书活动。如“真人图书”分享活动、读书征文活动、图书漂流活动、“你选书，我买单”书展活动、图书捐赠活动、科学图谱展览、讲座活动、猜谜游园活动、心意贴活动、电影播放活动等。三是开展“班级微图书馆”建设，把图书馆办到学校里的最基本单位——班级，做好班级的读书活动，引导学生喜欢上阅读。清新田园风、古典书香风、创意动漫风……每个班级都根据自己的特色打造“微图书馆”，使其成为校园里一道道靓丽的风景线。班级里出现了各种各样“微图书馆”名字，如藏书阁、读书角、尚文苑、悦书阁、书苑、梅香阁、纳川馆、煮书、心灵驿站、书香溢柜、图书角、诚信图书角等。我们还能够在“微图书馆”装饰上看到了埃菲尔铁塔、励志标语、心愿墙、阅读心得、光荣榜、心愿树、书法秀、笔尖上的躁动……以及学校图书馆的好书推荐、借阅排行榜、读者排行榜、读书海报等宣传资料。一时之间，美化了教室，提升了班级文化氛围及书香气息。四是图书馆招募、培训学生助理（义工），打造图书馆实践平台，开展实践与志愿活动，丰富学生的业余生活，提升学生的信息素养和学习能力。通过发挥学生助理在图书馆宣传以及读书活动方面的辐射作用，影响与带动更多学生走进图书馆，喜欢上阅读，喜欢上学习。从而有利于中小学生扩大视野，丰富课外知识，提高自学能力和培养终身学习意识。

寥寥数语，或仅能反映此刻心情。“小平台，大作为”“平凡的岗位　不平凡的人生”，这些励语也许只是我以及每个基层图书馆员坚持、奋斗的动力与愿景，远远不是事业的巅峰，而只是图书馆事业的起点。

珠海三中图书馆的昨天、今天和明天*

珠海三中坐落在香炉湾畔，背山面海，背面是青山绿树，前面是碧海蓝天，与南海隔情侣路相望。打开图书馆的窗户，一望无际的大海尽收眼底，让人心旷神怡。只有这一刻，才能够真正领略 “面朝大海，春暖花开”。也许每一个到图书馆的细心读者，都曾发出过这样的感叹。但是，我相信更多的读者已经顾不了这些，因为他们更喜欢沉醉于浩瀚的书海，享受着阅读的快乐！

学校图书馆作为学校教育教学的重要组成部分，是学校的书刊资料信息中心，是为学校教育、教学和教育科学研究服务的机构。那么，珠海三中图书馆的昨天与今天，您可有了解？珠海三中图书馆的明天，您又有何期待？

1. 图书馆的昨天

由于历史原因，关于图书馆的历史记录非常少，几乎没有相关的档案。因此，对于图书馆的昨天，我们也只能道听途说。图书馆的历史是跟学校的历史紧密联系的，我们可以从学校的变革中探寻现址上珠海三中图书馆的历史。

据了解，在学校现地址上，1984年建立了珠海市海岛中学，但学校建立之初并没有建设图书馆（室）。但是，据了解，原来桃园路上的珠海三中图书馆是建于1985年。

直到1991年，随着学校改革重组，珠海市海岛中学改名为珠海市东区中学，学校初步建立了东区中学图书馆（室），这从图书盖章中可以得到证实。

1993年，东区中学进行改组，更名为珠海市第六中学，图书馆自然而然成为珠海市第六中学图书馆（室）。

2003年，随着学校改革重组，原珠海市第六中学与珠海市第三中学合并，成为新的珠海市第三中学。原珠海市第六中学的校址是珠海市第三中学（高中部），图书馆属于珠海市第三中学（高中部）图书馆（室）。

2005年6月21日，据珠海三中高中部图书馆图书盘点的记录显示，图书馆实际藏书14 945册，主要包括中国小说2982册，历史类读本1827册，青少年读本1632册，自然科学类图书1163册，政论941册，外国文学842册。

2008年，珠海市第三中学高中部与初中部分离，独立办校，珠海市第三中学（高中部）留在原珠海市第六中学的校址上，还使用“珠海市第三中学”这个名字，而初中部则使用“桃园中学”的名字。于是，现在的珠海三中图书馆就是从2008年正式开始的。

---

* 本文由王鸿飞于2013年5月20日撰写。

2008年7月，珠海三中图书馆总藏书量20 165册，最小复本为1本，最大复本26本。期刊种数135种。图书馆面积约400平方米，其中的藏书室，面积85平方米；教师阅历室，面积122平方米；工作室，面积30多平方米；学生阅历室，（包括借阅处）面积160平方米。图书馆管理员2名，每周开放时间40小时。图书加工编目还是手工操作。没有引进计算机管理软硬件，无法采用电脑编目、检索以及一系列计算机自动化的配套管理，没有电子阅览室。

2008年10月，开始图书馆扩建工程。全部图书下架，打墙，装修。把原藏书室与学生阅览室之间的围墙打通，新学生阅览室两面的围墙也打通了，形成了两个较大的空间。建设没有围墙的图书馆，我们走出了第一步。

2. 图书馆的今天

从2009年开始，图书馆迎来了非常大的变化，图书馆的管理理念、阅读环境、管理手段、自动化技术等都取得长足的发展，开创了图书馆工作的新局面。

2009年1月，图书馆扩建改造工程基本完成。图书馆家具设备到位，包括16组95个书架，37张阅览桌，148张阅览椅，4组8个期刊架。向深圳市科图自动化新技术应用公司引进了ILAS2.0图书管理系统，并且购买了图书馆的服务器、流通机、编目机、检索机， 实现了图书馆的计算机自动化管理。新建电子阅览室的装修、布线完成， 50台电脑到位，图书馆第一次拥有电子阅览室。购买图书加工耗材、扫描枪、读卡器、读者卡等设备，设计珠海三中读者卡。设计、购买图书借阅台，增添图书馆相关标识，如《中图法》的设计、书架标识的设计等。

2009年3月，招标采购30万元图书全部到位，并且完成了图书的加工、电脑编目等工作，图书馆藏书达到3.5万册（不含1万多册的旧书）。重新修订了图书馆的规章制度：学生的借阅权限由每次1册，变成每次3册，借期30天；教师的借阅权限每次10册，借期90天。

从2009年3月15日开始，完成扩建改造的珠海三中图书馆正式对师生读者开放，读者卡的办理、图书的借还、图书查询等工作全部通过ILAS图书管理系统进行。学校图书馆采用“藏、借、阅、查”一体化的管理模式，实行教师、学生借阅的全开架，图书馆藏书，师生的借还书、阅读、书目查询全部集中于流通书库。教师阅览室、电子阅览室、学生阅览室也正式开放。图书馆面积达到600多平方米，含学生阅览室120平方米（座位84个），电子阅览室60平方米（电脑50台），流通书库（含教师阅览室、工作室）400多平方米。

2009年3月，图书馆向学校申请购买网站电子资源。3月初，终于购买了硕学在线网的使用与下载权限。图书馆开始了电子资源建设与服务。

2009年4月，组织策划了珠海三中图书馆首届图书馆文化节，举办了读书征文活动、专题报告会、图书漂流活动等读书活动。目前，图书馆每年都坚持举办图书馆文化节，开展各种各样的读书活动。

2009年9月，图书馆利用第八节课的时间在学校一楼报告厅举办两场新生入馆培训讲座。新生入馆培训工作逐渐成为图书馆宣传与读者教育工作的一部分。图书馆还开展阅读指导课服务、电子阅览服务。充分利用图书馆宣传栏、公告栏及网上图书馆，做好新书通报、好书推荐宣传。

2009年上半年，图书馆尝试招聘了第一批学生助理（义工）。图书馆助理队伍从无到有，7月份助理人数达到50人。2009年9月，图书馆面向高一新生招聘了第二批学生助理，通过发放招聘通知、申请表，最终录取新助理近70人。此后，每年9月，图书馆都面向高一新生招聘新的学生助理（义工）。

2009年6月，投入图书经费25万元，图书馆分6批次（十多天）去文华书城现场采购图书一共1.2万册。并且分别于9月、10月、11月、12月和2010年1月进行了新书的加工编目、上架工作以及验收工作。至2010年1月，图书馆正式流通图书有47 378册（不含1万多册的旧书），生均藏书量20册/人。

2009年10月，购买了硕学在线网站资源一年的使用权限。同时，跟金太阳新课标资源网签订了一年的免费试用协议。

2010年5月，图书馆开展读者调查活动。进行珠海三中学生利用图书馆情况和课外阅读现状调查以及教师利用电子资源情况调查。

2010年7月，我校图书馆加入了中国图书馆学会中小学图书馆委员会，成为该委员会的事业单位会员。

2010年9月，图书馆购买了中学学科网的使用权限。图书馆还注意这些电子资源的宣传，通过校讯通短信、宣传单等宣传方式，争取做到宣传到位。

2010年11月，围绕“2010广州亚运会”的主题，开展了“迎亚运”图书推荐与图书展览活动。

2010年11月25日，进行了32万元的图书采购开标、评标工作。12月17至18日，采购了2010年出版的新书3000多册。2011年3月至6月期间每月都采购一批图书，一个学期下来，一共采购了图书5065册。2011年9月，采购图书400册，完成32万元的图书采购项目，采购图书1.3万册。图书馆正式流通的图书达到6万册（不含1万多册的旧书）。期刊200多种，报纸20多种。

2011年3月，我校获得2010广东省“书香校园”的称号。4月22日，领回2010年广东省“书香校园”学校的牌匾。

2011年4月，图书馆开通了“珠海三中图书馆”新浪微博、博客，坚持每天向学生推荐新书、好书。举办第三届图书馆文化节，开展各种读书活动。图书馆利用微博，对图书馆文化节读书活动进行了宣传。

2011年5月，我校2011年度广东省中小学德育科研课题“中学书香校园创新发展的研究”也获得了立项。另外，王鸿飞老师主持的课题“青少年阅读指导与阅读疗法的实践与研究”获得了珠海市教育科研“十二五”规划第一批立项课题的规划课题。

2011年11月，申请图书经费3万元，采购了图书近1000册。图书种类包括2011年茅盾文学奖作品，乔布斯系列图书以及热点图书、各类排行榜图书。

2012年4月，设计班级图书柜，实施“班级微图书馆”计划。图书馆为每个班级办理了班级读书卡，开展班级团借活动，每班最大借阅权限200册。

2012年4月18日，图书馆申请了2012年的图书经费14.8万元。并于4月18日进行了邀请招标的开标工作，确定了图书采购的供应商。2012年下半年，图书馆分批完成了14.8万元图书的采购任务。另外，11月底还分别完成了6000元以及6700元的图书采购合同。一共采购了图书近6000册。图书馆藏书量达到6.7万册（不含1万多册的旧书），期刊300多种，报纸20多种。

2012年6月至12月，图书馆立足学校实际，起草了《珠海三中图书馆重新调整布局方案（初稿）》。进行图书馆教师阅览室（特色书库）一间，影音体验室（视频展播室）一间以及办公室的规划与建设。

2012年7月，图书馆完成了《中小学生课外阅读与阅读心理需求问卷》以及《中学生利用微博情况调查》两个问卷的调查。进一步掌握学生读者的阅读心理与阅读需求。2013年2月，还开展了珠海三中教师读书现状的调查。

2012年10月，整理图书馆近几年的实践经验以及课题研究的成果，初步编制完成了两本阅读校本课程：《书海听涛，享受阅读——青少年阅读引导读本（实践篇）》以及《书海听涛，享受阅读——青少年阅读引导读本（欣赏篇）》。

2012年12月，考虑到教学资源网的使用效果，图书馆跟中学学科网、高考资源网签订了新的合作协议，把合作时间延长到2013年底。

2012年12月，图书馆响应学校号召，开展微课题的研究，提交了"'班级微图书馆'的实践探索"的微课题。12月21日，"'班级微图书馆'的实践探索"微课题有幸被选为微课题代表进行了开题报告。

2013年3月，由于图书馆"藏、借、阅、查"一体化的布局，进行全开架开放。为确保馆藏图书的安全，图书馆在教师阅览室、学生阅览室、流通书库等3个功能室增加相关的图书馆防盗设备，购买图书防盗系统2套，充消检一体机1台。

2013年3月至5月，开始教师阅览室、影音体验室、办公室等功能室的建设。增加4人阅览桌6张，2人阅览桌21张，阅览椅70张，优质不锈钢排椅11张，增加阅览座位100多个。图书馆面积达到800平方米，座位达到近300个。

图书馆的今天，一切运转良好。图书馆充分发挥现有环境与资源的作用，开展图书借阅、期刊阅览、电子阅览、网络资源服务、网络书目查询、新书通报、入馆培训、语文阅读课、图书催还、图书荐购、微博导读等服务，举办图书馆文化节，开展各种各样的读书活动。近几年每年的图书流通8万册左右，含借出图书4万多册，还回图书3万多册。图书馆成为学生读者的文化休闲与学习中心，学生养成了利用图书馆、主动阅读的习惯，校园读书氛围浓厚。

3. 图书馆的明天

当今社会的发展日新月异，教育事业与图书馆事业如何发展，我们都无法预料。目前，珠海三中图书馆已经打下了良好的基础，希望珠海三中图书馆的明天能够向着更好的方向发展。从目前来说，可以从以下几方面进行着手：

（一）制订珠海三中图书馆的发展规划，确立图书馆的发展定位。通过不断探索，摸索出一条合适的发展方向，并形成自己的图书馆文化。做好图书馆的短期计划与长期计划，按照计划开展图书馆的建设，开展图书馆服务。

（二）继续优化图书馆的阅读环境，为读者提供更好的阅读环境，营造更加浓厚的读书氛围。不断寻求图书馆的发展空间，争取获得更好的办馆条件。关注图书馆新的发展趋势，利用新技术、新手段加强图书馆的建设，强化图书馆的管理，优化图书馆的服务。

（三）继续保证图书馆的经费投入，适量采购新书好书，确保图书资源的质量与吸引力。引进数字资源、电子资源，为教育教学提供电子资源服务。增加图书馆的电子图书、音频视频以及学术资源库等资源，建设多元化的馆藏体系。

（四）加强图书馆的服务质量管理，优化图书馆的服务模式与服务流程。确保图书馆服务内容、服务项目的持续性，跟随时代脚步，继续探索图书馆的服务创新。不断挖掘图书馆的潜力，延伸图书馆的服务，开展个性化服务，开发具有学校特色的服务项目。

（五）随着《教育信息化十年发展规划（2011—2020年）》《广东省教育信息化发展“十二五”规划》《珠海市教育信息化三年行动计划》等文件的出台，我市中小学图书馆的信息化建设、数字化建设进入了实质性阶段。近年来，云计算、3G技术、移动终端等新技术在教育领域、图书馆领域的应用越来越多，数字图书馆建设进入新的阶段。因此，图书馆需要加快学校图书馆的自动化、信息化和网络化工作步伐，引入先进技术，建立规范的管理平台，全面提升图书馆的信息化管理水平。利用云计算、3G技术、移动终端等新技术，搭建实体图书馆信息管理和数字图书馆的大平台，引进数字资源，逐步推进我校数字图书馆建设，为建设数字书香校园创造条件。

（六）加强图书馆科研课题研究，解决图书馆工作的难题。整合校本资源、图书馆资源以及社会资源，集中力量探索一些重要问题，力争取得理想的效果。构建社会实践的平台，参与社区、家庭的阅读文化建设，为书香社会、全民阅读做出一些努力。

以学生发展为本——求真　崇善　尚美

——解读珠海市第三中学

初来乍到，对我们新教师而言，解读学校不是一份好差事。然而，知其不可而为之，方能展现新教师积极的作为和自强不息的向上精神。纵然是一知半解之辞、道听途说之论，也不应该受到责备。

第一次认识珠海三中，是今年五月份。那一次，我的脑海里烙下了珠海三中的影子，个人也做了人生中非常重要的抉择，选择了珠海，选择了珠海三中。从七月份来学校报到到现在，已经有段时间了。这些日子里，亲身感受也好，道听途说也罢，都让我对学校有了更深的了解。优越的地理环境，悠久曲折的历史，先进的办学理念，且容我一一道来。

背靠高山　面朝大海

我校坐落在香炉湾畔，香洲水拥坑村旁，背山面海，背面是青山绿树，前面是碧海蓝天。与南海隔情侣路相望，且距香洲市区只有一箭之遥。坐在办公室，打开窗户，一望无际的大海尽收眼下，让人心旷神怡。只有这一刻，才能够真正领略到海子“面朝大海，春暖花开”是多么高的生活境界。学校占地面积不大，建筑紧凑，然而，教学实验大楼、行政楼、体育馆、报告厅、学生公寓等都很新、很完善。校园内绿树拥抱、环境幽雅，与相倚青山的绿树相映成趣。

古老的校园　新兴的学校

1985年8月，在这香炉湾畔，香洲水拥坑村旁，建起了一所新的学校，用名“珠海市海岛中学”，属于香洲区管辖。这是古老校园的最早历史，是我校的前身。然而，悠久曲折的历史告诉我们，珠海三中更像是一所新兴的学校，在古老的校园里矗立起的新学校。1994年8月，珠海市海岛中学在经历了由香洲区管辖到万山区管辖的变更后，又更名为“珠海市东区中学”。1998年8月，珠海市东区中学又经历了一次大变革，直接归属市教育局管辖，且再一次更名为“珠海市第六中学”。进入21世纪以后，这座古老的校园仍然继续着它的曲折历史。2003年7月全市教育布局调整，整合优质教育资源，扩大办学规模，将“原三中”和“原六中”整合为新的珠海市第三中学，新三中实行“一校两区”，初、高中分开办学的模式，“原三中”为初中部，“原六中”为高中部。今年（2008年）初，全市教育布局再一次调整，实行初、高中分开办学，于是，珠海三中的初中部就设立在“原三中”的校址，更名为“桃园中学”。而“原六中”“原三中”的高中部沿用了珠海市第三中学的名字，也就是我们现在的学校。所有的一切就像发生在昨天一样，可以这么说，我校只是身处古老校园里的一所新兴的学校。

求真 崇善 尚美

校训是一所学校在创办初期以及发展过程中始终着力表达或培育的一种办学思想，是在长期发展过程中积累起来的一种治学风格或学术传统。解读我校，就必须解读我校的校训，解读我校的办学理念。我们学校的校训是“求真 崇善 尚美”，其内容是：崇尚科学，追求真理；注重善行，完善人格；注重美好，推崇美好。

一、“求真”——崇尚科学，追求真理

“千教万教教人求真，千学万学学做真人”，我国的教育学家陶行知，主张教育的第一步是“求真”。教师的职责是“教人求真”，学生的职责是“学做真人”。“真”是我们教育的出发点，也是归结点。崇尚科学，追求真理体现了教育的科学精神。以“求真” 作为校训，目的就在于营造尊重知识、尊重科学、敢于探索、追求真理的学术氛围。

二、“崇善”—— 注重善行，完善人格

《大学》中说：“大学之道，在明明德，在亲民，在止于至善。”教师的教，学生的学，目的在于明德、至善。为了达到明德、至善的境界，前提是“崇善”，也就是注重善行，完善人格。教师要注重善行，完善人格，然后以自身的人格魅力去影响人、教育人、发展人、完善人。学生要注重善行，完善人格，先使自己成为具有人性的人，再谋求成才、成功之路。

三、“尚美”—— 注重美好，推崇美好

“尚美”，也就是注重美好，推崇美好，发现美，追求美，欣赏美，创造美。师生们要有崇尚美的心灵，要有正确的审美观念和高尚的审美情趣，要把自然美、社会美、艺术美内化为人生修养。努力做到：仪态大方，语言文明，行为规范；涵养深厚，品格端庄，人格健全；学习勤奋，体格健美，气质高雅；人际和谐，环境优雅，生活美满。

以学生发展为本，为社会需要育人

爱因斯坦给苏黎世大学的信中写到：“所谓教育，就是把学校和教师所教的全部忘掉以后剩下的东西。”这句话值得我们认真去思考，教育的本质与目的是什么？这个问题不容易回答。然而，教育最起码要做到以学生的发展为本，顺木之天，以致其性。教育是为了发展人、完善人，也是为了满足社会的需要。

我校的办学目标“以学生发展为本，为社会需要育人”很好地体现了这一点。坚持以学生发展为本，处处体现学生的主体中心地位，因材施教，量体裁衣，根据学生的兴趣、爱好、特长，加以适当的引导，争取顺木之天，以致其性。另外，坚持以学生发展为本，还营造了“尊重学生、爱护学生、宽容学生、帮助学生”的校园育人氛围。“为社会需要育人”给了我们清晰的方向，我们要始终从三个维度去发展人、完善人，为社会培养具有良好的道德修养，正确的价值观、人生观，能妥善处理各种人际关系，有良好的社会沟通能力的人才。

在教育的路上

刚刚来到学校时，碰到教务处的教师在忙着整理、制作珠海三中教师专业发展文集，在好奇心的驱动之下，多看了几眼。这本文集的题目《在教育的路上》给我留下了非常深刻的印象。为什么会是在教育的路上呢？我百思不得其解。

直到有一天，我发现另外的一篇结语《在教育的路上》，文章中的一些语句让我似懂非懂：

教育的路在何方？

“以学生发展为本，为社会需要育人”——这就是珠海三中的教育之路。

我们在路上。

教育的道路虽然崎岖，虽然艰险，虽然辛酸，但我们在一起。师生携手一起经历风雨，一起分享阳光，一起感悟人生，一起收获知识与快乐！也许，我们的步履蹒跚，但是我们上路了，在探索的道路上前行，在学习、实践、反思、总结中成长。

我们在路上！

附录：教育部关于印发《中小学图书馆（室）规程》的通知

教育部关于印发《中小学图书馆（室）规程》的通知
教基〔2018〕5号

各省、自治区、直辖市教育厅（教委），新疆生产建设兵团教育局，各有关单位：

为贯彻党的十九大精神，落实立德树人根本任务，加强中小学图书馆（室）工作的指导，我们对2003年发布的《中小学图书馆（室）规程（修订）》进行了修订，现印发给你们，请结合实际认真贯彻执行。

教育部

2018年5月28日

中小学图书馆（室）规程

第一章　总则

第一条　为加强中小学图书馆（室）（以下简称图书馆）规范化、科学化、现代化建设，落实立德树人根本任务，提升服务教育教学能力，特制定本规程。

第二条　本规程适用于公办、民办全日制普通中小学校的图书馆。

第三条　图书馆是中小学校的文献信息中心，是学校教育教学和教育科学研究的重要场所，是学校文化建设和课程资源建设的重要载体，是促进学生全面发展和推动教师专业成长的重要平台，是基础教育现代化的重要体现，也是社会主义公共文化服务体系的有机组成部分。

第四条　图书馆的主要任务是：贯彻党的教育方针，培育社会主义核心价值观，弘扬中华优秀传统文化，促进学生德智体美全面发展；建立健全学校文献信息和服务体系，协助教师开展教学教研活动，指导学生掌握检索与利用文献信息的知识与技能；组织学生阅读活动，培养学生的阅读兴趣和阅读习惯。

第二章　体制与机构

第五条　县级以上教育行政部门负责行政区域内图书馆的规划和管理，指导教育技术装备机构和学校做好图书馆的建设、配备、管理、应用、培训、评估等工作。

第六条　图书馆实行校长领导下的馆长负责制，由一名校级领导分管图书馆工作。有关图书馆工作的重大事项应当听取图书馆馆长意见，最终由校长办公会决定。

第七条　学校可根据需要设立阅读指导机构，指导和协调全校阅读活动的开展。

阅读指导机构由一名校领导担任负责人，成员由学校图书馆及相关职能部门负责人、教师和学生代表组成，鼓励家长代表参加。

阅读指导机构应当定期召开会议，制定学校阅读计划，组织阅读活动的实施，反映师生意见和要求，向学校提出改进阅读活动的建议。

第三章　图书配备与馆藏文献信息建设

第八条　学校应根据发展目标，以师生需求为导向，统筹纸质资源、数字资源和其他载体资源，制定图书配备与其他馆藏文献信息建设发展规划。

第九条　图书馆藏书包括适合中小学生阅读的各类图书和报刊、供师生使用的工具书、教学参考书、教育教学理论书籍和应用型的专业书籍。民族地区中小学应当根据教育教学需要配备相应民族语言文字的文献资源。接收残疾学生随班就读的学校应当配备适合特殊学生阅读的盲文图书、大字本图书和有声读物等。

第十条　图书馆藏书量不得低于《中小学图书馆（室）藏书量》的规定标准。建立完善增新剔旧制度。图书馆每年生均新增（更新）纸质图书应当不少于一本。图书复本量应当根据实际需要合理确定。

第十一条　图书馆应当建立和完善馆藏资源采购、配备办法，定期公告资源更新目录，注重听取师生意见，建立意见反馈机制，不断提高资源质量和适宜性。定期开展清理审查，严禁盗版图书等非法出版物及不适合中小学生阅读的出版物进入图书馆。

第十二条　图书馆应当把《中小学图书馆（室）藏书分类比例表》和教育部指导编制的《全国中小学图书馆（室）推荐书目》作为中小学图书馆馆藏建设的主要参考依据，合理配置纸质书刊。

第十三条　图书馆应当重视数字资源建设，依托区域数字图书馆和信息资源中心获取数字图书和电子期刊等。

地方教育行政部门要统筹推进区域数字图书馆和文献信息资源中心建设，促进优质数字资源共建共享。

第十四条 根据需要，图书馆可参与学校的校本资源开发和建设。

第四章 图书馆与文献信息管理

第十五条 图书馆应当建立健全各项规章制度，并确保执行。

第十六条 图书馆应当建立书刊总括登录和个别登录两种账目。

第十七条 各类型文献应当按照《中国图书馆分类法》进行分类。

第十八条 图书著录应当遵循《普通图书著录规则》，期刊著录应当遵循《连续出版物著录规则》，计算机编目应当遵循《中文图书机读目录格式》。图书馆应当有明确的馆藏图书排架体系。

第十九条 图书馆应当对采集的文献信息进行科学分类编目，建立完善的书目检索系统，实现书名、著者、分类等多种途径的检索。

第二十条 图书馆应当以全开架借阅为主。以学校图书馆为中心，在确保安全的前提下，充分利用走廊、教室等空间，创新书刊借阅方式，优化借阅管理，创建泛在阅读环境。

第二十一条 图书馆应当纳入学校信息化建设整体规划，实行信息化、网络化管理。

第二十二条 图书馆应当建设文献信息管理和服务系统，建立数据长期保存机制，妥善保护师生个人信息、借阅信息及其他隐私信息，不得出售或以其他方式非法向他人提供，保障信息安全。

第二十三条 图书馆应当依据档案管理规范，制定科学管理流程，妥善保存档案资料。

第二十四条 图书馆应当建立完善的资产账目和管理制度。

第二十五条 图书馆应当如实填报各类统计数据，做好统计数据的分析和保存。

第五章 应用与服务

第二十六条 教学期间，图书馆每周开放时间原则上不少于40小时。鼓励课余时间、法定节假日和寒暑假期间对师生有效开放。

第二十七条 图书馆应当做好阅览、外借、宣传推荐服务工作；开设新生入馆教育、文献信息检索与利用、阅读指导课等，鼓励纳入教学计划；为教育教学和科研活动提供有效的文献信息支撑；创新各类资源使用方式，积极创建书香校园，组织形式多样的阅读活动，促进全民阅读工作；鼓励开展图书借阅数据分析，有针对性地改进学生阅读。

第二十八条 图书馆应当加强馆际交流，推动校际阅读活动、校本资源和特色资源的合作与共享。

第二十九条 图书馆应当积极与本地公共图书馆，特别是少年儿童图书馆、高等学校图书馆开展馆际合作，实现资源共享。

各地教育行政部门要重视和加强乡镇中心学校图书馆建设，辐射周边小规模学校。在确保校园安全的前提下，有条件的学校可以探索向家长、社区有序开放。

第三十条 鼓励有条件的图书馆开展纸质图书和数字图书资源的一体化编目和服务。

第六章 条件与保障

第三十一条 图书馆馆舍建设应当纳入学校建设总体规划。有条件的中小学校设立独立的图书馆舍。图书馆应当有采编、藏书、阅览、教学、读者活动等场所。

图书馆应当重视馆内环境的绿化美化，具备良好的通风、换气、采光、照明、防火、防潮、防虫、保洁、安全等条件。接受残疾生源的学校图书馆应当设置无障碍设施及相关标识。

第三十二条 图书馆应当配备书架、阅览桌椅、借阅台、报刊架、书柜、计算机等必要的设施设备，并有计划地配置文件柜、陈列柜、办公桌椅、借还机、打印机、扫描仪、电子阅读设备、复印设备、文献保护设施设备、装订、安全监测等相关设备。设施、设备应当符合学生年龄使用需要。

第三十三条 图书馆应当设专职管理人员并保持稳定性。图书馆管理人员编制在本校教职工编制总数内合理确定。

图书馆管理人员应当具备基本的图书馆专业知识与专业技能。中学图书馆管理人员应当具备大学本科以上文化程度，小学图书馆管理人员应当具备大学专科以上文化程度。

第三十四条 图书馆专业人员实行专业技术职务聘任制。图书馆管理人员专业技术职务聘任参照国家有关规定执行，有条件的地区和学校，可设立中小学图书馆图书资料系列专业技术岗位。图书馆管理人员在调资晋级或评奖时，与学科教师同等对待，并按国家相关规定享受相应的福利待遇。

第三十五条 图书馆管理人员应当定期参加教育行政部门或专业学术团体组织的专业培训，并纳入继续教育学分管理。支持图书馆管理人员参加专业学术团体。

第三十六条 各地教育行政部门和学校应当保障图书馆建设、配备、管理、应用、培训等所需经费，在经费预算和资金保障方面应当向农村学校和薄弱学校倾斜。

图书馆应当积极配合企事业单位、社会团体和公民个人以各种方式支持、参与图书馆建设，依法组织捐赠，确保质量。

第三十七条 地方各级教育行政部门应当建立健全出版物采购廉政风险防控机制，定期组织开展中小学图书馆藏书质量和管理服务的督导评估，推动提高馆藏文献信息质量和服务效能。图书馆建设与管理工作纳入学校和校长考核体系。

第七章　附则

第三十八条　特殊教育学校图书馆参照本规程执行。

第三十九条　本规程自2018年6月1日起施行，2003年5月1日发布的《中小学图书馆（室）规程》同时废止。